40만부가 판매된 고전적 스테디셀러

치유의 목회

치유의 신학적 의미와 목회적 실천 방안

끊임없이 주님을 묵상하며
기도하는 일에 날마다 헌신함으로써
이 험한 세상 한복판에서
상처입은 현대인들에게
그리스도의 치유와 희망을 전하고 계시는
_____에게
이 책을 드립니다.

25주년 개정증보판

치유의 목회

프랜시스 맥너트 지음, 신현복 옮김

치유와 돌봄이 있는 희망의 선교동산
아침영성지도연구원

HEALING
Revised and Expanded—The Bestselling Classic

by Francis MacNutt, Ph.D.
Published by Ave Maria Press
All Rights Reserved

Korean Translation Copyright © 2010
by *Achim Institute for Spiritual Direction*

이 책은 아침영성지도연구원이 *Ave Maria Press*와
독점 계약하여 새롭게 펴낸 것으로,
신저작권법에 따라 한국 안에서 보호를 받는 책이므로
무단전재와 무단복제를 금합니다.

들어가는 말
플로르 이야기

1972년 11월, 그리고 1973년 2월, 우리 치유목회 팀은 콜롬비아의 보고타와 깔리에서 영성수련을 이끌었다. 이 영성수련에서 칠레의 몰리나에 살고 있는 플로르 집사는 이 책에서 앞으로 기술할 네 가지 유형의 치유를 예증해 주는 일련의 현저한 치유를 받았다.

플로르 집사의 치유사건은 여러 유형의 치유들이 서로 복잡하게 뒤얽혀 있는 모습을 보여 주기도 한다. 그녀가 내면세계의 치유를 받고 나서야 그녀의 딸도 병이 치유되었음을 주목할 필요가 있다. 게다가, 플로르 집사가 내면세계의 치유를 받았을 때 분명히 귀신축출 사역도 경험했다. 그녀가 용서하고(회개) 내면세계의 치유를 받자, 그녀는 자신을 사로잡고 있던 모든 악한 영들(예컨대, 분노)의 억누름에서 느슨해지고 자유로워졌다. 게다가, 이러한 과거의 기억치유 사건을 통하여 한 사람이 치유되기까지 시간이 얼마나 걸리는가와 어떤 단계들을 거쳐야 치유가 일어나는가를 자세히 살펴볼 수 있다. 마치 약속된 풍성한 삶을 살지 못하게 우리 인생의 강물 흐름을 가로막고 떠 있는 통나무더미에서 통나무를 하나씩 하나씩 치워 버리고 마침내 문제해결의 열쇠가 되는 통나무마저도 제거하여 그 사람을 자유롭게 하는 것처럼 말이다.

이 아름다운 이야기는 하나님께서 자신의 백성을 어떻게 자유롭게 하시는가를 서술한 것이다. 1973년 2월 18일, 플로르 집사가 콜롬비아 깔리에서 스페인어로 간증한 것을 영어로 번역하였다.

1. 영성적인 치유

1972년 10월, 우리는 프랜시스 맥너트, 진 힐, 루스 스테이플턴이 이끄는 영성수련에 참석하기 위하여 깔리에서 보고타로 갔습니다. 거기 있는 동안, 우리는 놀랍고도 엄청난 성령의 역사를 체험했습니다. 우리는 성령 안에서 더 깊은 삶을 느꼈습니다. 바로 그곳에서 나는 처음으로 방언을 하게 되었습니다. 영성수련 둘째날에 루스 스테이플턴 여사는 내면세계의 치유기도회를 이끌었습니다. 그날 나는 영성수련 장소에서 프랜시스 박사님이 계신 것을 보고 그분에게 나와 내 아이들을 위하여 기도해 달라고 부탁했습니다. 박사님은 내 머리에 손을 얹으시더니 나더러 기도하라고 하셨습니다. 그날 나는 생전 처음으로 방언으로 기도하는 법을 배웠습니다.[1] 나는 너무나 행복한 나머지, 울부짖기 시작했지요. 옆에서 이 광경을 지켜보고 있던 한 청년은 나에게 키스를 하고 껴안아 주며, "주님께서 당신과 함께 하십니다!"라고 말하기도 하였습니다.

4개월 뒤, 나는 프랜시스 박사님이 콜롬비아 깔리로 오신다는 소식을 들었습니다. 나는 지난번 보고타에서 체험한 것과 박사님으로부터 배운 모든 것을 기억하고 있었습니다. 나는 하나님께 내가 출석하던 성공회와 장로교에서 열리는 영성수련에 한번도 빠지지 않고 참석하게 해달라고 기도했습니다. 그래서 월요일부터 금요일까지 날마다 오전 영성지도에 참석할 수 있었습니다. 영성수련 첫날부터 나는 앓고 있던 딸 마리아 페르난다를 데리고 가서 프랜시스 박사님에게 기도해 달라고 부탁했습니다. 그 때 나의 두 이복여동생들도 같이 있었습니다.

2. 과거를 직면하기

영성수련이 끝나기 하루 전날인 목요일에, 프랜시스 박사님은 내면세계의 치유를 위하여 기도하셨습니다. 내면세계의 치유기도를 드리다가 그분은 원치 않은 임신으로 태어난 사람들을 위하여 기도하셨고, 필요로 하는 사랑을 결코 받아본 적이 없는 이들을 위해서도 기도해 주셨습니다. 그 때 그분은 우리가 살아온 과거의 삶을 돌이켜 보라고 요청하셨습니다. 곧 유년시절과 아동기 시절을 회고해 보라는 것이었지요. 또한 그분은 우리들 가운데 혹시 부모들이 원하지 않고 부모의 사랑을 받지도 못하고 태어난 사람이 있다고 할지라도, 이 시간에 부모님을 위하여 기도하자고 말씀하셨습니다. 이 때 나는 갑자기 온몸이 격렬하게 경련을 일으키고 감정에 복받쳐 울부짖고 싶은 강렬한 욕구를 느꼈습니다. 나 역시도 부모님이 원치 않았던 자식들 가운데 하나였기 때문입니다. 그 때 내 옆에는 어머니가 두 번째 결혼하여 낳은 이복여동생들도 같이 있었기 때문에, 나는 하나님께 "하나님, 지금 이 경련을 멈추어 주시고 겉으로라도 평온함을 주옵소서"라고 간구하였습니다. 이들이 지금 내 속에서 벌어지고 있는 일을 이해하려 들 턱이 없었기 때문입니다. 그 순간, 나는 부모님이 원치 않았던 아이였음을 큰 소리로 절규하고 싶었을 뿐입니다. 사실 내 마음은 어린 시절부터 증오와 복수심으로 가득 차 있었습니다. 내가 말귀를 알아들을 수 있게 된 때에 어머니가 내뱉었던 처음 몇 마디 말들이 제 귓가에 들려오는 것 같았습니다. 어머니는 나에게 이렇게 말씀하시곤 하였습니다: "너랑 네 동생은 첫 결혼에서 낳은 아이들이다. 내가 전생에 무슨 죄를 지었기에 네 아버지 같은 사람을 만나 결혼을 하게 됐는지 모르겠구나. 너희들만 보면 그 옛날 암울하고 고통스러웠던 기억이 되살아나는구나."

그 때 나는 어린 아이였습니다. 어머니의 그 말이 무슨 뜻인지 이해하지 못했지요. 내 오빠는 엄마랑 나랑 함께 산 적이 없었습니다. 오빠는 늘 친할머니와 살았습니다. 나는 한 살 반이 되는 때부터 기관지 천식으로 고통을 받아온 오빠를 부끄러워했습니다.

어머니는 매우 젊었을 때 아버지와 결혼하셨습니다. 어머니는 나한테 아버지 이야기를 하실 때마다 이를 갈며 말씀하셨습니다. 어머니는 아버지에게는 못된 버릇이 많았고 무책임한 사람이라고 말씀해 주셨습니다. 두 분 모두 아주 어린 나이에 사랑하는 마음도 없이 결혼을 하셨답니다. 더군다나 어머니는 고아였기에, 아마도 결혼이 그녀의 마지막 희망이었을 것입니다. 어머니는 결혼만 하면 자신의 인생이 달라질 것이라고 생각하셨던 거지요.

어머니가 낳은 첫째아이, 큰오빠는 태어난 지 40일 만에 죽었습니다. 그 뒤, 지금 내 오빠가 태어났는데, 오빠는 나와 함께 자란 적이 한번도 없습니다. 내가 태어났을 때 부모님들이 이미 별거 중이었기 때문입니다. 나는 어머니에게 아버지께서 내가 태어난 뒤 나를 보러 오셨는가를 물어 보았습니다. 어머니는 그렇다고 대답하셨지요. 어머니가 아버지를 부르셨고, 또 아버지가 나를 무척 사랑하셨기에, 아버지가 나를 보러 오셨습니다. 그러나 그 뒤에 어머니는 아버지가 나를 보러 오시는 것을 결코 허락하지 않으셨습니다. 어머니가 더 이상 아버지와 함께 살지 않기로 마음먹었기 때문입니다.

그리고 나서, 내가 한 살이 되던 해에 콜롬비아에 내전이 일어났습니다. 그 와중에 아버지는 살해당하셨습니다. 끔찍하고도 무서운 일이었습니다. 그 때 아버지 나이는 지금 내 나이와 비슷한 스물여덟이었습니다. 총알이 복부를 관통했는데, 라 꿈브레라는 조그마한 도시 길바닥에 창자가 다 쏟아지는 끔찍한 모습으로 돌아가셨다고 합니다. 어머니는 아버지가 돌아가셔서 굉장히 기쁘다고 내게 말하셨습니다. 지금도 기억납니다. 그런 작자는 차라리 뒈지는 편이 낫다던 그 말씀. 이 때부터 자녀양육 문제를 놓고 법정투쟁이 벌어지기 시작했습니다. 법원판결에 따라 오빠는 친할머니가 양육하고, 나는 어머니가 양육하게 되었습니다. 목요일 아침, 나는 나의 어린 시절을 회상하고 있었습니다. 나는 아버지 없이 자랐습니다. 내가 아버지에 대해서 알고 있는 것이라고는 세상에서 제일 나쁜 사람이었다는 것뿐. 나는 아버지를 생각하면 무섭고 비틀어곱새겨진 이미지를 갖고 있었습니다. 악하고 무책임한 아버지상을 지니고 있었던 거지요. 심지어 아버지의 죽음까지도 끔찍하게 그리고 있었습니다. 나는 또 13살 때에 어머니와 심하게 다투었던 것을 기억해 냈습니다. 나는 어머니에게 아버지도 이제는 돌아가신 분이니 최소한 존경심은 가져야 하지 않겠느냐고 말했습니다. 나는 어머니에게 어머니의 자유의사에 따라 결혼하지 않았느냐고 따지곤 했습니다. 그러면 어머니는 그 결혼은 치욕적인 것이었고 결코 바라지 않았던 거였다고 대답하셨습니다. 내가 어머니에게 무엇인가를 사달라고 요구할 때마다, 어머니는 "네 아버지가 너한테 아무런 유산도 남겨놓지 않았는데, 넌 왜 자꾸만 뭘 사달라고 보채니?"라고 짜증을 내시곤 했습니다.

이 때, 의붓아버지도 나를 괴롭히기 시작하였습니다. 내가 아직 어린아이였는데도, 어머니가 집에 안 계실 때면, 그는 나에게 성관계를 요구해 왔습니다. 만일 내가 그 요청을 받아주지 않으면 나를 집에서 내쫓거나, 자신이 집을 떠나버릴 것이라고 말했습니다. 그렇지만 하나님은 나를 결코 멀리하지 않으셨습니다. 나도 하나님을 늘 가까이 하고 있었구요. 어머니가 집에 돌아오시자마자, 나는 의붓아버지가 한 말을 어머니에게 그대로 전했습니다. 그랬더니, 그 날 이후부터는 한술 더 떠 어머니와 의붓아버지 양쪽에서 나한테 증오를 쏟아부었습니다. 의붓아버지가 끊임없이 요구해 올 때마다, 나는 굴욕감을 느끼면서도 이에 맞서 왔기 때문입니다.

16살 되는 해에, 나는 집에서 도망쳐 나왔습니다. 더 이상 그 집에서는 마음을 놓을 수가 없었기 때문입니다. 어머니도 두 번째 결혼을 하신 뒤 5명의 아이들을 더 낳았기 때문에 그 아이들을 키우느라 나를 돌볼 겨를이 없었습니다. 나는 어머니에게 증오와 악의로 가득 찬 집에서 더 이상 살 수 없다고 말했습니다. 그렇게 해서 나는 어떤 집에 가정부로 들어가 일했습니다. 두 달 뒤, 나는 지금의 남편을 만났습니다. 그리고 네 달 뒤, 우리는 결혼했습니다. 환경에 따라 그렇게 저질러 버린 결혼!

남편은 나보다 열 살이나 많았습니다. 그에 비해, 나는 어린 아이나 마찬가지였지요. 처음에는 그와 결혼하고 싶지 않았지만, 결국 하고 말았습니다. 이왕 결혼한 것, 좋은 아내와 훌륭한 가정주부가 되어야지 다짐을 했습니다. 결혼한 지 10년이 지난 지금까지 나는 이 약속을 잘 지켜 왔습니다. 나는 지금 아이들이 셋입니다. 하나님의 도우심으로 아름다운 가정을 가꾸어 가고 있지요.

목요일 아침, 나는 과거의 모든 쓰라린 기억을 되돌아보았습니다. 나는 어린 시절과 청소년 시절에 받았던 고통스러운 기억들을 회상했습니다. 그것은 결코 행복한 게 아니었습니다. 그러자 울음이 북받쳤습니다. 몹시 괴로웠습니다. 엄청난 내면의 혼돈을 느꼈습니다. 그 때 내 양옆에는 두 명의 이복여동생들이 앉아 있었습니다. 이들은 아마도 자기 아버지 때문에 내가 겪고 있는 무서운 고통을 모르고 있을 터. 그래서 나는 하나님께 도와달라고 기도드렸습니다.

나는 이복여동생들이 커피를 마시러 간 동안에도 교회에 계속 남아 있었습니다. 나는 누군가에게 말하고 싶은 강한 충동을 느꼈습니다. 다행스럽게도 우리 교회 길러모 목사님이 마침 교회 안에서 기도하고 계셨습니다. 나는 그 날 아침 내가 겪었던 일과 고통받았던 모든 것을 그분께 말씀드렸습니다. 나는 또한 오빠 때문에도 괴로워하고 있었습니다. 나는 내가 속으로 느끼고 있는 바를 오빠도 느끼고 있을 것이라고 생각하였습니다. 바로 얼마 전에 오빠가 나를 찾아와서는 자신이 그토록 미워하는 '그 여자'에 관하여 물었던 적이 있습니다. 나는 길러모 목사님에게 오빠가 어머니를 몹시 미워하고 있다고 말했습니다. 아마도 오빠가 하나님을 모르기에 그토록 어머니를 증오하는 것이라는 느낌이 들었습니다. 그것이 내게는 커다란 상처로 다가왔습니다.

3. 용서하기

그 때 나는 길러모 목사님에게 오빠를 위하여 기도해 달라고 부탁드렸습니다. 그러나 나도 내면세계의 치유를 꼭 받을 필요가 있다고 느꼈습니다. 내 심령으로도 새롭고 정결한 마음을 주시도록 간구할 필요가 있었지요. 엄청난 고통과 혼란을 느꼈기에. 내가 중요하게 느낀 것은 전혀 얼굴도 알지 못하는 아버지를 위해서나 어머니를 위해서는 전혀 기도해 본 적이 없었다는 후회였습니다. 내 생애 처음으로 무릎을 꿇고 어머니와 아버지를 위하여 기도드렸습니다. 하나님께 내 속에 남아 있는 쓰리고 아픈 과거의 끔직한 모습들을 깨끗이 지워달라고 기도드렸습니다! 나의 내면은 정결하지가 못했습니다. 자유함도 없었습니다. 내 속에 있는 어떤 것 때문에 온전한 자유를 누리지 못하고 있었습니다. 하나님을 위하여 살 때에 누리게 되는 온전한 자유, 그 자유를 무엇인가가 꽉 막고 있었습니다. 프랜시스 박사님의 강의를 듣고 나니, 지나온 삶의 부분부분을 좀더 철저히 되돌아보아야겠다는 생각이 들었습니다. 그래서 나는 과거의 삶을 좀더 자세히 분석하기 시작했습니다.

4. 귀신축출과 내면세계의 치유

금요일 아침, 프랜시스 박사님은 그룹을 나누었습니다. 나는 내면세계의 치유기도를 받기 위하여 교회 지하실로 갔습니다. 그곳에서 우리는 둥그렇게 원을 만들어 앉았습니다. 원 바깥에 있는 사람들이 우리를 위하여 기도해 주었습니다. 프랜시스 박사님이 내 머리에 손을 얹고 내면세계의 치유를 위하여 기도하던 바로 그 순간, 나는 내 안에 계시는 하나님의 임재를 진실로 느낄 수 있었습니다. 아마도 그 순간 나에게 일어났던 일들은 나보다도 다른 사람들이 더 생생하게 간증해 줄 수 있을 것입니다. 주변에 있던 사람들이 그 순간에 무엇인가 나로부터 떠나갔다고 말했기 때문입니다. 그 때, 나는 아주 강력한 전기에 감전된 것 같은 전율을 느꼈습니다. 몸에 진동이 오기 시작했습니다. 내 옆에 있던 사람에게도 진동이 오고 있었습니다. 그것은 마치 전류가 내 안에 흘러 들어온 것 같은 느낌이었습니다. 하나님의 은혜는 그렇게 나에게 다가왔습니다. 나를 깨끗하게 치유하여 주시는 것 같았습니다. 우리 모두는 주님께서 우리들에게 친히 임재하신 것 같은 느낌을 받았습니다. 하나님께서는 강권적으로 역사하셨습니다. 나는 내적인 평안을 누릴 수 있었습니다. 그 평안은 난생 처음으로 맛보는 것이었습니다. 그것은 나에게 악한 행위를 저지른 사람들을 용서하고 그렇게 오랫동안 내 안에 감추어 두었던 것과 내가 저질렀던 악한 행위를 진심으로 회개하고 죄사함을 받은 뒤에 느낀 것이었습니다. 내가 정신이 들었을 때(나로서는 이렇게밖에 표현할 길이 없네요), 아 그 때의 기분은 이루 다 말로 표현할 수도 없는 매혹스러움 그 자체였습니다.

그 때 내 앞에는 장로교의 호세 파하르도 목사님과 프랜시스 박사님이 서 계셨습니다. 파하르도 목사님은 소리내어 엉엉 울고 계셨습니다. 목사님은 다음과 같이 말씀하셨습니다: "플로르 집사님, 집사님은 하나님의 위대한 일을 위하여 선택받은 분임에 틀림없습니다. 집사님을 위하여 하나님께 감사드립시다. 집사님의 간증을 듣고 많은 사람들이 도움을 얻을 수 있게 될 것입니다."

5. 플로르의 아이를 치유하기

이 일이 있은 뒤, 우리는 앉아서 휴식을 취하고 있었습니다. 그 때 세 아이들 가운데, 특히 6살 난 마리아 페르난다가 생각났습니다. 딸아이는 5년 동안 습진으로 고통을 겪고 있었습니다. 내 기억으로는, 내가 비록 강신술사나 무당을 찾아가 본 적은 없지만, 딸아이의 병을 고치기 위하여 이곳저곳 좋다는 곳은 안 가본 데가 없을 정도였습니다.

아픈 딸아이 생각이 나서, 나는 프랜시스 박사님에게 아이를 위하여 어떻게 기도하면 되는지를 물어보았습니다. "박사님, 지난 월요일 영성지도 때 딸아이를 데리고 참석했었어요. 그때 박사님이 그 애를 위하여 기도해 주셨지요. 그런데도 별다른 차도가 없어요. 아이를 위하여 어떻게 기도해야 하지요? 기도방법을 가르쳐 주세요!" 나는 다시 한번 간청을 드렸습니다. 프랜시스 박사님은 다음과 같이 대답하셨습니다: "플로르 집사님, 어린 아이들의 병은 아이들이 잘못해서 생기기보다는, 오히려 부모와의 관계에서 생겨나는 경우가 많지요. 집사님은 부모님을 용서해 드렸고 하나님께서도 집사님을 치유해 주셨기 때문에, 이제 집사님의 딸아이도 치유될 것이라고 믿어요." 이것은 금요일에 있었던 일이었습니다. 그런데 토요일에, 아이에게 약간의 차도가 있었습니다. 그리고 마침내 주일, 나는 산후안 바띠스따 교회에서 간증을 했는데, 바로 그 날 마리아 페르난다의 습진이 거짓말처럼 깨끗하게 치유되었습니다. 이제는 손에 고름이 생기는 일도 없구요, 다른 어떤 감염 증세도 나타나지 않고 있답니다. 주님을 찬양합니다!

차 례

들어가는 말: 플로르 이야기 · 7

1. 치유의 네 가지 기본 유형 · 19
2. 죄의 치유 · 29
3. 내면세계, 상한 감정의 치유 · 43
4. 육체의 치유 · 65
5. 귀신들린 사람의 치유 · 89
6. 질병의 뿌리, 어떻게 분별할 것인가? · 127
7. 사람들이 치유받지 못하는 12가지 이유 · 137
8. 의학과 치유 · 161
9. 성례전과 치유 · 187
10. 가장 자주 받는 질문들 · 221

나가는 말: 이 시대 목회자들에게 고함 · 243
주 · 255

1
치유의 네 가지 기본 유형

치유목회에는 한 가지 문제가 있다. 그것은 바로 인간의 모든 활동을 너무 단순화시켜 버린다는 사실이다. 여기에 대해서는 이미 살펴본 적이 있다. 우리에게는 자신의 제한된 경험에 비추어 본 뒤, 알고 있는 어떤 것을 받아들이고 상황마다 그것을 적용시키려는 경향이 있다. 예를 들면, 오랫동안 대부분의 목회자들은 마치 대부분의 문제를 도덕적인 문제로만 여기도록 교육받아 왔다. 그리고 이 문제들은 하나님의 은혜와 도우심을 힘입어 인간의 '의지'로 해결될 수 있다고 믿어 왔다. 예를 들어, 알코올 중독자들에게 회개하고 술을 끊으라고 설교하면, 그 설교를 듣고 금주할 사람은 몇 명 되지 않을 것이다. 그런데 금주단체에서는 대다수 알코올 중독자들이 정상으로 돌아오기까지는 공동체의 뒷받침이 필요하다고 밝힌다. 그러나 우리는 이러한 접근방법을 이용하는 금주단체에서도 도저히 어쩔 수 없었던 사람들을 기도를 통하여 곧바로 치유할 수 있음을 보여줄 것이다.

기본적으로 치유에는 네 가지 유형이 있다. 이러한 구분은 우리를 괴롭히는 질병의 종류와 그 질병의 발병원인에 따라 나누어 본 것이다. 우리가 이러한 치유 유형을 제대로 분별해 내지 못하면, 치유목회를 효과적으로 행할 수 없을 것이다. 저마다 다른 진단과 치유방법과 기도가 필요한데도 한 가지 특정한 진단과 치유방법과 기도만을 주장함으로써, 자칫하면 처음보다 아픈 이들의 병세를 더 악화시킬 수도 있기 때문이다. 이 예로, 내면세계의 치유('기억의 치유')가 유용함을 알지도 못하고 그러한 경험도 갖지 못한 채, 단지 과거에 구출사역과 귀신축출 경험만 가지고 있는 사람은 아픈 이를 대할 때마다 번번히 귀신만 쫓아내려고 할 것이다. 뻔하다. 실제로 도움을 받아야 되는 사람은 심리적인 문제만 가지고 있는데도 말이다. 그 경우에 치유목회자는 환자에게 도움을 주기는커녕 막대한 피해를 입히게 된다. 물론 심리적인 문제 중에서는 귀신의 세력 때문에 생겨난 것도 있는 듯하다. 그러나 내 경험으로는, 대부분의 심리적 문제들은 그가 과거 어느 시점에서 받았던 쓰라린 상처와 거절감에서 생겨난 것이라고 말할 수 있다. 이 외에 신체 안에서 혈액이 순환할 때 화학적인 효소가 균형을 이루지 못해 생겨난 심리적인 문제들도 있다(예: 임산부 산후우울증). 그럴 경우에는 의학적인 처방이나 육체적인 치유기도를 통해서 치료될 수 있을 것이다.

　아픈 이를 위하여 기도해 주기를 원하는 사람은 누구나 다음의 세 가지 기본적인 질병 유형을 분별해 내야 한다. 각 질병의 유형에 따라 저마다 다른 종류의 기도를 해야 하기 때문이다:

(1) 우리 '영'의 질병: 개인적인 죄 때문.
(2) '정서적인' 질병(예: 불안): 과거 정서적인 상처 때문.
(3) 우리 몸 안의 '육체적인' 질병: 질병이나 사고 때문.

게다가, 위의 질병 곧 죄, 정서적인 문제, 육체적인 질병들은 귀신의 억누름에 따라 생겨날 수 있다. 이 경우에는 그 질병의 원인이 위의 세 경우와는 다르므로 위와는 다른 기도가 요구된다. 곧 귀신을 쫓아내기 위한 네 번째 유형의 기도를 드려야 한다.

결과적으로, 우리가 완전한 치유목회를 행하기 위해서는 적어도 다음의 네 가지 기본적인 기도방법을 이해해야 한다.

(1) (개인적인 죄를 위한) '회개' 기도
(2) (정서적인 문제를 위한) '내면세계의 치유' 기도
(3) (육체적인 질병을 위한) '육체적인 치유' 기도
(4) (귀신을 억누르기 위한) '귀신축출'(축사)[1] 기도

우리 모두가 위의 네 가지 모든 영역에서 심도깊은 치유목회를 하지는 못했을 것이다. 그러므로 우리는 우리 자신의 한계를 깨달아야 한다. 아울러 특정 영역의 치유에서 우리보다 경험이 더 많은 사람에게 기꺼이 물어보거나 자문을 구해야 할 것이다. 사실, 나는 세계 곳곳에서 그리스도인들이 치유목회팀을 이루어 서로 협력하며, 자신들이 영적인 은사들을 활용하게 되는 때가 속히 오기를 기다리고 있다. 마치 종합병원이나 대학부속병원에서 여러 의사들이 함께 일하듯이. 우리들 대부분은 이러한 모든 치유목회를 담당할 수 있는 시간적인 여유가

없거나 하나님으로부터 여러 은사들을 모두 받지는 못했기 때문이다. 그러나 우리들은 저마다 주어진 문제상황을 평가하고 그때그때 어떤 유형의 기도를 적절하게 살려써야 하는가를 선별해 내는 상당한 분별력을 계발시켜 나갈 수는 있을 것이다.

팀을 이루어 치유목회를 하게 되면 '온갖' 형태의 기도가 능히 사람들을 도울 수 있기에 그 중요성이 한층 더 커진다. 예를 들면, 관절염으로 고통받고 있는 한 중년부인이 치유기도(육체적인 치유)를 요청해 왔다고 치자. 그녀와 상담을 하는 가운데, 어린 시절에 자기 아버지로부터 마음에 깊은 상처를 받았음을 알게 된다(내면세계의 치유). 그때의 상처 때문에 그녀는 자기 아버지를 용서할 수 없었다(회개). 또한 마음의 상처 때문에 여성으로서 남편과 올바른 관계를 맺을 수도 없는 상황이 야기되었다(아마도 내면세계의 치유가 필요). 그녀는 지금의 곤경을 벗어날 돌파구를 찾다가 강신술 모임에 자주 나가게 되었다. 거기에서 그녀는 죽은 사람의 영과 대화하게 해주는 어떤 '영매'를 만났는데, 그 영매는 무의식 상태에서 자동적으로 어떤 글을 써서는 그녀의 행할 바를 지시해 준다는 것이다(그러므로 구출사역이 필요할 수도 있다).

1. 성례전

성례전을 중시하는 교회들이 이같은 네 종류의 치유를 포함시키고자 성례전이나 그 밖의 의례를 이용하는 것은 의미심장하다.

(1) 회개는 (참회라고 불려지곤 하는) '화해'의 성례전에서 성례전적으로 일어난다.

(2) 내면세계의 치유도 '화해'의 성례전 안에서 일어날 수 있다.

(3) 육체적인 치유는 '병자에게 기름을 부을 때' 일어나는 것을 뜻한다.

(4) 귀신의 억누름이나 사로잡힘으로부터의 구출은 '귀신축출 의례' 속에서 일어난다.

2. 의학

물론, 보통, 하나님께서는 자연적인 치유과정을 촉진하시기 위하여 의사, 정신의학자, 상담가, 그리고 간호사들을 통하여 일하신다. 그리스도인들 가운데는 기도와 의학적인 치료방법은 상치된다고 생각하는 이들이 분명히 있는 것으로 안다. 마치 하나님의 치유는 기도를 통해서는 행해지지만, 의학적인 치료는 세상적인 치유수단이므로 여하튼 독실한 신앙을 가진 그리스도인들에게는 무가치하다고 여기는 사람들이 있다. 그리하여 환자를 의사에게 데려가는 일을 금하고 기도해서 병을 고치라고만 주장하는 사람들이 있는 것이 사실이다. 이와는 반대로, 하나님은 기도뿐만 아니라 의사, 간호사, 상담가를 통해서도 치유를 행하신다고 믿는 사람들도 있다. 이들은 모두 하나님의 치유를 돕는 치유목회자들이다. 비록 저마다 다른 직업을 가지고 있고 저마다 다른 재능들을 가졌지만, 치유의 원천 되시는 하나님의 치유팀을 형성하고 있다. 어느 때고 우리들이 치유목회자를 비방하는 것은 그리스도교 공동체가 공유할 수 있는 일종의 협력적인 치유목회를 파괴시켜 버리는 셈이다. 그리하여 사람들은 하나님의 치유방법과 인간의 치료방법 사이에 잘못된 구별을 하게 된다.

우리는 이러한 구분이 너무나 좋지 않은 영향력을 미쳐왔음을 이미 살펴 보았다:

(1) 신유의 은사를 받은 사람들은 아픈 이들에게 의사를 찾아갈 필요가 없다고 말하며,
(2) 의사들은 치유목회는 과학적이지 못하고 사람을 속이는 일이라며 무시하려 들고,
(3) 부흥사들은 교회의 성례전이 죽은 의례라며 무시하고,
(4) 성례전을 중시하는 목회자들은 하나님의 치유능력이 얼마나 많이 병자안수와 화해를 통해 흘러넘치는지에 대하여 개념이 없고,
(5) 어떤 이들은 치유목회는 믿지만 귀신축출 사역은 무시하려 들며,
(6) 귀신축출 사역자들은 내면세계의 치유목회가 너무 심리학에만 의존하고 있다고 얕잡아 보기도 한다.

불행하게도 이렇게 사람들마다 의견이 나뉘고 오해가 생겨난 양상은 슬픈 일이며 전혀 쓸데없는 일이다. 이 때문에 고통을 겪고 있는 사람들은 다름아닌 병든 사람들 자신이다. 이들은 자신들을 도와주어야 할 치유목회자들의 무지때문에 여러 치유수단들을 활용하지 못하고 있다.

우리는 함께 팀을 이루어 아픈 이들을 위하여 기도하는 법을

배울 필요가 있다. 우리는 경쟁자가 아니라 협력자로서 팀을 형성하여 하나님의 치유 능력을 전체 그리스도인들에게 나타내 보일 수 있다. 치유기도를 드리는 사람들은 누구나 치유의 역사를 행하시는 다른 모든 정통적인 치유방법들뿐만 아니라 위의 네 가지 치유 유형에 대하여 건전한 존경심을 가져야 한다. 우리는 또한 우리가 부여받은 은사들과 우리의 한계도 인식하고 있어야 한다. 우리가 치유를 행하다가 한계를 느낄 때에는 우리보다 치유경험이 많거나, 지혜롭게 처리하며, 우리보다 더 많은 은사들을 부여받은 치유목회자들에게 자문을 구하고 그들의 결정에 따를 준비가 되어 있어야 할 것이다.

그래서 나는 요즈음에는 팀별로 치유세미나를 이끄는 것을 더 선호하고 있다. 팀과 함께 사역을 하게 되면 분명 잇점이 있음을 몸소 체험하기 때문이다. 기도하는 사람들의 수가 많을수록 영적인 능력이 커지며 육체적인 질병의 치유뿐만 아니라 내면세계의 치유를 위해서도 효과적으로 기도드릴 수 있다. 여러 가지 치유기도를 필요로 하는 사람들에게 적절한 조치들을 취할 수 있게 된다. 팀 안에서 아픈 이들이 개인적인 죄를 회개하도록 도와주기도 하며, 내면세계의 치유를 위하여 상담을 해줄 수도 있다. (특히 나는 성만찬 안에서 치유가 일어나는 것을 보기도 했다.)

지금도 나는 우리가 치유팀에 따른 팀사역을 좀더 발전시켜 나가기를 간절히 바라고 있다:

(1) 전세계적으로 내면세계의 치유, 육체적인 질병의 치유, 그리고 구출사역을 행하는 특별한 능력을 부여받은 치유목회자들이 하나님의 치유능력을 이해하는 목회자들과 동역하는 때가

오기를 기다리고 있다.

(2) 또 의사, 간호사 그리고 병원측과 협력하여 함께 일하는 때가 오기를 기다리고 있다.

(3) 또 성례전의 치유능력을 체험한 성직자들도 서로 동역하는 때가 오기를 기다리고 있다.

마침내 그 때가 오면, 초대교회 이후로 볼 수 없었던 그리스도교의 달라진 면모를 보게 될 것이다.

이 장에서 우리는 네 가지 질병에 기초하여 네 가지 치유 유형을 살펴보았다. 이와 관련하여 우리가 내보인 모든 정보를 아래와 같이 정리할 수 있을 것이다.

치유의 네 가지 유형

1. '영'과 관련된 질병
    - 종종 '정서적인' 질병을 가져다주기도 함
    - 종종 '육체적인' 질병을 가져다주기도 함
 1) 원인: '개인적인 죄'
 2) 기도처방: '회개'
 3) 적합한 성례전 또는 성례전적인 예식: '화해'예식
 4) 보통 인간적인 처방: 죄를 인정하기; 죄를 실토하기;
    우리가 상처를 준 사람들로부터 용서를 구하기

2. '정서'와 관련된 질병

　-종종 '영성적인' 질병을 가져다주기도 함

　-종종 '육체적인' 질병을 가져다주기도 함

　1) 원인: '원죄'(곧 '다른 사람들'의 죄 때문에 상처받은 사람)

　2) 기도처방: '내면세계의 치유'를 위한 기도

　3) 적합한 성례전 또는 성례전적인 예식: '화해' 예식

　4) 보통 인간적인 처방: (정신의학적이고 영성적인) 상담

3. '육체'와 관련된 질병

　-종종 '정서적인' 질병을 가져다주기도 함

　-종종 '영성적인' 질병을 가져다주기도 함

　1) 원인: 질병, 사고, 심리적인 스트레스

　2) 기도처방: 육체적인 치유를 위한 '믿음의 기도'

　3) 적합한 성례전 또는 성례전적인 예식: '병자기름바름' 예식

　4) 보통 인간적인 처방: 의학적인 돌봄; 규정식으로 바꾸기; 알맞은 운동

4. 상황에 따라 위에 말한 어떤 질병, 또는 모든 질병

　1) 원인: '귀신'

　2) 기도처방: '귀신축출' 기도(축사)

　3) 적합한 성례전 또는 성례전적인 예식: '축사' 예식

　4) 보통 인간적인 처방: 없음

다음 장들은 이러한 기본적인 종류의 치유와 그 적절한 처방을 바탕으로 할 것이다(의학과 성례전 포함).

요약컨대, 우리가 치유기도 전에 물어야 할 가장 중요한 질문은 다음과 같다:

(1) '근본적인 질병,' 근본적인 문제는 무엇인가?
(2) '근본적인 원인'은 무엇인가?
(3) 어떤 '종류의 기도' 또는 어떤 종류의 자연적인 처방을 사용해야 하는가?

2
죄의 치유

그리스도께서 베푸시는 치유 가운데 가장 우선적이고 가장 심오한 치유는 죄를 용서해 주시는 것이다. 우리의 회개와 하나님의 용서, 이것은 그리스도교 모든 교단이 힘주어 말하고 있는 부분이다. 예수님께서는 우리 죄를 위하여 죽으셨다. 만일 우리가 전심으로 우리 죄를 회개하면, 예수님께서는 우리 죄를 없애 주실 것이다. 이 사실을 의심할 사람은 없다. 이것이 가장 깊은 차원의 구원과 치유다.

그러나 내가 살펴보려고 하는 것은 죄의 용서가 얼마나 육체적이고 정서적인 치유와 관련이 있는가 하는 점이다. 그것들은 따로 떼어 생각할 수 없다. 사실, 많은 육체적인 질병은 하나님의 축복과는 거리가 멀다. 오히려 그것은 우리가 하나님이나 이웃과 올바른 관계를 맺고 있지 못하다는 직접적인 표시다.

몸을 분별함이 없이 먹고 마시는 사람은 자기에게 내릴 심판을 먹고 마시는 것입니다. 이 때문에 여러분 가운데는 몸이 약한 사람과 병든 사람이 많고, 죽은 사람도 적지 않습니다. 우리가 스스로 살피면, 심판을 받지 않을 것입니다. 그런데 주님께서 우리를 심판하시고 징계하시는 것은, 우리가 세상과 함께 정죄를 받지 않게 하시려는 것입니다(고린도전서 11장 29-32절).

여기서 바울은 고린도교회 초창기 때 어떤 교인들은 올바른 마음가짐 없이 성만찬예식에 참여하는 죄를 범했으며, 그러한 죄악의 결과로 몇 가지 질병과 죽음이 생겨났다고 말한다. 그러므로 질병은 축복이 아니라 하나님의 징계였던 것이다.

최근 들어, 사람들은 죄와 질병 사이의 이러한 관계에 대하여 매우 큰 관심을 갖게 되었다. 교회뿐만 아니라, 심리학자들과 의사들도, 비록 대부분은 아닐지라도, 많은 육체적인 질병에는 정서적인 요인이 개입되어 있음을 깨닫게 되었다.

최근에는 심지어 암조차도 그 원인이 정서와 관련되어 있다고 생각하게 되었다. 암으로 사망한 사람들을 조사해 본 결과, 이들 가운데 오랫동안 절망감을 느끼며 아무런 삶의 희망도 없이 낙담하며 살아왔던 사람들이 많다는 사실을 발견할 수 있었다. 많은 경우, 질병의 발단은 사람을 완전히 자포자기 상태로 떨어뜨리는 일련의 걷잡을 수 없는 상실감과 관계가 있다.[1]

비록 우리가 노련한 심리학자가 못되고 개인의 육체적인 질병의 원인을 잘못 진단해 버릴 위험이 있다고 할지라도, 이러한 발견들은 예수님께서 질병에 대하여 화를 내신 것이 얼마나 타당한 것이었는가를 잘 보여준다("예수님은 열병을 꾸짖으셨다"). 그분의 분노는 몇몇 후대 그리스도교 저술가들이 대부분의 질병을 용감하게 견디어 내야 하는 구속적인 것으로 보았던 것보다 훨씬 더 적절하다. 질병은 결코 구속적인 것이 못 된다. 더 정확하게 말해서, 질병은 우리가 구속받지 못했다는 것이요, 더 깊은 차원에서는 하나님으로부터 멀어지고 있음을 나타내는 징표다.

우리는 바로 그런 인간적인 이유로 육체적인 질병은 우리의 정서적이거나 영성적인 생활 속에 있는 더 깊은 질병을 상징적으로 드러낼 수 있음을 알 수 있다. (내과의사였던 폴 투르니에 박사는 이 심오한 사실을 깨닫고 환자를 대할 때 단순히 피상적인 육체적 질병만을 치료해 오던 태도를 버렸다. 그는 기도 생활을 더 깊이하게 되었고, 다양한 차원에서 아파하는 사람들을 치유하는 데 도움이 되는 심리학을 연구하기 시작했다.) 모든 유형의 치유 사이에 있는 이러한 관계 때문에, 나는 육체적인 질병의 치유를 위하여 기도드리기 전에, 먼저 회개나 내면세계의 치유를 위하여 기도드리려고 했던 것이 종종 도움이 되었음을, 아니 때로는 필수적이었음을, 발견하였다.

친구들이 중풍병자를 메고 와서 지붕을 뜯어 그가 누운 상을 달아 내린 이야기는 치유의 질서를 말할 때 매우 중요하다. 예수님께서는 중풍병자에게 "일어나 네 상을 가지고 집으로 가라"고 말씀하시기 전에, 먼저 그의 죄를 용서해 주셨다. 예수님께서는 그 중풍병자가 가장 치유를 필요로 하는 이 두 가지 삶의 영역에서 단계적으로 계속 치유하셨다. 아마도 용서를 필요로 하는 죄와 중풍병이 서로 관련이 되어 있었다고 보아야 할 것이다.

나 자신의 사역을 통해서도 이러한 관계성이 존재한다는 사실을 확인할 수 있었다. 지금도 기억이 생생한 일이 있다. 한 번은 일리노이 주 에일레스포드의 갈멜산 영성수련센터에서 영성지도를 하면서, 왜 우리가 원수를 용서해야 할 필요성이 있는가를 강조했다. 그리고는 사람들에게—약 200명이 집회에 참석했었다—시간을 주어 과거에 자신들의 마음에 가장 큰 상처를 주었던 사람을 기억해 내어 그를 용서하는 시간을 갖게 하였다. 회개를 위하여 합심기도를 드리고 난 뒤에 내면세계의 치유를 위하여 기도했다. 그 예배에서 나는 육체적인 질병의 치유에 대해서는 조금도 언급하지 않았다. 그런데도 예배 직후에 두 사람이 나와서 육체적인 질병에서 치유받았다는 간증을 했다. 한 사람은 심장절개수술을 받고 난 뒤 끊임없이 가슴통증으로 고통당해 왔던 사람이었다. 그는 자신에게 상처를 주었던 사람을 생각해 보라는 질문을 받고 나서 회개의 시간을 가지면서 자기 윗사람을 생각했다. 그 사람을 간교하고 잔인한 사람이라고 생각하고 있었기 때문이었다. 처음에는 그를 용서할 수 없었다. 그러나 시간이 지나면서, 그의 마음은 점점 녹아내렸고 드디어 용서의 기도를 드릴 수가 있었다. 그 순간, 심장절개수술의 고통스러운 후유증은 사라져 버렸다. 1973년 7월에도 이와 비슷한 치유가 일어났다. 그날 나는 웨스트버지니아 주의 땅끝선교회가 주최한 치유세미나에서 회개예식을 인도했다. 예배 뒤에 한 젊은 아가씨가 내 앞으로 나오더니 자신이 오랫동안 품어왔던 원한을 회개하자, 바로 그 순간 척추 하단에 생긴 낭포가 씻은 듯이 없어졌다고 말하는 것이 아닌가!

1. 용서: 회개의 가장 중요한 형태

 이러한 사례들을 통하여 우리는 우리에게 필요한 회개의 주요한 형태가 우리 원수를 용서해 주는 것이라는 사실을 알 수 있었다. 나는 다른 사람들을 용서하지 못하는 태도야말로 하나님의 치유 능력을 가장 완강하게 가로막는 죄악이라는 사실을 알았다. 나는 예수님께서 기도에 대하여 말씀하실 때 원수를 용서할 것을 그토록 강조하신 이유를 잘 안다. 예수님은 술 취하는 것과 정욕에 대해서도 말씀하셨지만 남을 용서하지 않는 것만큼이나 자주 말씀하시지는 않았다. 더구나, 예수님은 흔히 우리가 원수를 용서하지 않으면 하나님 아버지께서도 우리 기도에 응답해 주시지 않는다고 용서와 기도응답을 연관시켜 말씀하셨다.

> 그러므로 나는 너희에게 말한다. 너희가 기도하면서 구하는 것은 무엇이든지, 이미 그것을 받은 줄로 믿어라. 그리하면, 너희에게 그대로 이루어질 것이다. 너희가 서서 기도할 때에, 어떤 사람과 서로 등진 일이 있으면, 용서하여라. 그래야, 하늘에 계신 너희 아버지께서도 너희의 잘못을 용서해 주실 것이다(마가복음 11장 24-25절).

 나는 이러한 성경 말씀들을 한 주제에서 다른 주제로 뛰어넘어가는 구절 정도로 여기곤 했다. 곧 앞문장에서는 예수님께서 우리가 기도할 때 믿음을 가질 것을 격려하시고, 그 뒷문장에서는 우리 원수들을 용서할 것을 말씀하신다고 저마다 떼어서 생각했다. 그러나 지금은 이 두 가지 개념이 아주 밀접하게 연결되어 있음을 알고 있다. 분명한 사실은, 하나님의 구원과 치유 그리고 용서하시는 사랑 등은 우리가 다른 사람들에게 그것이 언제라도 흘러넘쳐 나가게 할 준비가 되어 있지 않을 경우에는 우리에게로 흘러들어올 수 없다는 것이다. 만일 우리가 우리에게 상처를 준 다른 사람들을 용서하지 못하고 그들과 화해하기를 거부한다면, 하나님의 사랑은 우리 속으로 흘러들어올 수 없다. 요컨대, 예수님의 위대한 명령 속에는 이웃을 사랑하라는 명령이 하나님을 사랑하라는 명령과 함께 포함되어 있다. 마치 어떤 사람이 "나는 내가 가장 미워하는 철천지 원수를 사랑하는 것만큼만 하나님을 사랑합니다"라고 말한 것처럼. 그래서 치유목회가 우리가 기꺼이 남을 사랑하는 일과 직접적인 관계를 맺고 있다는 것은 놀랄 일이 아니다.

> 너희 아버지께서 자비로우신 것 같이, 너희도 자비로운 사람이 되어라. 남을 심판하지 말아라. 그리하면 하나님께서도 너희를 심판하지 않으실 것이다. 남을 정죄하지 말아라. 그리하면 하나님께서도 너희를 정죄하지 않으실 것이다. 남을 용서하여라. 그리하면 하나님께서도 너희를 용서하여 주실 것이다. 남에게 주어라. 그리하면 하나님께서도 너희에게 주실 것이니, 되를 누르고 흔들어서, 넘치도록 후하게 되어서, 너희 품에 안겨 주실 것이다. 너희가 되질하여 주는 그 되로 너희에게 도로 되어서 주실 것이다(누가복음 6장 36-38절).

다시 말하면, 만일 여러분이 여러분에게 잘못한 사람을 용서하면 여러분의 잘못도 용서받을 것이다. 만일 여러분이 기꺼이 다른 사람들 곧 원수들과도 화해하고자 한다면, 여러분의 질병은 치유될 것이다. 여러분이 진정 치유를 바란다면, 치유의 첫째 조건은 여러분의 죄, 특히 쓴뿌리를 없애 버려야 한다.

그럼에도 불구하고, 몇 가지 이유에서, 우리는 우리의 가장 심각한 죄악인 쓰라림과 원한에 대해서는 둔감한 것 같다. 우리들은 담배를 피우지 않는 사람이 어젯밤 파티에서 피워대던 담배연기를 그 다음날에 가서도 쉽게 감지해 낼 수 있는 것처럼, 술 취함의 죄는 매우 민감하게 탐지해 낸다. 그러나 우리는 쓰라린 감정과 분노에 대해서는 그다지 민감하지 못한 편이다. 흡연이나 음주 같은 그런 쟁점에 대해서는 아주 민감한 그리스도교 교회들을 괴롭히는 쓰라림의 사례는 약간은 매혹적인 그리스도교 역사다:

> '톰린슨 하나님의 교회'는 모든 것이 순조롭게 운영되어 갔다. 그러나 1943년 교회 설립자가 죽자 교회 주도권을 둘러싸고 설립자의 두 아들인 밀턴과 호머 간에 권력다툼이 시작되면서 교회에 분쟁이 생겨났다. 이성을 잃은 공격과 반대공격의 공방전 속에, 동생인 밀턴이 '총감독'으로 선출되었다. 사실 그는 목사가 아니라 인쇄공이었다. 밀턴이 교회의 권력을 잡자, 호머는 교회에서 쫓겨났다. 그러자 호머는 뉴욕시로 가서 스스로 '하나님의 교회 세계본부'라고 명명한 제3의 교단을 설립하게 된다. 1953년 3월, 원래의 모집단인 '톰린슨' 하나님의 교회는 밀턴이 주교 겸 총감독을 맡고 있었는데, 그 이름을 '예언자의 하나님의 교회'로 바꾸었다. 자기들 교회만이 유일하고 참된 '하나님의 교회'를 가리킨다고 주장하면서.[2]

우리는 남을 용서하지 않을 권리를 가지고 있다고 생각한다.

정의라는 측면에서 눈에는 눈으로, 이에는 이로 갚을 수도 있을 것이다. 사실 가해자들에게 가혹한 복수를 하는 것이 당연하다고 생각하는 데에는 그럴 만한 이유가 충분히 있다.

그러나 주님께서는 다음과 같이 말씀하신다:

> '눈은 눈으로, 이는 이로 갚아라' 하고 말한 것을 너희는 들었다. 그러나 나는 너희에게 말한다. 악한 사람에게 맞서지 말아라. 누가 네 오른쪽 뺨을 치거든, 왼쪽 뺨마저 돌려 대어라 (마태복음 5장 38-39절).

존 맥켄지는 이 명령을 다음과 같이 주석하고 있다:

> 복수법은 피해자와 가장 가까운 친척이 동일한 상해나 살인으로 복수하도록 의무를 부과함으로써 개인들을 보호하는 고대 근동의 관습이었다……모세 오경의 율법들은 실제적으로 복수자가 가하는 상해의 정도를 가해자가 입힌 손해와 형평을 이루도록 제한하는 동해보복규정인 것이다. 그러나 정당방위라는 이러한 관습적인 원칙마저도 예수님은 거부하셨다. 그렇다고 해서 이 관습적인 원리가 또 다른 정당방위의 원칙에 따라 대체된 것도 아니었다. 예수님의 산상수훈 가운데서도 아마 이 말씀이 가장 역설적이며 확실히 다른 어떤 말씀보다 합리적으로 설명되어야 할 교훈이었다……무저항과 굴복의 원리가 이보다 더 분명하게 진술된 것도 없을 것이다. 예수님의 말씀은 실천할 수 없다거나 과장된 것이라고 말할 수 없다. 단지 그리스도인들이 지금까지 이러한 윤리에 따라 살아오지 못했으며, 오늘의 그리스도인들도 이러한 정신으로 살아가려는 마음의 준비

가 되어 있지 않을 뿐이다.[3]

우리가 치유기도를 드릴 때 가장 흔하게 경험하는 현상은 뜨거운 열기를 느끼는 것이다. 이것은 대개 인간애나 따뜻한 우정과 관련되어 있다. 반면에 차가움을 느끼는 것은 악의 현존과 관계가 있다.

어떤 느낌은 귀신들린 이야기와 형이상학적 체험을 설명할 때 자주 반복하여 나타난다. 어떤 환자들은 갑자기 얼음장 같은 냉기를 경험하는데, 그것은 때때로 벽에서부터 스며나온 것 같다. 안식일에 귀신이 나타나는 모습은 얼음같이 차갑고 온몸의 감각을 마비시키는 느낌으로 표현된다. 차가운 두 손이 귀신들린 사람의 목덜미를 조르기 시작한다. 차디찬 바람이 갑자기 횡하고 불어 닥친다. 전신을 섬뜩하게 하는 두려움과 극도의 한기 등이 차가운 느낌을 어느 정도 설명해 준다. 그러나 말로 설명할 수 없는 때도 있다. 여기에는 대체로 성적 불감증을 수반하기도 한다.[4]

사랑을 상징하는 뜨거운 열기를 느꼈다고 해서 그것이 하나님께서 행하시는 총체적인 치유과정에 우연히 따라오는 부수물이라고 생각할 수는 없다. 이와는 반대로 냉기를 느꼈기 때문에 누군가가 죽기를 바라는 귀신의 바람이 이루어질 것이라고 말할 수도 없다고 나는 믿는다. 지금 삶과 죽음이 충돌하고 있는 것이다. 그렇다고 하더라도 우리 자신의 냉담함, 분노 그리고 남을 용서하지 못하는 태도 때문에 우리 스스로가 육체적 질병의 치유를 가로막아 버릴 때가 너무나도 많다. 이제 나는 왜 사도 야고보가 병든 이를 위하여 기름을 바르며 기도하라고 말씀을 하셨는지, 또한 죄를 고백하며 치유기도를 하라고 권면하셨는지 분명하게 이해할 수 있다:

그러므로 여러분은 서로 죄를 고백하고, 서로를 위하여 기도하십시오. 그러면 여러분은 낫게 될 것입니다. 의인이 간절히 비는 기도는 큰 효력을 나타냅니다(야고보서 5장 16절).

한번은 어떤 여인에게서 자신의 내면세계 치유를 위하여 기도해 달라는 부탁을 받은 적이 있다. 우리가 그녀의 어린 시절에 대해서 이야기를 나누는 가운데, 그녀는 자신을 괴롭히는 가장 심각한 문제는 그녀의 남편을 비롯한 뭇 남성을 향한 까닭없는 증오심이라고 털어놓았다. 그런데 다른 사람들에 대한 그녀의 증오심은 어렸을 때 오빠들이 그녀를 학대하고 그녀를 늘 조롱거리로 삼았던 과거의 상처에 따른 것이었다. 내면세계의 치유기도를 하기 전에, 나는 그녀에게 오빠들을 용서해 주도록 요청했다. 그러나 그녀는 용서하기를 거부했다. 나는 그녀에게 용서할 줄 모르는 태도 때문에 어떠한 치유도 일어나지 않을 것이라고 말해 주었다. 그래도 그녀는 용서할 수 없다며 버티었다. 나는 그녀에게 당신은 걷잡을 수 없는 분노 때문에 당신 자신을 파괴시키고 있는데도, 왜 그토록 분노에서 헤어나지 못하느냐고 물어 보았다. 그녀는 잠시 생각에 잠기더니 다음과 같이 대답하는 것이었다. 만일 자기가 오빠들을 용서해 준다면, 지금까지 오빠를 대해 오던 자신의 태도와는 너무나 달라져야 하기에 자기같이 과거의 쓰라린 상처들 때문에 고통 받고 있는 사람들이 찾을 수 있는 마지막 핑계거리마저 없는 것이 아니냐고 했다(그렇게 되면 오빠들을 더 이상 비난할 수 없게 될 것 아니냐는 것이었다). 그녀는 잠시 기도를 더 하더니 마침내 이러한 자신의 태도가 그리스도인으로서 헌신된 삶과 온전한 삶을 살기 원하는 자신의 희망에 큰 걸림돌이 되어 왔음을 깨닫게 되었다. 그녀는 눈물을 흘리며 오빠들을 진심으로 용서하였다. 그리고 나서야 그녀는 지금껏 간구하던 깊은 내면 세계의 치유를 받았다.

이 모든 것을 요약하면 다음과 같다. 내가 사람들과 함께 치유기도를 더 많이 하면 할수록, 치유의 모든 형태들 간에 서로 밀접한 관련이 있음을 발견하게 된다. 주님의 몸된 교회는 예수 그리스도께 죄 용서의 능력이 있음을 오랫동안 알아 왔건만, 나 개인적으로는 다음과 같은 사실들도 인정할 필요가 있음을 점점 더 강하게 깨닫게 되었다:

(1) 육체적인 질병 가운데는 구속적인 고난이나 축복으로 주어진 병도 가끔 있다. 그러나 그렇지 않은 경우의 육체적 질병은 흔히 우리가 완전히 구원받지 못한 상태에 있고, 영적인 차원에서 볼 때 온전하지 못하다는 표시다.

(2) 육체적 질병의 치유가 일어나려면, 그 전에 '먼저 죄의 용서'나 내면세계의 치유가 선행되어야 할 경우가 흔히 있다.

(3) 가장 중요한 회개는 흔히 그리스도인들 스스로 죄라고 깨닫지 못하는 '원한과 분노'에 관한 것이다.

(4) 다시 말하면, '사랑'이야말로 하나님의 치유능력이 우리 속으로 흘러들어오는 것을 가로막는 냉담, 상한 감정 그리고 원한을 허물어뜨릴 수 있는 최선의 처방이다.

죄를 회개하는 전통들을 전반적으로 죽 훑어보면서 내가 발견한 중요한 사실은 의지를 사용하는 것만으로는 충분치 않을 때가 종종 있다는 점이다. 게다가, 우리는 하나님의 도우심과 하나님의 치유하심을 위하여 기도함으로써, 우리를 습관적인 죄의 나락에 빠뜨리는 속박을 뭐든지 깨뜨려 버릴 필요가 있다. 우리의 문제가 무엇이든지 간에, 그것이 괴로움이든지 중독이든지 강한 욕망이든지 간에, 우리는 치유기도를 통하여 사슬을 끊고 자유를 얻을 수 있을 것이다. 만일 설교자가 죄의 어떤 영역에 대하여 말할 경우에는, 회개자가 나중에 기도를 하고싶어 하도록 만들 필요가 있다. 바울이 (로마서 7장에서) 말하듯이, 우리는 우리가 몹시 싫어하는 바로 그것을 하고 있는 자신의 모습과, 예수 그리스도의 치유하시는 은혜만이 우리의 유일한 희망임을 발견한다.

내 자신의 삶에서 가장 극적인 사례는 우리 치유목회 팀이 코스타리카에 있는 대학생 그룹에게 말씀을 전하고 있을 때였다. 우리는 죄나 회개에 대하여 말하지 않고, 성령의 능력에 대해서 말하고 있었는데, 놀랍게도 바로 그 때 그 그룹이 갑자기 울기 시작했다. 나중에 우리는 그들이 자신들의 죄 때문에 울고 있었음을 알았다. 성령께서 그들을 내면 깊숙히 어루만지셨던 것이다.

용서의 전 영역을 훑어볼 때, 나는 우리에게 깊고 부당하게 상처를 준 누군가를 용서하는 것은 보통 인간적으로는 불가능하다고 생각한다. 그래서 나는 그 사람과 함께 기도하면서, 예수님이 그 사람의 마음속에 용서하시는 사랑을 부어주시기를 간구한다.

그리고, 거듭거듭 다시 말하지만, 실제로 그런 일이 일어난다!

이 모든 것들을 고려해 볼 때, 우리는 시몬의 잔치집에서 예수님의 발에 향유를 부었던 여인을 향하여 예수님께서 무슨 말씀을 하려고 하셨는지 알 수 있을 것이다:

> 그런 다음에, 그 여자에게로 돌아서서, 시몬에게 말씀하셨다. "너는 이 여자를 보느냐? 내가 네 집에 들어왔을 때에, 너는 내게 발 씻을 물도 주지 않았다. 그러나 이 여자는 눈물로 내 발을 적시고, 자기 머리털로 닦았다. 너는 내게 입을 맞추지 않았으나, 이 여자는 들어와서부터 줄곧 내 발에 입을 맞추었다. 너는 내 머리에 기름을 발라 주지 않았으나, 이 여자는 내 발에 향유를 발랐다. 그러므로 내가 네게 말한다. 이 여자는 그 많은 죄를 용서받았다. 그것은 그가 많이 사랑하였기 때문이다. 용서받는 것이 적은 사람은 적게 사랑한다." 그리고 예수님께서 그 여자에게 말씀하셨다. "네 죄가 용서받았다." 그러자 상에 함께 앉아 있는 사람들이 속으로 수군거리기를 "이 사람이 누구이기에 죄까지도 용서하여 준단 말인가?" 하였다. 그러나 예수님께서는 그 여자에게 말씀하셨다. "네 믿음이 너를 구원하였다. 평안히 가거라"(누가복음 7장 44-50절).

어쨌든, 주님을 향한 그녀의 사랑은 아무런 방해도 받지 않고 표현되었다. 그녀의 따뜻한 마음씨가 동기가 되어 그녀가 죄의 용서와 영혼의 치유를 맛보게 된 것은 분명한 일이었다. 자신이 예수님을 사랑한다는 것을 거침없이 표현함으로써 그녀는 죄의 용서와 하나님 아버지의 치유하시는 사랑을 받아들이겠다는 표시를 한 셈이다.

3
내면세계, 상한 감정의 치유

우리의 의지적인 죄와 우리의 육체적인 질병 사이 그 어딘가에서 우리는 인간으로서 실패하는 실제적인 요소들, 우리의 정서적인 약점과 문제들을 발견할 수 있다. 우리들 대부분은, 아마도 거의 모두는, 오래된 질병패턴을 되풀이한다. 일반적으로, 우리는 우울에 빠질 수 있지만, 누군가가 "웃어보세요, 하나님은 당신을 사랑하십니다."라고 말한다해서 기분이 좋아질 수도 없음을 발견한다. 사도 바울은 우리의 상황을 다음과 같이 완벽하게 묘사한다:

> 나는 내가 하는 일을 도무지 알 수가 없습니다. 내가 해야겠다고 생각하는 일은 하지 않고, 도리어 해서는 안 되겠다고 생각하는 일은 하고 있으니 말입니다(로마서 7장 15절).

우리의 의지만으로는 우리가 실패하는 어떤 부분들을 치유할 수 없다는 것이 분명하다. 계속 노력해 보지만, 또 다시 실패하고 마는 것이다.

　몇 년 전, 나는 내가 가르치고 있던 신학대학 휴게실에서 몇몇 사람들과 상담할 기회가 있었다. 그때 내가 해주었던 말들이 성경에 바탕을 둔 것이기는 했지만, 특히 극심한 상처를 입은 사람들을 돕는 데는 그다지 큰 영향력을 미치지 못했음을 깨닫게 되었다. 물론 비교적 균형잡히고 안정된 삶을 살아가는 사람들에게는 몇 가지 도움이 될만한 제안을 해줄 수 있었다. 그러나 만일 그들이 정서적으로 심한 상처를 입고 있을 경우, 그들은 그 문제를 해결하려 할 때 자신들의 의지마저도 사용할 수 없게 된다. 유감스럽게도 내가 훈련을 받아서 그들에게 줄 수 있는 유일한 도움은 하나님의 은혜로 도움을 받아 그들이 자신들의 의지력을 사용할 수 있도록 용기를 복돋아 주고, 그 뒤에는 몇 가지 실제적인 조언을 해주는 것뿐이었다. 나를 괴롭혔던 것은 대개 이런 조언만 가지고는 충분하지 못하다는 사실이었다. 한 예로, 어떤 여인이 우울증을 앓아 왔다. 내가 그녀를 상담할 때에도 계속 우울증세를 보였다. 내가 할 수 있는 최선의 방도는 그녀가 생명을 끊어 버리지 않도록 격려하는 것이었으며, 정신과 의사를 찾아가 보라고 말해 주는 것뿐이었다.

　물론, 나의 관심과 돌봄이 그들 안에서 치유의 능력이 되었다는 것은 알았다. 그러나 나에게는 나를 만나보기 원하는 신경증 증세를 보이는 모든 사람의 이야기를 경청해 줄 시간이 없다. 정신과 의사들의 형편도 마찬가지여서 언제나 예약환자들로 북새통을 이루고 있다. 필사적인 노력을 기울이지 않으면, 첫 상담을 하는 데에만 한 달은 족히 기다려야 한다. 하나님께서 자신을 사랑하신다는 사실을 믿지 못하고, 또 지금까지 살아오는 동안 어느 누구로부터도 진정한 관심과 사랑을 받아보지 못한 채 우울증으로 고통받고 있는 이 여인, 더군다나 남편으로부터도 버림받은 이 여인에게 내가 무슨 말을 해줄 수 있겠는가? 그녀의 이야기를 들어 주었던 사람은 단 한 명, 시간당 100달러짜리 정신과 의사뿐이었다. 또한 여자들에게서는 아무런 매력도 느끼지 못한 채, 같은 남성에게서 정욕을 채우려는 그러한 성벽이 점점 심해져만 가는 동성연애자에게 내가 무슨 말을 할 수 있겠는가? 그 사람이 자신의 변화를 위하여 어떤 희망을 가질 수 있는가? 더군다나 우리 교회는 그에게 어떠한 도움을 주었는가?

1960년대에 접어들면서 심리학에 대한 책을 읽고 그 연구 결과들을 공부하기 시작한 목사들이 많아졌다. 이들은 다음과 같은 사실을 인식하게 되었다. 곧 과거의 경험들은 인간이 점점 의식적으로 깨닫게 된 상태에서도 기억 속에 존재하고 있는데, 이러한 문제들 가운데 어떤 것은 인간의 잠재의식 속에 깊이 묻혀 있다는 것이었다. 이 경우에 인간의 의지력으로는 문제가 해결될 수 없으며, 회개하라고 촉구하는 것만으로는 충분한 조언이 되지 못한다는 것이었다. 목사들은 마침내 이러한 문제로 고통을 당하고 있는 사람들에게 정신과 의사를 찾아가 도움을 받도록 권유하게 되었던 것이다. 다른 많은 목사들이 하고 있는 것처럼, 나도 어려움을 겪고 있는 사람들의 필요를 좀더 잘 채워줄 수 있는 정신과 의사나 전문적인 봉사단체에 환자를 소개하는 역할을 주로 감당하게 될 날도 멀지 않은 것 같다.

그러나, 동시에, 정신과 의사들도 자신들이 돌보고 있는 환자들을 나에게 보내어 영성지도를 받게 하고 있다. 이러한 경험을 통하여 나는 몇몇 환자들의 경우에는 정신과 의사의 치료가 도움이 되었지만, 대다수 환자들의 경우에는 병의 상태가 단지 약간만 좋아진 경우들도 찾아볼 수 있었다. 예를 들면, 한번은 딸의 정신병을 고치기 위하여 70,000달러를 정신과 치료비로 소비했던 부부와 이야기한 적이 있다. 정신과 의사의 전문적인 도움을 받아 그녀가 지금까지 살 수 있었고, 그녀의 문제를 설명해 주는 질병의 증상을 찾아내기는 했다. 그렇지만 근본적인 치료를 받지는 못했다는 것이다. 그 이후 그녀는 기도로 치유되었다.

그로부터 몇 년 뒤에, 나는 보스톤의 한 정신과 병원에서 심리치료사로 일하고 있는 나의 아내 주디스가 직업적 위기감을 느껴왔다는 사실을 알게 되었다. 그녀는 환자들이 치유되지 않는 이유가 궁금했던 것이다. 절망적인 상황을 겪으면서 그녀는 자신의 환자들과 함께 기도하는 법을 배우게 되었다. 이렇게 하자, 놀랍게도, 그들이 치유되는 모습을 볼 수 있게 되었다.

이 분명한 실패를 계기로 나는 진지하게 성찰을 하게 되었다. 만일 그리스도께서 구원과 자유를 주시기 위하여 오신 것이라면, 왜 심리적으로 심하게 상처입은 몇몇 사람들에게는 현실적으로 어떠한 희망도 주어지지 않는 것일까? 특별히 이런 사실은 자신들의 삶 전체를 온전히 하나님께 바친 사람들, 예컨대 성직자들이 보기에는 공평하지 못한 것 같았다. 사람들은 내게 말하곤 한다: "저는 하나님이 저를 사랑한다고 생각하지 않습니다." 사실 육체적인 질병 가운데는 간혹 그리스도의 고난에 동참하는 것으로 생각되는 구속적인 것이 있기도 하다. 그러나 우울증을 앓고 있는 그리스도인들이 있다면, 이들은 그리스도인으로서 누려야 할 기본적인 생활조차도 누리지 못하고 있는 것이다.

(1) 그리스도인이라면 누구나 내면세계의 '평화와 기쁨'을 경험하게 되어 있지만, 우울증에 빠진 사람은 이러한 삶을 누릴 수 없다.

(2) 우리는 '하나님께서 우리를 사랑하신다'는 것을 믿을 수 있지만, 우울증을 앓는 이들은 이 사실을 믿지 못한다.

(3) 우리는 공동체 안에서 다른 사람들과 교제를 나누게 되어 있지만, 우울증에 시달리는 사람들은 흔히 '공동체'로부터 소외되는 슬픔을 맛보게 된다. 더군다나 이런 사람들은 다른 사람들처럼 '일'에 대한 열정도 없기 마련이다.

(4) 예수님께서 너희는 마음에 근심하지 말라고 하셨지만, 우울증으로 의기소침해 있는 사람들은 종종 '불안한 상태'에 있게 된다.

객관적으로 말해서, 우울증의 죄에 빠져 있는 사람들은 희망을 가지고 있지는 않지만, 개인적으로 죄책감을 느끼지는 않는다. 비록 그렇다고 하더라도, 죄책감을 느끼든 말든, 고통받고 있는 이들에게는 어떠한 해결책도 없는 것 같다. 그리스도가 선포한 자유와 구원의 복된 소식이 이들에게는 아무런 의미가 없다는 것인가? 약과 정신의학이 늘 치료에 도움을 주는 것은 아니다. 회개를 통한 교회의 전통적인 치료법도 마찬가지다. 무엇인가 분명한 것이 존재하지 않는 상황이다. 이렇게 고난받는 이들이 자신들의 의지로도 해결할 수 없을 때, '악에 사로잡히게 해서는' 안 될 것이다. 우리가 겉으로 나타나는 이런 정서적 질병의 영역을 다룰 때에, 그 사람의 고난이 어떻게 영적으로 도움을 줄 수 있는지 알아내기가 어렵다. 우울증을 앓는 사람은 친구를 신뢰하는 것이 거의 불가능한다. 빈틈이 없는 사람은 하나님을 친구가 아닌, 원수로 여긴다. 결과적으로, 나는 심리적인 질병이 고통받는 개개인을 향한 하나님의 뜻이라는 생각을 받아들일 수 없었다. 그것은 파괴적인 것이다. 결코 구속적인 고난이 아님을 알아야 한다.

그래서, 나는 아그네스 샌포드 여사를 통하여 최초로 내면세계의 치유에 대해 알게 되었다. 나는 그녀의 메시지를 듣고 희망으로 가슴이 부풀어 올랐다. 그녀가 이름붙인 '기억의 치유'는 매우 의미가 있었다. 마치 아직 완공되지 않은 건물 안의 모든 벽이 갑자기 제자리를 차지한 것 같은 느낌을 받았다. 그리스도께서는 짓누르고 있는 악한 세력으로부터 우리를 자유케 하려고 오셨을 뿐만 아니라, 내면세계의 치유가 인간의 심리적인 본성에 관하여 심리학자들이 밝혀낸 연구 결과와도 조화를 이루고 있었기 때문에, 내면세계의 치유는 분명한 의미를 지니고 있었다. 우리는 다음의 세 가지 영역에서 내면세계의 치유를 필요로 하는 마음의 상처를 받게 된다. 곧 우리 자신이 범한 개인적인 죄의 결과와 우리가 죄로 가득찬 세상에 태어나 살고 있다는 사실 그 자체로도 깊은 상처를 입는다(원죄). 우리 자신이 가장 필요로 하는 것은 사랑에 대한 욕구이다. 그런데 만일 우리가 유아기나 어린 시절 또는 일생의 어느 시기에 그 사랑을 받지 못하고 거절당하면, 이때 입은 상처는 얼마되지 않아서 우리의 삶에 영향을 미친다. 그러한 체험들은 우리에게서 평안과 다른 사람들을 사랑할 수 있는 능력과 신뢰할 수 있는 능력도 빼앗아 갈 것이다. 심지어는 하나님을 향한 신뢰의 마음까지도 빼앗아 가버릴지 모른다.

내면세계의 치유에 대한 기본적인 개념을 간단하게 말하면 다음과 같다. 예수님은 어제나 오늘이나 영원토록 동일하신 분이다(히브리서 13장 8절). 그분께서는 우리의 쓰라린 과거의 기억들을 취하셔서,

(1) 우리 안에 남아서 현재의 삶에까지 여전히 영향을 미치고 있는 해묵은 상처들로부터 우리를 '치유해' 주실 수 있다.
(2) 그분께서는 우리가 과거에 입은 상처들과 원한으로부터 흘러나오는 쓰디쓴 독을 뽑아내 주시고 어디로 흘려보낼 수 있는지 가르쳐 주실 수 있다. 그분께서는 우리 내면에 비어 있는 이러한 자리들을 '하나님의 사랑으로 가득 채워' 주실 수 있다.

나는 이러한 종류의 기도가 보통 분명하게 응답받는다는 것을 경험을 통하여 알아 왔다. 그런데 간혹 그러한 치유가 반드시 즉석에서 일어나는 것은 아니다. 그것은 점진적으로 일어날 수도 있기 때문에, 몇 번에 걸쳐 치유를 받을 필요가 있다. 그러나 우리가 하나님의 자녀로서 마땅히 누릴 수 있는 참된 내적 자유를 누리지 못하게 방해하는, 구속적인 고난이 아닌, 심리적인 상처들을 치유하기를 원하시는 것이 변함없는 하나님의 뜻이라고 나는 믿는다. 이런 종류의 기도가 겉으로 응답받지 못한 것처럼 보일 때에는, 우리가 진정으로 문제의 심층에까지 도달하지 못했기 때문이라고 생각한다. 그 이유로는 다음과 같은 점을 들 수 있다:

(1) '회개'할 필요가 있기 때문이다. 보통 상담을 받고 있

는 사람은 자기에게 상처를 입힌 사람을 용서해야 할 필요가 있다.

(2) 우리가 아직 발견하지 못했거나 도달하지 못한 더 깊은, '더 근원적인' 상처가 있기 때문이다.

(3) 또한 '귀신을 쫓아내는 예식'을 베풀 필요가 있기 때문이다.

1. 내면세계의 치유기도: 언제 드릴 것인가?

어떠한 형태로든 과거의 쓰라린 상처들에 따라 삶에 장애가 발생한 경우, 언제든지 내면세계의 치유가 필요하다. 정도의 차이는 있을지언정, 우리 모두가 이러한 종류의 속박에서 벗어나지 못한 채 고통받고 있는 것이 현실이다. 과거에 형성된 어떠한 유형의 심리적·행동적 요인들에 따라 야기되는 원인모를 두려움이나 불안이나 강박충동은, 만일 우리가 최선을 다하여 그리스도인다운 생활방식으로 자신의 삶을 단련시켜 나간다면, 기도를 통하여 물리칠 수 있다. 그럼에도 불구하고, 너무도 많은 그리스도인들의 삶이 자신을 늘 무가치하거나 보잘것없는 존재로 생각하는 것, 변덕스러울 만큼 분노나 우울증을 발작적으로 터뜨리는 것, 불안이나 원인모를 두려움이나 강박충동적인 성적 욕구 등에 따라 장애를 받고 있다. 그 밖에 해결하기를 원하고 있으면서도, 회개와 변화하려는 결단 위에서 정면으로 대처할 수 없는 여러 가지 문제들이 있음을 이들은 깨닫고 있다. 탁월한 그리스도교 서적들이 과거가 우리의 현재 삶에 미치는 영향과 유년기의 충격으로부터 자유로이 벗어나야 할 필요성이 있음을 보여주고 있다.[1] 이러한 유형 가운데 어떤 것은 성인이 된 뒤의 결심에 따라 변하기도 하지만, 우리가 원하든 원치 않든 강력한 과거의 기억들 때문에 두려움과 불안으로 가득 차게 되는 경우를 흔히 보게 된다. 우리는 의지적 행동만으로 그 불안들이 사라지기를 바랄 수는 없다.

2. 내면세계의 치유란 무엇인가?

내면세계의 치유 이면에 있는 생각은 간단히 말해서 예수 그리스도와 함께 우리에게 상처를 주었던 과거의 고통스러운 기억 속으로 되돌아가서 현재에까지 미치는 그 상처의 영향력으로부터 우리가 자유로워지기를 예수님께 기도할 수 있다는 것이다. 여기에는 다음의 두 가지 단계가 포함되어 있다.

  (1) 우리에게 상처를 가져다 준 것들을 '드러내 놓는 것'이다. 이것은 보통 다른 사람과 잘 행해지는데, 심지어는 자신의 문제를 터놓고 이야기하는 것만으로도 치유과정이 될 수 있다.
  (2) 우리를 지배하고 있는 과거의 고통스러운 사건의 영향력을 치유해 달라고 주님께 '기도드리는 것'이다.

어떤 종류의 상처들은 아주 어린시절까지 거슬러 올라간다. 때로는 최근의 것도 있다. 우리가 경험을 통하여 알게 된 사실은 심리학자들이 발견한 것과 일치한다. 곧 대부분의 상처들은 우리가 가장 상처받기 쉽고 자신을 거의 방어할 수 없는 때까지 거슬러 올라간다는 것이다. 어떤 상처들은 심지어 아이가 어머니의 자궁 속에 있을 때, 곧 출생 전에 발생한다는 사실을 암시해 주는 증거들도 상당히 많이 있다. 엘리사벳이 마리아의 인사를 받았을 때 세례 요한이 어머니 엘리사벳의 태중에서 기뻐 뛰놀았던 것처럼, 모든 아이들은 어머니의 기분 상태에 민감한 반응을 보이는 것 같다. 만일 어머니가 진심으로 아이를 원치 않는다거나 불안이나 두려움으로 고통받고 있다면, 유아는 어떤 방식으로든지 어머니의 기분을 알아채고 거기에 응답하는 것 같다. (내면세계의 치유를 위하여 기도를 드리다가 우리는 놀라운 방법으로 출생 전의 시절로 다시 돌아가 그때를 경험하는 어떤 성인 여자를 목격한 적이 있다. 그녀는 기도 중에 이렇게 말했다: "나는 나가지 않을 꺼야!" "난 태어나지 않을 테야!") 두세 살까지의 이런 기억들은 우리의 미래 행동유형을 위한 틀을 결정지워 주는 데에 중요하다. 우리가 자유롭게 우리 자신의 개인적인 결정을 내리기 훨씬 이전에.[2]

만일 어떤 사람이 늘 사랑할 수 없는 느낌을 가지고 있고 늘 불안하고 초조하다면, 내면세계를 치유할 필요성은 아마도 삶의 가장 어린시절로 거슬러 올라갈 것이다.[3]

3. 기도를 위한 준비작업

지금까지 전혀 고백해 본 일이 없는, 잠재의식의 가장 깊은 곳에 숨겨져 있거나 아주 어린 시절의 기억들을 들추어 내어 이야기하는 것은 고통스러운 일이기 때문에 흔히 죄책감이나 수치심이 수반되기도 한다. 내면세계의 치유기도는 대개 한두 명만 있는 자리에서 은밀하게 드려져야 한다. (여기서 나는 고백을 할 때 개인의 사생활을 존중해 주는 그리스도교 전통이 매우 큰 가치가 있다고 생각한다. 사실, 화해의 성례전은 내면세계의 치유를 위한 기도를 사용하여 참회자들이 그리스도의 치유하시는 능력을 충분히 받아 앞으로 똑같은 죄의 나락에 떨어지지 않도록 도와주는 쪽으로 지평을 넓혀갈 수 있다.) 별다른 친근감을 느끼지 못하는데도 억지로 큰 집단이나 특정한 사람과 함께 기도하도록 강요해서도 안 된다. 이런 종류의 기도는 매우 예민하고 신중하게 드려져야 하기 때문에 기도를 요청한 사람 자신이 믿고 편안한 마음으로 고백하면서 함께 기도하고픈 사람을 선택할 수 있도록 자유를 주어야 한다. (종종 이런 어린 시절의 외상 경험들은 당사자가 털어놓기 매우 부끄러워하는 성적인 문제들과 관련되어 있다.)

그러므로 성령의 은사를 받은 사람들이 내면세계의 치유를 받기 원하는 사람들에게 도움이 되는 성경적인 지식이나 뛰어난 영적 민감성을 겸비하게 되면 더할 나위 없이 이상적이다. 기도를 해주는 사역자들은 절대로 자신의 생각을 다른 사람에게 강요해서는 안 된다. 어떤 사람이 여러분에게 처음 와서 자신의 내면세계에서 자기를 괴롭히는 것들과 의식적으로 제어할 수 없는 것들을 허심탄회하게 털어놓으면, 이 때가 바로 내면세계의 치유를 위하여 기도할 때라고 생각해도 좋다. (물론, 이러한 일은 이웃사람이 집으로 와서 모닝 커피를 함께 마시며 속내를 털어놓는 것과 같이 지극히 자연스러운 상황에서도 일어날 수 있다. 그 때 여러분은 그 사람에게 내면세계의 치유기도를 원하고 있는지 물어볼 수 있다. 만일 그 사람이 내면세계의 치유에 대해 한번도 들어본 적이 없다면, 그것이 무엇인지 아주 간단하게 설명해 줄 수도 있을 것이다.)

만일 그 사람이 받은 마음의 상처가 깊어 극심한 고통 가운데 있다면, 아마도 그는 강한 믿음을 가지고 있지는 못할 것이다. 특히 우울증을 앓는 사람들이 그렇다. 그러므로 그들의 믿음 수준을 넘어서는 요구를 하지 않도록 주의하여야 한다. 우울증으로 시달리고 있는 사람은, 보통 어느 누구로부터도 도움을 받을 수 없었다. 심지어 하나님께서도 자신을 돌보시지 않는다고 말할 것이다. 사실 여러분은 이런 말이 나오길 기대했는지도 모른다. "저는 이 문제를 놓고 전에도 여러 번 기도했습니다. 그러나 지금까지 아무런 차도가 없었습니다." 육체적인 질병의 치유를 위하여 기도할 경우에는 우리가 믿음 있는 행동을 하라고 당사자에게 요구하는 것이 현명한 처사이지만, 심리적인 치유를 위한 기도에서는 상처입은 사람이 이끌어 낼 수 있는 것보다 더 많은 믿음을 요구할 경우 절망감만 더하게 해줄 것이다. 필요한 믿음은 여러분에게서 나와야 한다고 믿는다. 이러한 예식을 베풀 때는 아주 편안하고 부드러운 마음으로 진행해야 한다. 여러분은 상대방에게 충분한 시간적 여유를 주어야 한다. 서둘러서는 안 된다. 사실, 내 경우에는 최소한 20분 정도도 여유가 없다면 내면세계의 치유예식을 충분히 베풀 수 없었다. 예식에 걸리는 시간은 1시간이면 아주 적절하다. 그 가운데 45분간은 이야기하고 15분간은 기도를 드렸다. 가끔씩 한 시간 이상이 소요될 수도 있다. 후속조치를 위한 대책도 세워 두어야 할 것이다.

이제, 내가 내면세계 치유에 대하여 꼭 꼬집어 말하고 싶은 것은, 인간적인 필요가 매우 크기는 하지만, 보통 하나님께서 우리를 구원해 내시는 사례이다. 종종 우리가 기도할 때, 사람들은 "성령 안에서 안식을 누린다." 때로 몇 시간 동안이나.

우리 기도는 짧다. 하지만 내면세계의 치유는 이른바 "카페트 시간"이라고 불리는 동안에 일어난다. 이것은 우리가 기도할 때 자주 일어나는 현상이다. 사람들은 부드럽게 뒤로 넘어져서 바닥에 누워 안식한다. 완전히 의식은 깨어 있는 상태로. 그 때 그들 가운데 몇몇은 환상을 보거나 다른 방법으로 자신들의 문제가 무엇인지 통찰을 얻는다. 그리고 주님께서 자신들을 치유하시는 것을 종종 체험하기도 한다. 이러한 상황은 몇 분에서 몇 시간까지 지속될 수 있다. ("성령 안에서 누리는 안식"을 묘사하고 설명하기 위하여 나는 〈성령으로 승리하라〉[4]라는 책을 쓴 바 있다.)

4. 뿌리를 찾아

내면세계의 치유예식을 베풀기 전에 준비단계로서 대개 몇 가지 질문을 던져 상처의 원인을 찾아낼 수 있다. 과거에 입은 마음의 상처들이 밝혀지면, 그러한 영역들에 대하여 기도할 수 있을 것이다.

1) '언제' 이 모든 것이 시작되었습니까?

아그네스 샌포드 여사는 그 사람이 어린 시절을 행복하게 보냈는지를 물어 보면서 이것을 알아냈다. 만일 행복한 시절을 보내지 못했다면, 그 사람은 그러한 사실을 인정하고 자연스럽게 어린 시절의 일들을 이야기할 것이다. 만일 그 사람이 "예, 저는 아주 행복한 어린 시절을 보냈습니다"라고 말하면, 그녀는 언제부터 일들이 잘못되기 시작했는지 묻곤 한다. 많은 사람들이 학창시절의 불행한 성적 경험이나, 그 뒤 결혼생활이 파경에 이르면서 심한 상처를 받게 되지만, 나는 정서적으로 상처가 깊은 대부분의 문제들은 오래전 우리의 어린 시절에까지 거슬러 올라간다는 사실을 알게 되었다.

2) '왜' 그리고 무엇 때문에 이런 일이 생겨났는지 아십니까?

흔히 첫번째 질문에 대한 대답을 들어보면 옛 상처들의 원인이 드러나게 된다. 대부분은 거절을 당하거나 관계가 파괴되는 것에 그 원인이 있다. 우리 부모들과의 관계가 특히 중요한데, 부모의 사랑을 진정으로 경험했는지의 여부가 결정적인 요인으로 작용한다. 어린 시절에 어느 한쪽 부모로부터 사랑을 받지 못한 사람은 성인이 되어서까지도 그 상처를 담고 있을 가능성이 많다. 만일 어머니가 아이를 충분히 안아주지 않거나, 아버지가 직장에서 퇴근하여 집에 돌아온 뒤에 아이와 거의 아무런 이야기도 나누지 않거나 가혹하게 처벌을 하거나, 아이들은 많고 어머니는 몸이 약해서 애정을 보여줄 시간적 여유조차 없는 경우, 또는 아이가 어렸을 적에 부모 가운데 어느 한쪽이 돌아가신 경우, 이 모든 고통스러운 사건들 때문에 그들은 마음에 깊은 상처를 받게 되고 그 사람과 자신과 다른 사람들 그리고 삶에 대한 기본적인 생각에 깊은 영향을 받게 된다. 때때로 그 사람은 정말로 어떠한 일이 일어났는지 잘 모르는 경우도 있는데, 이런 때는 하나님의 계시를 구하거나 깊숙한 내면적 욕구가 표면으로 드러날 때까지 잠잠히 기다려야 한다. 만일 그 사람이 어떻게 그리고 왜 이 모든 상처가 생겨나게 되었는지 기억할 수 있다면, 우리는 하나님께 다음과 같이 간청할 수 있다. 치유받는 사람이 우리 속에 있는 과거의 어린아이이므로 할 수 있는 한 생생한 방법으로 상상력을 총동원하여 어린아이처럼 기도할 필요가 있다.

더 간단한 방법은 가능한 한 그 길에서 완전하게 빠져나오는 것이다. 그리고 나서 예수님이 그 사람에게 다가오시어, 그녀가 예수님의 임재를 감지할 수 있게 해달라고 구하여라. 때때로 그녀는 그분을 영안으로 '볼' 수도 있을 것이다. 그러면 우리는 예수님께 그녀가 상처받았던 때로 돌아가 주시도록 구한다. 침묵 속에서 우리는 기다린다. 흔히, 예수님께서 바로 이 부분에서 기도를 떠맡으시는 것처럼 여겨진다. 만일 이것이 정말 일어난다면, 그것은 늘 매우 강력하고 창조적이며 치유적이다.

시간을 주관하시는 예수님께서는 우리가 할 수 없는 것을 하실 수 있다. 그분은 지금도 우리를 괴롭히고 있는 과거의 상처들을 치유하실 수 있다. 내가 상담자로서 지금까지 가장 잘 할 수 있었던 일은 어떤 사람의 과거 속에 깊이 묻혀 있는 상처들을 의식세계 앞으로 끌어내어, 현재 상황에서 의식적으로 이에 대처할 수 있도록 돕는 것이었다. 나는 이제 주님께서 이러한 상처들을—때때로 즉각적으로—치유하실 수 있음을 알게 되었다. 좀더 깊은 내면세계의 치유에서도 그 상담과정을 끝내시는 분은 주님이시라는 것을 깨닫게 되었다.

가끔 어른들이 보기에는 이러한 마음의 상처들이 대수롭지 않은 것처럼 보일지 모르지만, 우리는 어린아이와 같이 그 상처들을 예민하게 바라볼 수 있어야 한다. 나는 한 여인을 위하여 기도한 적이 있다. 그녀는 직장에서 만족하고 활기 넘치는 삶을 살았지만, 내면세계의 삶은 언제나 쓸쓸하고 지루했기에 불만을 품고 있었다. 마침내 우리는 그녀가 풍성한 삶을 살지 못하는 원인을 찾아냈다. 그것은 그녀가 10살 때 일어났던 어떤 사건 때문이었다.

5. "이제는 평안한 마음으로……"

상처(말하자면, 부정적인 부분)를 치유해 주시기를 바라는 기도를 드리고 나서, 우리는 그 사람의 삶에서 생겨난 공허한 부분을 적극적인 방법으로 채워달라고 예수님께 기도드린다. 우리에게는 사랑받고 싶은 원초적인 욕구가 있기 때문에, 내면세계의 치유기도 말미에는 보통 마음의 빈 공간들을 모두 채워달라고 하나님께 간구한다.

만일 그 사람이 하나님의 사랑을 느끼지 못한다면, 나는 예수님께서 그 사람의 마음과 영혼 안에—인간의 목소리가 닿지 못하는 그 깊은 곳에—말씀하시며, 그의 이름을 부르시며, 그의 연약함과 실패 가운데서도 그를 사랑한다고 말씀해 주시기를 간구한다. 만일 그 사람에게 아버지의 사랑이 부족하다면 "아버지께서 나를 사랑하신 그 사랑이 그들 안에도 있게 하옵소서"(요한복음 17장 26절 하반절)라고 기도하셨던 예수님의 기도를 성취하기 위해서라도 그 사람을 하나님의 사랑으로 가득 채워 달라고 하나님 아버지께 간구한다. 저녁마다 아이를 무릎 위에 앉히고 그 날 하루의 일을 오손도손 이야기하는 아버지처럼, 아이의 손을 잡고 거리를 거닐며 자기 삶의 비전과 이상을 나누는 아버지처럼, 아이를 무동태우다가 하늘 높이 던졌다가 다시금 받아 주는 아버지처럼, 나는 하나님께서 이와 같은 아버지가 되어 주시며 그 사람을 위하여 간구한 것들이 이루어지기를 간청한다.

이런 기도는 매우 단순하고 유치하게 들릴지 모른다. 사실 그러하다. 심지어 글로 적어보면 감상적으로 보이기까지 할 것이다. 그러나 우리가 실제로 그러한 기도를 드려보면 그 기도들은 매우 감동적이다. 그러한 기도를 통하여 하나님께서는 상처입은 마음을 치유하신다.

나는 여기서 이런 대부분의 문제들에 의학적인 도움이 가장 큰 도움이 되었음을 덧붙이고 싶다. 만일 우울증에 걸린 사람이 화학적인 불균형 때문에 고통을 겪는다면, 약물이 필요할 수 있다. 아니면 우리는 호르몬이나 효소의 균형을 이룰 수 있도록 육체적인 치유를 위하여 기도드릴 수도 있다.

이것에 대해서는 할 말이 훨씬 더 많다. 이 장만 써도 이 아름다운 목회에 관해서 배운 통찰들을 나눌 수 있는 탄탄한 책이 되고도 남을 것이다.[5] 내면세계의 치유가 사람들에게 큰 기쁨과 평안을 가져다 주는데도 내면세계의 치유기도를 이해하고 이런 종류의 기도를 드리는 사람이 매우 적다는 사실은 안타까운 일이다. 모든 사람이 내면세계의 치유기도를 하는 데 필요한 은사들을 부여받은 것도 아니다. 게다가, 내면세계의 치유기도는 시간이 걸리며 사역자를 지치게 만들기도 한다. 하지만 이러한 모든 시간과 수고를 통하여 슬픔이 기쁨과 평안으로 바뀌는 변화를 바라볼 수 있기에 이 사역은 해볼 만한 가치가 있다. 사실 이러한 변화는 내면세계의 치유기도를 드릴 때면 거의 늘 뒤따른다. 하나님의 변화시키는 사랑의 전형적인 모습은 여러 해 동안 내면세계의 문제로 괴로워하던 한 젊은 여인의 간증에서도 찾아볼 수 있다. 그녀는 그 해묵은 문제에서 벗어나려고 오래전부터 기도를 해왔었다.

　　평화와 모든 좋은 일이 박사님께 함께 하기를 빕니다. '그 다음날 아침' 저는 10시 15분이 되어서야 잠에서 깨어났습니다. 우리가 이제 함께 기도한 뒤에 일어났던 일들에 대해 어떻게든지 박사님과 나누는 것이 좋을 것 같다는 생각이 들어서 몇 자 적어 보냅니다.
　　박사님은 우리가 방문했을 때 제가 계속 묻던 말을 기억하실 것입니다. "불은 어디에 있어요? 제 몸에 불이 붙은 것 같아요." 그 후에 우리는 기도했는데 저는, 불타는 느낌 대신에, 제 영혼이 고요하면서도 차가움 속에 가라앉는 것을 느꼈습니다. 헤어지고 나서 혼자 있게 되자 이상한 느낌이 들었습니다. 제가 깨끗하게 씻음받고 있었습니다. 정결하게 되고 있었습니다. 눈을 감자 폭포들과 세차게 흐르는 강들이 "보였습니다." 제가 바로 그 강이었고, 흐르는 물이었습니다! 처음 몇 시간을 보내며 조용하게 생각에 잠겨 산만한 마음을 정리할 때마다, 그 느낌을 다시 느낄 수 있었습니다. 집으로 돌아와서, 저는 조용한 어둠 속에 잠시 앉아 있었습니다. 그리고 이 모든 체험 가운데 성령 안에서 안식할 수 있었습니다. 그 뒤 몇 시간이 지나자 성령님이 떠나신 것이 아닌가 하는 생각이 들었지만, 그분은 여전히 제 곁에 계셨습니다.
　　오늘 성경을 펼쳤는데, 마침 요한복음 4장이었습니다. 그 장의 앞부분에 내용 설명이 붙어 있었습니다. "이 부분은 우리에게 생수에 대한 상징적 표현을 소개하고 있다……모세가 반석에서 샘물을 나게 한 것처럼, 예수님은 영생하도록 솟아나는 샘물을 주실 것이다. 예수님께서 영광을 받으신 뒤에, 그분을 믿는 이들에게는 성령으로 충만하게 채워 주실 것이다."

성경 본문은 예수님과 사마리아 여인에 관한 것이었습니다. 특히 저의 심령 깊은 곳에 와닿은 구절은 바로 이것입니다: "내가 주는 물을 마시는 사람은 영원히 목마르지 아니할 것이다. 내가 주는 물은 그 사람 속에서 영생에 이르게 하는 샘물이 될 것이다"(요한복음 4장 14절). 예수님, 찬양합니다! (만일 제가 좀더 말한다면 "수다쟁이처럼" 보일 것입니다. 성령님께서 원하시는 일인지도 모릅니다.)

한 가지만 더 말하겠습니다. 오늘 마침 혼자 있었는데, 한 친구가 찾아왔습니다. 그 친구는 간증이라면 진저리를 느끼고 있던 사람이었지요. 제가 이 편지를 쓰기 시작하자, 그녀가 들어왔습니다. 저는 "이것봐, 이 간증을 누군가와 나누어야 하는가봐"라고 말했습니다. 그리고 우리는 함께 성경을 읽었습니다. 요한복음 4장 14절("그러나 내가 주는 물을 마시는 사람은 영원히 목마르지 아니할 것이다")을 읽다가 저는 이 말씀에 울기 시작했습니다. 제가 결코 울어본 적이 없는 사람이라는 사실만 빼면 그것은 별로 중요한 일이 아니었겠지요. 하지만, 아마도 이것은 전체적인 치유과정의 한 부분으로서, 감정의 치유였던 것 같습니다.

주님, 찬양합니다. 제 마음은 무척이나 충만합니다.

내면세계의 치유가 '성서적인가'라고 물어보는 사람들이 가끔 있다. 나는 확신하건대, 내면세계의 치유는 인간적 상처의 주 영역인 우리 인간성의 일부, 곧 우리의 정서를 하나님께서 치유하시는 것이라고 생각한다. 그것은 단지 그리스도의 치유하시는 능력을 우리가 우리의 정서적 본질에 대하여 알고 있는 것에다 적용시키는 것일 뿐이다. 그것은 결코 복음을 부인하지 않으며, 우리가 우리 인간 본성에 대하여 알고 있는 것에다 복음을 적용시킨다.

내면세계의 치유가 얼마나 자주 일어나는지 몇 가지 조짐을 제시해 보겠다. 내가 이 책을 쓰고 있을 때, 우리는 버몬트 루틀랜드에서 350명을 대상으로 4일간의 치유세미나를 막 마치던 참이었다. 그 치유세미나 말미에 우리는 얼마나 많은 사람들이 다양한 치유를 받았는지 손을 들어보라고 했다. 질문은 이런 식이었다: "지난 4일 동안 여러분 삶의 '어떤' 부분에서 '의미심장한' 내면세계의 치유를 받은 분이 얼마나 되십니까?" 그랬더니 그 집단의 약 90%가 손을 들었다. (이것은 놀랄만한 반응이지만, 다른 때도 거의 비슷하다는 것을 우리는 발견한다.)

계시가 과학과도 일치한다는 것을 확증해 주는 놀라운 사건이 얼마 전에 있었다. 나는 한 남자와 함께 그의 부인을 위하여 기도해 주었는데, 그녀는 열등감과 버림받을지도 모른다는 두려움으로 고통당하고 있었다. 그녀는 다른 이들이, 특히 하나님께서 자기를 어떻게 생각하실지 걱정되었고, 잘못된 결정이 내려질까봐 늘 두려움 속에 살아왔다. 그러한 두려움은 그녀의 친정어머니가 그녀를 낳자마자 거리에 내다버렸던 과거의 깊은 상처 때문에 생겨난 것이었다. 아름답고도 감동적인 기도를 드린 뒤, 그녀의 남편이 나를 집에까지 차로 데려다 주는 동안 그녀는 홀로 남아 기도하게 되었다. 침묵으로 기도하는데 "아가서 3장 1-4절을 읽으라"는 생각이 마음속에 떠올랐다. 그녀는 성경을 몰랐고 그 안에 무슨 내용이 있는지도 알 수 없었지만, 성경을 펴들고 읽어 나갔다. 충만한 위로를 받으면서.

> 나는 잠자리에서 밤새도록
> 사랑하는 나의 임을 찾았지만,
> 아무리 찾아도
> 그를 만나지 못하였다.
> '일어나서 온 성읍을 돌아다니며
> 거리마다 광장마다 샅샅이 뒤져서
> 사랑하는 나의 임을 찾겠다'고 마음 먹고,
> 그를 찾아 나섰지만,
> 만나지 못하였다.
> 성 안을 순찰하는 야경꾼들을 만나서
> "사랑하는 나의 임을 못 보셨어요?"
> 하고 물으며,
> 그들 옆을 지나가다가,
> 드디어 사랑하는 나의 임을 만났다.
> 놓칠세라 그를 꼭 붙잡고,
> 나의 어머니 집으로 데리고 갔다.
> 어머니가 나를 잉태하던
> 바로 그 방으로 데리고 갔다.
> (아가서 3장 1-4절)

이것은 그녀가 기도했던 바로 그 치유에 대한 아름다운 확증이었으며, 그녀의 상황에 딱 맞는 성경말씀의 적용이었다. 우리들의 기본적인 욕구는 그 대부분이 우리가 사랑받고 있다는 것을 아는 것인데, 우리가 성취할 수 있거나 할 수 있는 어떤 것에 대한 욕구가 아니라, 그저 우리가 누군가의 사랑의 대상이라는 사실을 확인하고 싶어하기 때문에 생겨난다. 예수님께서는 우리의 마음과 영혼을 시들게 하고 상처를 입히는 과거의 상처들로부터 우리를 치유하심으로써 자신이 우리에게 얼마나 많은 관심을 갖고 계시는지 나타내 보이시기를 진정으로 바라고 계신다.

> 정의가 이길 때까지,
> 그는 상한 갈대를 꺾지 않고,
> 꺼져가는 심지를 끄지 않을 것이다.
> 이방 사람들이
> 그 이름에 희망을 걸 것이다
> (마태복음 12장 20-21절).

4
육체의 치유

인간을 치유하는 몇 가지 유형들 가운데, 육체적 질병을 치유하는 것은 대부분의 사람들에게 가장 믿기 어려운 일일 것이다. 기도를 통하여 한 사람을 회개케 하거나 심리적으로 변화시키는 일은 그래도 믿을 수 있지만, 육체적 질병이 깨끗하게 나았다는 것은 쉽사리 믿기지 않기 때문이다. 하지만, 실제적으로 육체적인 치유가 내가 알고 있는 기도그룹에서 정규적으로 일어나고 있다. 종종 우리가 치유세미나에서 병든 이들을 위하여 기도하는 시간을 가질 때 십여 명이 넘게 치유되곤 한다. 그러므로, 만일 여러분이 주님께서 이천 년 전에 병든 이를 고치셨듯이 하나님께서 오늘도 여전히 치유하실 수 있다고 믿는다면, 아픈 이들을 위하여 기도하는 법을 배우고 치유기도를 힘있게 시작해 보라. 여러분은 전에 눈먼 사람을 위하여 기도해 본 적이 있는가? 육체적 치유를 위해서는 독실한 믿음이 필요하기도 하지만, 그런 기도가 가장 단순한 종류의 기도이기도 하다. 이러한 기도는 내면세계의 치유기도보다 훨씬 더 간단하고 훨씬 더 짧다고 말할 수 있다.

A. 확신을 갖고 시작하라!

치유기도를 시작하는 데에는 용기가 필요하다. 나는 지극히 평범한 사람임에도 불구하고, 마치 내가 대단한 사람이라도 된 것처럼 보일 때마다, 내가 참 어리석구나 하는 생각을 하곤 한다. 예수님처럼, 위대한 치유자인 체하는 나는 과연 누구인가? 물론, 이러한 나의 태도는 가장된 겸손에서 비롯된 것이다. 예수님께서는 친히 제자들에게 아픈 이들을 위하여 기도하는 법을 가르쳐 주셨다. 사실, 치유를 위한 기도를 드리려면 믿음보다 용기를 필요로 하는 때가 있다(춧츠파!).

우리가 사랑하는 이들을 위하여 치유기도를 드릴 때 하나님께서 우리 기도에 응답하여 치유해 주시는 것을 보게 되는 것은 놀라운 기쁨이다. 그 순간 우리는 마음 깊은 곳으로부터 하나님께 찬양을 드리게 된다. 다음에 나오는 세 통의 편지에서 우리는 우리가 하나님의 치유하시는 사랑에 동참할 때 종종 일어나는 그런 류의 치유를 살펴 볼 수 있을 것이다.

3월 2일에 열렸던 영성수련에서 저를 위하여 기도해 주실 때까지만 해도 저는 당뇨병으로 고생하고 있었습니다. 이제 제가 당뇨병에서 깨끗하게 나음을 입었다는 사실을 전하게 되어 무척 기쁩니다. 주님께 찬양을 돌립니다. 3월 4일부터는 그간에 복용하던 약도 끊었고 지금까지 아무런 이상도 없습니다. 저에게 이런 일이 일어나리라고는 꿈에도 생각하지 못했는데…….

1973년 3월 16일

그 뒤 6개월이 조금 지난 1973년 10월 22일에 그녀는 또 편지를 보내 왔다.

지난주에 병원에서 진찰을 받았습니다. 의사는 저에게 아무런 이상도 찾을 수 없다는 진단을 내렸습니다. 제가 박사님의 치유세미나에 참석한 뒤 지난 4월에도 그 병원 의사의 진찰을 받았는데, 그때도 의사는 몹시 놀라는 표정을 지었던 기억이 납니다. 그는 이번 진찰결과를 놓고 무엇인가 이상한 일이 일어났음에 틀림없다고 하더군요. 그렇지 않으면 이런 일이 생겨날 수가 없다고. 저는 저의 병을 고쳐주신 하나님께 날마다 감사하고 있습니다. 작년에는 생각할 수도 없었던 온갖 집안일을 지금은 하고 있습니다. 전에는 심장박동이 불규칙하고 가슴이 터질 것 같은 압박감을 느끼곤 했는데, 이제는 그런 이상한 증세도 없어졌습니다. 계단도 마음대로 오르내릴 수 없었는데, 지금은 자유롭게 다닐 수 있게 되었습니다. 마치 10년은 젊어진 것 같습니다. 주님께 찬양과 영광을 돌립니다.

그녀의 편지에 내가 답장을 했더니, 그 중년부인은 1974년 2월 5일에 내게 또 편지를 보내 왔다.

아시겠지만, 저는 지난 10년간 당뇨병으로 고생을 했습니다. 시력이 급격히 떨어졌고, 심장상태도 매우 좋지 않았습니다. 쉬지 않고는 두서너 계단도 올라갈 수 없을 정도였습니다.

두 다리는 늘 퉁퉁 부어 있었구요. 음식도 마음대로 먹을 수 없었고, 체중은 급격하게 줄어만 갔습니다. 날마다 7개의 알약을 복용해야 했습니다. 그러던 가운데 제가 기적적인 치유를 경험한 지도 거의 일년! 요즈음 저는 젊은 시절의 건강을 되찾고 있습니다. 계단도 쉽게 오를 수 있고, 뛰어다닐 수도 있답니다. 시력도 많이 회복되었고, 심장박동 상태도 좋아졌습니다. 의사 역시 저에게서 아무런 이상 증후를 찾아볼 수 없었답니다. 근데, 의사가 쓴 소견서를 보니까, 저의 병력에 대해 너무 모르는 것 같더라구요. 박사님, 저는 요즈음 확실히 기분이 좋습니다. 1년 전만 해도 제 남편이 제가 할 집안일을 모조리 대신 했는데, 지금은 제가 다 하고 있구요. 더군다나 열 시간이나 서 있어도 끄떡 없을 만큼 제 다리도 튼튼해졌답니다.[1]

만일 여러분이 병든 이들을 위하여 기도할 때에 예수님께서 여러분의 기도에 응답하신다는 확신이 든다면, 이제 여러분은 몇 가지 단계만 배우면 된다. 이것들은 쉽게 기억할 수 있다. 대학을 졸업한 사람만이 육체의 치유를 위하여 기도하는 법을 배울 수 있는 것은 아니다. 나의 선교사 친구들은 라틴 아메리카의 가난한 사람들에게 아픈 이들을 위하여 기도하는 방법을 가르쳐 주고 있는데, 이들 문맹자 가운데 거의 80%나 되는 많은 사람들의 질병이 치유되었거나 눈에 띄게 쾌유되었다고 그들은 보고한다. 한 가지 치유방법만이 좋은 결과를 가져오는 것은 아니다. 하나님은 우리가 어떠한 방법에 의지하기보다, 하나님 자신을 신뢰하고 바라기를 원하신다. 그러나 치유기도의 바로 그 본질에서 흘러나오는 몇 가지 단계가 있다. 이것들을 여러분과 나누고 싶다.[2]

1. 경청

첫번째 단계는 무엇을 위하여 기도할 것인가를 찾기 위하여 늘 경청하는 것이다. 의사들이 환자를 치료할 때 제일 먼저 하는 일이 그를 상담하고 어느 부위를 치료할 것인가를 결정하는 것처럼, 치유목회자도 무엇을 위하여 기도해야 할 것인가를 찾아내야 한다.

의사는 올바른 진단을 내리고자 노력한다. 치유기도를 할 때에도 우리는 의사의 올바른 진단처럼 올바른 분별을 하고자 노력한다.

실제로 우리는 두 가지를 경청하게 된다:

> (1) 기도해 주기를 바라면서 자신에게 잘못이 있는 것처럼 말하는 사람에게 경청해야 한다.
> (2) 그 사람이 무엇이 잘못인지 확신이 안 갈 때마다 (지식의 은사를 통하여) 진실한 진단을 우리와 나누시는 하나님께 경청해야 한다.

내 친구 토미 타이슨 목사는 내가 알고 있는 사람들 가운데 가장 경청을 잘 하는 사람이다. 그는 병든 사람의 말을 듣는 데는 한쪽 귀만 있으면 된다고 말한다. 다른쪽 귀로는 하나님의 말씀을 듣는다는 것이다. 이런 방식으로 성령께서는 우리가 무엇을 위하여 기도해야 할지 전혀 감잡을 수 없을 때에도 우리에게 영적 통찰력을 베풀어 주신다. 어떤 사람들에게는 성령께서 어떻게 기도하여야 하는가를 뚜렷한 환상이나 말(기도하면 하나님께서 어떠한 종류의 기도가 필요한가를 알려주신다)로 가르쳐 주시는 것같다. 그러나 대다수 사람들에게는 단순한 직관처럼 자연스러운 방법으로 생각나게 해주신다. 우리는 우리가 하나님에게서 영감을 받았는지 안 받았는지 확신할 수 없을지도 모른다. 그러나 우리는 경험상 우리 직관들을 가려내는 법을 배우게 되고 실제로 효과를 나타내는 기도를 선택하게 된다:

그 열매로 그들을 알게 될 것이다.

나는 종종 병든 사람을 위하여 기도할 때 단순히 직관에 따라 '이 사람에게 어떤 종류의 기도가 필요한가?'를 결정한다. 그러면 나에게 기도받는 사람들은 "박사님, 박사님은 제가 말하지 않은 것까지도 기도해 주셨어요. 실은 박사님께서 기도해 주셨으면 하고 원했던 것이예요."라고 말했다. 직관을 사용하여 기도의 종류를 선택하는 일이 점점 효과를 보게 되면, 여러분은 하나님께서는 직관을 통해서도 역사하신다는 사실을 믿는 법을 배우게 될 것이다.

우리가 경청해야 하는 법을 배워야 하는 것들에는 다음과 같은 것들이 있다:

1) 치유기도를 드릴 것인가, 말 것인가?

예나 지금이나 병든 이들은 수없이 많다. 심지어 치유기도를 받는 당사자들 가운데도 치유받을 준비가 되어 있지 않은 사람들이 있다. 치유를 받는 다른 사람들 쪽에서도 나만이 자신들의 병 치유를 위해 기도해 줄 수 있는 사람이라고 결코 생각하지 않는다. 내가 병든 사람들을 만날 때마다 그들 모두를 위하여 반드시 기도해 주기로 되어 있다고 예상할 수도 없는 노릇이다.

나의 친구인 루디 에븐슨은 알코올중독자를 위한 영성수련센터를 운영하고 있다. 그는 자신이 처음 치유에 관해 들었을 때, 얼마나 정열로 불탔었는가에 대해 이야기하곤 한다. 전직 프로권투선수였던 그는 모든 문제를 곧바로 용기와 열정을 가지고 착수하는 사람이었다. 루디는 치유에 대하여 새롭게 깨달은 믿음을 가지게 되었고, 가까이에 있는 병원에서 치유목회를 시작하기로 결심했다.

첫번째 병동으로 들어가자마자, 그는 병상에 누워 있는 환자들 모두에게 손을 얹고 치유기도를 시작했다. 이윽고 이 소식이 병원 당국자들의 귀에 전해지게 되었고, 그는 곧바로 병원에서 쫓겨났다. 루디는 이 일 때문에 위축되지는 않았다. 그는 성도들은 핍박을 받을 수밖에 없고 자신이 그 핍박을 받은 것이라고 생각했다. 그러나 그가 진짜 괴로웠던 것은 믿음을 가지고 치유기도를 드렸지만, 한 사람도 치유되지 못했다는 사실이었다.

그날 밤 자기 방에서 루디는 고뇌 속에서 기도했다. "주님, 저는 주님을 믿었습니다. 그런데 왜 주님은 저를 실망시키십니까? 무엇이 잘못된 것입니까?"

그러자 루디는 어떤 목소리를 들은 것 같았다.

"루디야! 누가 너에게 병원에 있는 사람들을 위하여 기도하라고 했느냐? 너는 나에게 물어 보았느냐?"

"아니요, 주님!"

루디는 대답했다. 그리고 그는 무엇이 문제였는지 깨닫게 되었다. 치유기도를 시작하기 전에 맨 먼저 우리는 이 시간에 이 사람을 위하여 기도하도록 되어 있는지를 분별해야 한다. 어떤 사람들은 이러한 사실을 매우 분명하게 알고 있다. 그들은 특별한 믿음의 은사를 받은 사람들이기 때문이다(고린도전서 12장 8-11절 참조). 다른 사람들은 뜨거움을 느끼거나 자신들의 손을 통하여 전류가 부드럽게 흘러 나가는 것 같은 느낌을 받기도 하는데, 이들은 이러한 현상들을 하나님의 치유하시는 능력이 나타나는 징표로 받아들인다. 이런 이유로 그들은 누군가를 위하여 기도하도록 예비되어 있다는 사실을 깨닫는다.

또 다른 사람들에게 이러한 분별은, 사람들이 기도할 때는 평안과 기쁨을 느끼고, 기도하지 않을 때는 어두움과 중압감을 느끼는 것처럼, 거의 자연스러운 것이다. (물론 이런 느낌은 귀신축출이 시작될 때 우리들을 억누르는 중압과는 신중히 구분되어야 한다.)

모든 사람을 위하여 기도하는 것이 모든 그리스도인의 의무는 아닙니다. 우리가 이해할 수 없고 통제할 수 없는 이유 때문에, 우리 기도가 누군가를 도울 수도 있고 누군가를 돕지 못할 수도 있습니다. 오직 성령님만이 우리의 치유능력을 안전하게 지도하실 수 있습니다. 그리고 만일 우리가 마음속으로 하나님의 음성을 듣게 된다면, 누구를 위하여 기도할 것인가를 알게 될 것입니다. 하나님은 우리 자신의 소원을 통하여 가장 즐겁게 우리를 인도하십니다. 우리들을 친구가 되는 길로 이끄는 사랑의 추진력은 우리 마음속 하나님의 음성이며, 우리는 그 음성에 따르기를 두려워할 필요가 없습니다.[3]

내가 처음 치유목회를 시작했을 때 한 남성을 만났는데, 그는 실제로 기적을 행하는 사람으로 알려져 있었다. 그러나 그 당시 그는 정신적 우울증과 의욕상실로 고통받고 있었다. 사람들이 하나님께서 그를 놀라운 방법으로 사용하시고 있음을 알았기에, 병든 사람만 생기면 밤낮을 가리지 않고 늘 그에게 연락을 하여 환자에게 가서 기도해 주도록 했기 때문이다. 만일 누군가가 자동차가 폐차될 지경에 이르는 심한 교통사고를 당했으면, 친구들은 그를 한밤중에라도 병원으로 부르곤 하였다. 그는 다른 사람들의 아픔에 동정심이 많았기 때문에, 잠자리에서 일어나 옷을 입고 차를 몰아 거의 만신창이가 된 사고의 피해자와 기도하며 온밤을 꼬박 지새야 할 병원으로 가곤 했다. 이런 일들을 몇 년 동안 계속하다 보니, 그 사람 자신이 탈진되었고 휴식과 기도를 필요로 하게 되었다.

우리들의 도움을 필요로 하는 사람들이 우리의 인간 본성에 큰소리로 호소해 올지라도, 하나님은 우리가 그들을 위하여 기도할 것인지 아닌지에 관해 기도하기를 원하신다. 내가 배워야만 했던 가장 혹독한 말은 누가 보더라도 분명히 기도를 필요로 하는 사람이 와서 기도를 요청할 때에도 "안 됩니다"(*No!*)라고 거절하는 것이었다.

우리가 만일 하나님께 그분이 말씀하실 기회를 드린다면, 하나님은 때때로 우리의 직관과 희망을 통로로 사용하여 우리를 인도하실 것이다. 이러한 암시를 따라 하나님의 음성을 듣는 경험을 가진 사람들은 때때로 그러한 암시 때문에 어떤 특정한 사람을 위하여 치유기도를 하지 '말라'는 강한 인상을 받은 적이 있을 것이다(그럼에도 불구하고, 여러분은 마지못해 그 사람을 위하여 기도하고 그에게 축복을 빌어주기도 할 것이다).

치유목회의 경험이 많은 사람들과 이야기한 뒤에, 나는 하나님께서 사람들을 치유목회자로 부르시는 모습과 병든 이들을 위하여 어떻게 기도하고 언제 기도해야 하는지에 대하여 이들을 이끄시는 하나님의 다양한 방법에 깊은 감동을 받았다.[4] 이 모든 것 안에서 우리의 주된 욕구는 다른 사람들의 강압보다는 참된 영적 인도로부터 나와야 한다. "제가 애틀랜타로 가는 비행기표를 사드릴테니 사역에 풍성한 결실을 거두세요." 그것은 은혜로운 초대다. 아마도 여러분은 그것을 받아들여야 할 것이다. 하지만 아닐 수도 있다.

하지만 우리가 어떤 방식으로든 하나님의 분명한 인도를 받지 못하는 것 같아 보여도 우리는 치유기도를 드릴 수 있다. 만일 우리가 사람들에게 강압적으로 아무런 주제넘은 요구들(예를 들면, 그들의 치유를 주장하는 것)을 하지 않는다면, 아래의 두 가지 경우 별다른 하나님의 인도를 받지 못한다 해도 우리는 치유기도를 드릴 수 있다:

(1) 우리는 앞으로 나아와 기도를 요청하는 사람들을 위하여 기도한다. 기도를 금하는 어떠한 암시가 없다면 하나님이 그들에게 도움을 요청하도록 격려하셨다고 생각한다. 이 가난하고 고통받는 사람들 속에 그리스도는 계신다.

(2) 우리는 우리가 긍휼에 힘입어 누군가 병든 이를 심방하거나 기도해 주고싶은 마음이 생길 때 기도한다.

특별한 표시가 있어서 병이 낫는 것을 알고 느끼는 경우, 그것은 아주 도움이 되기는 하지만, 그러한 외적인 표시가 있어야만 치유가 되는 것은 아니다. 겉으로 드러나는 특이한 증거가 전혀 없어도 치유되는 사례들이 수없이 많다. 치유는 대개 다음과 같이 일어났다: 어떤 사람이 앞으로 나아와 치유기도를 요청하면, 치유기도 팀이 기도했으며, 그러면 그 사람은 치유되었다.

2) 무엇을 위하여 기도할 것인가?

물론 우리가 무엇을 위하여 기도할지에 대해 알아야 하는 것을 말해 주는 사람은 대개 기도요청을 해오는 사람이다. 우리는 그 사람의 말을 들으면서, 근본적인 것들 곧 우리가 치유기도를 드릴 때 강조해야 하는 문제의 근원을 파악하고자 애쓰게 된다. 이는 치유과정에서 결정적으로 중요한다. 네 가지 종류의 치유 가운데 그 사람에게 어떤 종류의 치유가 필요한지를 결정해야 하기 때문이다. 그가 만성적인 신체질병을 갖고 있을지라도, 우리는 그의 육체적인 질병의 치유 이전에 더 깊은 내면세계의 치유가 필요할지 모른다는 가능성을 염두에 두어야 한다.

만일 우리가 육체적인 치유만 다루려 한다면, 표면적 증상을 토론하는 데 긴 시간을 허비할 필요가 없다. 이와는 달리, 내면세계의 치유는 사후 영성지도(기도가 끝난 뒤의 후속조치)의 가능성 때문에 상담하는 데 대개 꽤 많은 시간(적어도 20분에서 1시간)을 필요로 한다. 만일 회개도 필요하다면, 그 사람은 하나님의 용서를 구할 필요도 있을 것이다. 더 나아가 만일 그 사람이 구출사역을 필요로 한다면, 우리는 귀신축출에 경험이 있는 여러 사람들의 도움을 구할 수 있을 것이다. 이러한 경우에는 보통 귀신들린 사람이 구출된 뒤에도 계속 돌봐야 하기에 많은 시간이 필요하다. 이처럼 필요한 기도의 형태가 매우 다르기 때문에, 우리는 잘 경청하여야 하며 어떠한 종류의 기도가 필요한가를 지혜롭게 결정해야 한다.

그 사람의 말을 경청하는 것 이외에도, 우리는 또한 우리에게 영적 통찰력을 주시는 성령님의 지시에 민감해야 한다. 특히, 우리가 무엇을 위하여 기도할 것인가를 모르는 경우에는 더욱 그렇다. 지나치게 문제지향적이고 증상중심적인 태도는 옳지 않다. 만일 우리가 예수 그리스도와 치유의 근원 되시는 성령님께 진정으로 온전히 연합되어 있다면, 우리는 무엇을 위하여 기도할 것인가에 대하여 하나님의 명확한 감동을 바랄 수도 있을 것이다. 하나님의 넘치는 치유력과 풍성한 생명 안에서 육체적 질병은 정복될 것이며, 그분의 찬란한 치유의 빛 속에서 어둠과 무지는 사라질 것이다(흔히 성령께서 주시는 영감에 관한 예들은 앞에서 말한 '내면세계의 치유'나 나중에 언급할 '사람들이 치유받지 못하는 12가지 이유'에서 찾아볼 수 있다).

2. 안수

아픈 이를 위하여 실제로 기도를 할 때, 그들의 몸에 손을 얹는 것은 예로부터 내려오는 전통적인 그리스도교 실천이다. 성경에도 "아픈 사람들에게 손을 얹으면 나을 것이다"(마가복음 16장 18절)라고 기록되어 있다. 그러나 치유를 위하여 기도드릴 때, 반드시 몸에 손을 대고 기도해야 하는 것은 아니다. 만일 치유기도를 필요로 하는 사람이 당황해 하거나 좀 떨어져서 기도받는 것을 더 편하게 느끼는 것 같으면, 최대한 그 사람의 느낌에 민감하게 응해야 한다. 그러나 만일 아픈 이에게 손을 얹고 기도하는 것이 옳은 것 같으면, 그러한 신약 관행은 여러 가지 장점을 지니게 될 것이다.

1) 치유하는 에너지

우선, 몸에 손을 얹고 기도하면, 흔히 치유목회자로부터 치유의 능력이 병든 사람에게 흘러들어가는 것 같다. 우리는 이러한 현상이 무엇인지 정확하게는 잘 모른다. 그러나 그것은 마치 생명창조의 능력이 흘러나가는 것처럼 보인다.

예수님은 자신에게서 이러한 치유의 능력이 나간 줄을 스스로 아셨다:

> 무리 가운데 열두 해 동안 혈루증으로 앓는 여자가 있었는데 [의사에게 재산을 모두 다 탕진했지만] 아무도 이 여자를 고쳐주지 못하였다. 이 여자가 뒤에서 다가와서는 예수님의 옷술에 손을 대니, 곧 출혈이 그쳤다. 예수님께서 물으셨다. "내게 손을 댄 사람이 누구냐?" 사람들이 모두 부인하는데, 베드로가 말하였다. "선생님, 무리가 선생님을 에워싸서 밀치고 있습니다." 그러자 예수님께서 말씀하셨다. "누군가가 내게 손을 댔다. 나는 내게서 능력이 빠져나간 것을 알고 있다"(누가복음 8장 43-46절).

어떤 치유목회자는 이와 비슷한 능력의 전이, 곧 치유목회자를 통하여 때로는 부드러운 전류가 흐르는 것 같고 때로는 열

같은 것이 흐르는 것을 느낄 것이다. 치유에는 종종 이러한 느낌들이 연관되어 나타나기도 한다. 우리가 서로 기도할 때, 하나님의 생명과 사랑과 치유의 능력이 아픈 이에게 전달된다. 나는 하나님의 치유하시는 능력은 이런 방식으로도 흘러나가는 것을 알고 있다. 그리하여 나는 오랫동안 만성적인 질병으로 고생하는 환자들을 위해서는 날마다 15분 정도 손을 얹고 치유기도를 해주는 것이 효과적이라는 지론을 갖게 되었다. (그것은 마치 코발트 방사선 처방처럼 강력했다.)[5]

토미 타이슨 목사는 '적시는 기도'에 대해 말한다. 그것은 하나님의 사랑의 기도 안에서 그 사람을 적시는 것이다. 우리는 30년 넘게 병자를 위하여 기도해 오면서, 우리가 그 사람과 시간을 보내면서 손을 얹고 기도하는 이 적시는 기도가 엄청나게 도움이 된다는 사실을 발견하였다. 그것은 하나님의 방사선 처방 같다. 병자가 하나님의 사랑의 힘에 사로잡히는 시간이 길면 길수록 그것은 더 움추러들고, 마침내 사라진다. 때때로 여러분은 실제로 그것이 일어나는 것을 볼 수도 있다. 예를 들면, 여러분이 어떤 사람의 목 한쪽에 있는 종양을 위하여 기도한다고 하자. 여러분이 더 길게 기도할수록 그것은 더 움추러들고, 여러분이 기도를 멈출 때 종양도 움추러들기를 멈춘다. 나는 이것을 보면서 아말렉과 전투를 벌이는 모세를 떠올린다. "모세가 손을 들면 이스라엘이 이기고, 손을 내리면 아말렉이 이기더라." 모세가 늙었기 때문에, 그들은 아론과 훌더러 해가 질 때까지 그의 팔을 붙들어 올리게 하니, 마침내 전쟁에서 이겼다(출애굽기 17장 8-16절).[6]

우리는 이렇게 '기도할 시간을 갖는 것'이 매우 도움이 된다는 사실을 발견하였다. 우리는 제도적으로 3일 집중 기도세미나를 만들고 12명의 사람들에게 3일간 함께 기도해 줄 수 있는 기도사역자 2명을 할당하였다. 치유의 반응은 실로 두드러지게 드러났다. 단 한 가지 문제는 3일기도를 작정하고 온 24명의 훈련된 기도사역자들을 어떻게 살려쓰느냐 하는 것뿐이었다.

궁극적인 대답은 확실히 교회가 기도를 통하여 치유의 현실을 깨닫게 되는 날이 올 것이라는 사실이다. 또 지교회나 회중들에게 아픈 이들을 위하여 시간을 바칠 수 있는 기도사역자들이 수없이 많이 있다는 사실이다. 만일 사람들이 하나님의 능력을 이해할 수만 있다면, 우리 사회가 이 모양 이 꼴은 아닐 텐데!

2) 사랑은 체험된다.

이것을 통하여 우리는 안수의 다른 유익을 얻을 수 있다. 그것은 인간적인 것이다. 곧 관심과 사랑을 전달하려면 말만 있어서는 안 된다. 접촉이 있어야 훨씬 더 잘 소통될 수 있다. 한 그룹이 모여 어떤 사람을 놓고 기도해 주면, 그 사람은 보통 기도가 안 끝났으면 하고 바란다. 공동체나 사랑에 대한 감각이 그런 심층적인 방식으로 존재한다. 나는 전에 육십 세의 한 여인과 같이 기도했던 적이 있다. 그녀는 그 다음날 암 수술을 받게 되어 있었다. 우리는 그녀의 친구들을 모두 불러모아 그녀에게 손을 얹고 기도했다. 기도가 끝났을 때 그녀의 뺨에 눈물이 흘러내렸다. 그녀는 이렇게 말하였다: "나는 오늘밤처럼 내 친구들의 사랑을 깊이 느껴본 적이 없어요."

3. 실제적인 기도

병든 사람을 위하여 기도할 때 손을 얹고 기도하든지 그냥 하든지 간에, 우리는 치유기도에 자발적일 수 있다. 어떤 사람들은 이것을 '믿음의 기도'라고 부른다. 믿음의 기도는 진실로 치유를 행하시는 분은 하나님이심을 믿도록 우리의 믿음을 확고하게 붙돋아 주기 때문이다. 우리는 앉거나 무릎을 꿇거나 서거나 우리에게 가장 편안한 자세로 기도드릴 수 있다. 그러한 자세에서 우리 자신을 될 수 있는 한 잊어버리고 긴장을 풀어 하나님의 임재에 집중할 수 있다.

대체적으로 치유를 위한 기도에는 다음과 같은 요소가 포함된다:

(1) 하나님의 임재

우리는 온 맘과 정성을 다하여 하나님이나 예수님께 향한다. 우리는 하나님의 사랑만이 치유를 행하실 수 있음을 알고 있다. 전통적인 형태의 예전은 성령 '안'에서, 아들을 '통'하여, 아버지께 기도드리는 '것'이다. 그러나 어떤 사람들은 순수하게 예수님께 기도드리는 것을 더 편하게 느끼기도 한다. 그분들의 임재를 환영하면서 하나님을 찬양한 뒤에, 우리는 탄원 자체로 돌아간다.

(2) 실제적인 간구

대부분의 치유목회자들은 치유기도를 드릴 때 구체적으로 기도하라고 제안한다. 예를 들어, 우리가 뼈의 치유를 위하여 기도하고 있다면, 성부(또는 예수님)께 모든 감염을 막아 주시고, 그 뼈가 제자리를 찾아 들어가는 데 필요한 세포의 성장을 촉진시켜 주시고, 골절된 모든 부위를 온전히 붙게 해달라고 간구할 수 있을 것이다. 우리가 무엇을 위하여 기도해야 할지를 확신하지 못하는 경우에는, 기도하는 가운데 성령님께서 어떻게 기도해야 할지를 가르쳐 주실 때가 많다. 이와 같이 구체적으로 기도해야 우리 자신의 믿음도 새로운 활력을 띠게 된다. 또한 구체적인 기도를 하게 되면, 우리가 실제로 이루어 달라고 기도한 내용을 환자 자신들이 잘 새겨 듣고 마음 속으로 그려 보게 됨으로써 환자들의 믿음을 자극시키게 된다. 그리하여 병든 이들이 아무런 말을 하지 않더라도, 치유기도 속에 좀더 적극적으로 참여하도록 돕는다. (만일 아픈 사람 스스로가 기도할 수 있다면, 더욱 더 좋다.)

그러한 구체적인 기도는 '긍정적'이어야 하고, 현재의 증상을 강조해서는 안 되며, 우리가 원하는 '전인적'인 육체의 치유를 간절히 구하는 데 강조점을 두어야 한다. 아그네스 샌포드 여사는 멀리 떨어져 있는 아픈 이를 위하여 기도해 달라는 요청을 받고 여러 번 기도해 주었지만 치유된 경우가 거의 없었다. 샌포드 여사는 자신이 알고 있는 어떤 기도그룹에서는 긍정적인 결과를 얻고 있는데, 자신의 치유기도에는 무엇이 잘못되었는가를 비교해 보았다. 왜 자신의 기도를 통해서는 치유되지 않고 그들의 기도를 통해서는 치유의 역사가 나타나는가를 궁금해했다. 마침내 자신은 기도하는 동안 병실에 누워 있는 환자를 생각하고 있었지만, 기도그룹에서는 멀리 떨어져 있는 환자를 위하여 기도하면서도 완전히 건강을 회복한 모습을 생각하고 있었다는 사실을 발견했다. 기도방법을 좀더 적극적으로 바꾸어 보았더니, 그녀 역시 멀리 떨어져서 기도해도 치유의 역사가 나타났다. 물론, 이런 종류의 기도에서 정신적 암시는 어느 정도 영향력을 미칠 수 있다. 그러나 그 결과를 통하여 나타난 차이점은 겉으로 드러나는 차이보다 훨씬 더 크다. 우리는 심리학적인 게임을 하고 있는 것이 아니다. 하나님께서는 우리들이 온전하고 건강하기를 원하시는데, 인간에 대한 이와 같은 하나님의 완전한 이해 속에서 우리를 바라보시는 하나님의 방식으로 서로 나누려고 애쓰는 것이다. 확실히 이런 긍정적인 시각화는 우리 믿음에 도움을 준다. 예를 들어, 누군가가 여러분을 찾아와서 충치가 때워지도록 기도해 달라고 요청했다고 치자. 만일 여러분이 그와 같은 기도제목을 놓고 기도하기로 결심했다면, 하나님께 충치를 때워 달라고 구체적으로 간구하는 것은 믿음에 대한 진정한 시험이 될 것이다. 그것은 고통이 없어지도록 하는 것보다 훨씬 더 힘든 것이다. 우리가 이해하지 못하는 것들이 많다. 그러나 우리는 경험상 그것들도 도움이 되는 것 같다는 사실을 알고 있다. 그런 이유에서 아그네스 샌포드나 다른 이들은 우리가 원하는 기도의 결과를 구체적인 방법으로 시각화해 보라고 추천한다.

　　우리는 머리가 아플 때, 통증은 생각하지 않고 하나님의 생명과 치유의 빛을 깊이 묵상합니다. 그럴 때마다 우리의 내적 의식 속에서는 건강에 대한 새로운 사고습관이 형성되어 가지요. 언젠가 이렇듯 새로운 사고습관이 예전보다 그 힘이 더 강해질 때가 되면, 두통은 사라지고 말 것입니다.
　　만일 "여보, 나 감기에 걸릴 것 같아요."라는 생각이 마음에 스쳐지나가면, 곧 그 생각을 고치도록 하십시오.
　　나의 코와 목과 가슴은 하나님의 영광으로 가득 차 있습니다. 만일 그곳에 어떠한 병균이라도 침입해 있다면, 그것들은 곧바로 파괴될 것입니다. 주님, 주님께서는 나의 모든 호흡기관까지도 완전한 건강으로 새롭게 창조해 주셨습니다. 내 속에 계신 주님의 생명 때문에 주님께 감사를 드리며 기뻐합니다.[7]

다른 한편으로, 나를 포함하여 우리들 가운데 몇몇은 기질상 그런 상상을 잘하지 못한다. 상상을 생략하고 오직 하나님께, 그러나 아주 특별한 방법으로, 그 사람을 치유해 달라고 간구하는 편이 훨씬 더 쉽다. 아니면 어떤 것에 너무 심각하게 집중하지 않고 방언으로만 기도할 뿐이다. 그리고 그것도 괜찮아 보인다.

4. 확신을 가지고

> 예수님께서 그들에게 말씀하셨다. "하나님을 믿어라. 누구든지 이 산더러 '번쩍 들려서 바다에 빠져라' 하고 말하고, *마음에 의심하지 않고 말한 대로 될 것을 믿으면*, 그대로 이루어질 것이다"(마가복음 11장 22-23절).

앞에서 언급했듯이, 이런 류의 믿음, 곧 우리가 기도해 주는 '이 사람'이 '이 시간에 치유될 것'임을 아는 것도 은사이다. 그러나 우리는 하나님이 어떤 방법으로든 늘 우리 기도를 들으시고 응답해 주실 것이라는 믿음을 가질 수 있다. 오랫동안 우리들 대부분은 "만일 주님의 뜻이라면"이라는 구절로 기도를 끝마치는 기도의 전통을 가지고 있었다. 물론, 이러한 관행 이면의 생각은 우리가 반드시 하나님의 뜻을 안다고는 할 수 없기에, 우리가 간구한 모든 기도제목이 다 이루어질 것이라고 확신할 수는 없다는 것이다. 어떻게 보면 이러한 통찰은 맞다. 그러나 이러한 생각을 갖고 있으면 확신을 가지고 기도할 수 없다. 기도응답의 확신을 약화시키는 것이 아닌가 하는 생각도 든다. 그것은 결국 "나는 어떤 일이 일어나리라고 참으로 믿을 수 없다"는 말이 되는 것이다. 그러한 태도는 예수님의 다음 말씀과 뚜렷한 차이가 있다:

> 그러므로 나는 너희에게 말한다. 너희가 기도하면서 구하는 것은 무엇이든지, 이미 그것을 받은 줄로 믿어라. 그리하면, 너희에게 그대로 이루어질 것이다(마가복음 11장 24절).

이 문제를 해결하려면 기도드릴 때 하나님의 생각까지 헤아리는 분별력을 갖기 위해서 기도해야 한다. 우리가 하나님의 뜻을 발견하기만 한다면 하나님께서 우리를 위하여 무엇을 행하고자 하시는지 알 수 있음으로 확신을 가지고 기도할 수 있기 때문이다. 우리는 하나님의 생각을 바꾸기 위하여 기도하지는 않는다. 오히려 하나님께서 오랫동안 우리에게 바라시는 온전성을 회복하기 위하여 하나님의 생각에까지 파고들어간다.

우리는 "주님, 주님의 뜻이라면"이라는 구절이 기도의 효력을 약화시키는 느낌을 준다는 것을 체험적으로 알고 있다. 이 말을 집어넣어 기도하면 '보통 간청하는 사람들을 치유해 주는 것이 하나님의 뜻'이라는 사실을 믿지 않는다는 것을 나타내기 때문이다. 대부분의 사람들에게서 그 구절은 의심의 여지가 없는 곳에 의심의 여지를 남기는 셈이다. 곧 우리는 우리를 모든 질병에서 치유하시려는 하나님의 근본적인 뜻이 있는데, 그 뜻에다가 "만일"이라는 말을 갖다붙인다. "주님, 주님의 뜻이라면"이라는 말은 어떤 사람이 우리 기도를 통하여 치유되지 않더라도, 우리가 "글쎄요, 주님께서는 집사님을 치유하기를 원치 않으시나 봅니다"라고 말할 수 있기 위한 편리한 도피처다.

하나님에 관하여 그러한 의심을 가진 채로 기도하면 기도응답을 받지 못하는 것은 당연한다. "하실 수 있으면, 우리를 불쌍히 여기시고, 도와주십시오"(마가복음 9장 22절)라고 귀신들린 간질병자의 아버지는 말했다. "만일"이라는 말에 대해 예수님께서는 이렇게 대답하신다:

> '할 수 있으면'이 무슨 말이냐? 믿는 사람에게는 모든 일이 가능하다(마가복음 9장 23절).

그렇다고 해도, 내가 그 환자의 질병에 관련된 모든 요소들 가운데 모르고 있는 것은 없는지, 곧 외적 증상이 아니라 병의 근본적인 원인을 알아내어 치유기도를 드리고 있는지, 또는 그 질병 속에 숨겨진 어떤 목적이 있는 것은 아닌지, 또는 하나님께서 나의 기도를 통하여 치유의 역사를 행하실까 등과 같은 건전한 의심 같은 것도 있다.[8] 이 모든 것은 하나님께서 바로 이 시간에 내 기도를 통하여 이 사람을 치유해 주시겠다는 뜻을 나에게 계시해 주시지 않는다면 모두 해결되지 않을 문제들이다. 만일 하나님께서 바로 이 순간에 치유해 주시겠다는 뜻을 분명히 나타내 보이시면, "일어나 걸으라!" 같이 짧은 명령조의 기도라 할지라도 나는 매우 확신을 가지고 강력하게 기도할 수 있다.

그러나 만일 내가 그러한 계시를 받지 못하고 기도하고 있다면, "주님의 뜻대로 이루어지게 하옵소서"라고 말하는 것이 최선의 기도일 것이다. 이것은 "주님, 주님의 뜻이라면"이라고 기도하는 것과 별반 차이가 없어 보인다. 그러나 "주님의 뜻대로 고쳐 주옵소서"라고 기도하는 경우에 그 의심의 초점이 하나님의 치유하시고자 하는 근본의지에 집중되어 있지 않다는 점에서 중요한 차이가 있다. 이런 기도는 하나님의 치유의지를 의심하는 것이 아니라, 치유의 역사가 나타나는 데 필요한 모든 신비적 요소들을 우리가 알지 못한다는 데 초점이 있다. 건강한 모습이 하나님 보시기에 가장 좋은 것인데, 이렇듯 "하나님의 뜻대로" 하나님께서 우리 기도에 응답해 주실 것을 믿는 것이다.

그러나 나는 "만일 주님의 뜻이라면"이라고 기도하면서도, 놀라운 치유의 역사를 가져오는 기도 그룹을 알고 있다. 그들이 치유에 대한 하나님의 근본의지를 분명히 믿고 있기 때문이다. 그들은 "만일 주님의 뜻이라면"이라는 기도를 하면서도 하나님의 치유의지를 의심하지 않았고, 마음에 아무런 주저함도 없이 확신을 가지고 분명한 치유기도를 드렸다.

그렇지만 "만일 주님의 뜻이라면"이라고 기도하지 않는 것이 좋다는 생각이 든다. 모호하기 때문이다. 만일 무슨 말을 덧붙이고 싶다면, "주님의 뜻대로"라는 말이 좋을 것같다.

B. 감사함으로

사도 요한은 다음과 같이 기록하고 있다:

우리가 하나님에 대하여 가지는 담대함은 이것이니, 곧 무엇이든지 우리가 하나님의 뜻을 따라 구하면, 하나님은 우리의 청을 들어주신다는 것입니다. 우리가 무엇을 구하든지 하나님이 우리의 청을 들어주신다는 것을 알면, 우리가 하나님께 구한 것들은 우리가 받는다는 것도 압니다(요한일서 5장 14-15).

만일 우리가 하나님은 우리 기도에 언제나 응답하신다는 것을 믿는다면(우리가 생각하는 바대로 늘 응답해 주시지는 않지만, 그럼에도 불구하고 언제나 응답해 주시기에), 우리는 자연히 마음으로부터 하나님께 감사드리고픈 열망을 갖게 된다. 우리는 기도 중에라도 하나님께 감사드릴 수 있다. "주님, 지금도 주님은 김 집사님께 주님의 치유하시는 사랑과 치유의 능력을 보여주시며 우리 기도에 응답해 주시니 감사합니다." 우리는 바울과 같은 마음가짐으로 기도해야 한다:

아무것도 염려하지 말고, 모든 일을 오직 기도와 간구로 하고, 여러분이 바라는 것을 감사하는 마음으로 하나님께 아뢰십시오(빌립보서 4장 6절).

C. 성령 안에서 기도하라

치유기도를 드릴 때, 때때로 어떻게 기도해야 할지 확신을 갖지 못하는 경우가 있다. 이런 경우 방언으로 기도드리면서 우리 기도를 성령님께 위탁하고 하나님의 이끄심을 바랄 수 있다.

이와 같이, 성령께서도 우리의 연약함을 도와주십니다. 우리는 어떻게 기도해야 할지도 알지 못하지만, 성령께서 친히 이루 다 말할 수 없는 탄식으로, 우리를 대신하여 간구하여 주십니다. 사람의 마음을 꿰뚫어 보시는 하나님께서는, 성령의 생각이 어떠한지를 아십니다. 성령께서, 하나님의 뜻을 따라, 성도를 대신하여 간구하시기 때문입니다(로마서 8장 26-27절).

종종 수많은 사람들이 치유기도를 바라며 기다리고 있는데, 나에게 시간이 부족하고 그들 모두에게 기도해 줄 기회도 없을 때에는, 나는 그들 머리나 어깨 위에 내 손을 올리고 30초 정도 간단하게 방언으로 기도해 주기도 한다. 간혹 외국에서 그 나라말을 모를 때에도 그와 같이 한다. 이러한 방법으로 많은 사람들이 치유되었다. 페루, 일본, 인도 등지에서 나는 저마다의 필요를 몰랐지만 내가 방언으로 기도하며 하나님의 성령님께 그 기도를 간단히 맡기기만 했는데도 하나님의 은혜가 폭포수같이 임했던 적이 여러 번 있었다.

5
귀신들린 사람의 치유

　　　　　　　　　　　혹자는 악한 영들로부터 구출하기 위한 기도를 치유에 관한 이 연구서에서 한 장으로 다룰 필요가 있을까 의아해 할지도 모르겠다. 사실을 말하자면, 나는 이 장을 빼버릴 생각도 했었다. 이 부분은 특히 논쟁의 여지가 많기 때문이다. 그럼에도 불구하고, 우리에게 무거운 짐을 지우고 또한 우리가 완전한 자유를 누리며 풍성한 삶을 갖지 못하게 가로막고 있는 모든 악한 세력으로부터 우리를 자유롭게 해방시켜 주는 축사예식은 치유의 중요한 부분을 차지하고 있다. 치유목회를 실천하는 사람은 누구나 적어도 네 가지 기본적인 종류의 치유를 이해해야 한다. 그 가운데 마지막 치유가 바로 귀신축출이다.[1]

　여기서 두 단어의 차이를 말하면 다음과 같다.

　　(1) 축사예식(exorcism)
　　　내가 이해하기로는 악령에 '사로잡혀' 있는 사람들을 자유롭게 하기 위하여 교회가 '공식적으로' 드리는 기도.
　(2) 귀신축출예식(deliverance)
　　내가 이해하기로는 악령에 사로잡혀 있지는 않지만 '억눌려 있거나 시달리고 있는' 사람을, 주로 기도를 통하여 자유롭게 하는 과정.

　예를 들어, 가톨릭에서는 공식적으로 축사예식을 베풀 때에는 주교의 허락이 있어야 하는데, 사실 거의 행해지고 있지 않다. 반면에 귀신축출예식은 몇몇 그리스도교 공동체 안에서 비교적 자주 행해지고 있는 편이다.
　나는 될 수 있으면 귀신축출예식을 피해 왔다. 내면세계의 치유와 육체적 질병의 치유를 받기 위하여 몰려드는 수많은 사람들을 위하여 기도해 주는 것만 해도 벌써부터 지쳐 버렸기 때문이다. 또한 무엇 때문에 재미도 없는 귀신축출예식을 내가 감당해야 하는가 하는 생각이 들기도 했다.[2] 치유목회는 너무나 아름다운 일이며 적극적인 종류의 기도가 필요한 교역인데, 나 스스로 귀찮게 여기는 상황에서 감히 뛰어들고 싶지 않았기 때문이다. 나 자신이 기도 그룹에 속해 있으면서 많이 지켜보지는 못했지만, 치유목회가 내게는 어울리지 않는 자기선전적인 일처럼 느껴지기도 했다. 정신과 의사인 친구가 "그럼 누가 무당들을 몰아낼 것인가?"라고 물었을 때에도, 적어도 나는 이러한 광신주의에 **빠져** 있는 사람은 아니길 바라는 지적 오만으로 가득 차 있었다. 리차드 우즈는 마귀에 관한 책에서 다음과 같이 쓰고 있다:

　　개혁교회 목사들과 가톨릭 사제들은—아직까지 랍비는 없었음—비공식적이긴 하지만 귀신을 쫓아내는 축사예식을 정규적으로 베풀어 왔다며 내게 만족한 표정으로 말해 주었다. 그것도 사단의 압제 아래 사로잡혀 슬픔 가운데 빠져 있는 수많은 젊은이들을 흥미있다는 듯이 바라보며 혀를 차면서.[3]

그러나 나에 대한 존경스러운 이미지를 어느 정도 잃어버리지 않을까 두려워하는 마음이 있었음에도 불구하고, 나는 경험을 통하여 단순한 치유기도만으로는 완전하게 치유될 수 없는 사람들이 있다는 사실을 깨닫기 시작하였다. 곧 귀신축출예식을 위한 기도가 절실하게 필요한 때가 있었다. 나를 찾아오는 사람들 중에서, 겉으로 드러난 기괴한 행동으로 보아 귀신의 공격임이 분명한 때에는 아주 침착하게 이성적으로 잘 설명해 주기도 한다. 예컨대, 나는 한 여인으로부터 다음과 같은 편지 한 통을 받았다. 치유목회에 경험이 있는 사람이면 누구에게나 흔히 있을 수 있는 실제 목회현장의 문제를 질문하고 있다:

> 박사님, 제가 귀신축출예식과 치유에 관한 여러 가지 소식을 어디에서 들었는지 아십니까? 귀신축출예식을 위한 기도와 축사예식을 위한 기도는 어떻게 다릅니까? 어떤 사람의 상태를 놓고서 귀신축출예식이 필요한지 축사예식이 필요한지 어떻게 알 수 있습니까? 우리 동네에 이상한 '증상들'을 내보이는 12살짜리 남자아이가 살고 있습니다. 며칠 전에 제가 그 부모를 찾아가서 같이 이야기도 나누고 기도도 해드린 적이 있습니다. 물론 그 아이가 고통당하고 있는 원인에 대한 저의 생각을 아이 부모에게 말하지는 않았습니다(사실 저는 그 증상의 배후에 무엇이 있는지 잘 모릅니다). 그 아이의 부모님께서는 아이가

원인을 알 수 없는 병으로 고생하고 있다고 했습니다.

아이가 주기적으로 아주 빈번하게 근육경련을 일으키는데, 특히 밤에는 증세가 더 심해져서 때때로 알아들을 수 없는 말이나 저속한 말로 중얼거리기도 하는데 전혀 의사소통을 할 수가 없다고 했습니다. 아이의 두 눈은 늘 먼 곳을 응시하는 것처럼 보이고 밤에는 눈을 부릅뜨고 앞뒤로 머리를 흔들어 댄다고 합니다. 두 손은 마비증세를 보이고 몸 전체가 경련을 일으킨다고 합니다.

어느 날 밤 저는 그 아이에게 "예수님, 도와 주세요!"라고 기도하라고 말해 주었습니다. 그런데 그 소년은 "도와 주세요"라는 말은 할 수 있었지만, "예수님!"이라는 말을 하지 못했습니다(아니 의지적으로 말하려고 하지 않았습니다). 나는 아이와 함께 잠시동안 기도를 드렸습니다. 제가 그 집에서 나오기 전에 그 소년은 깊은 단잠에 빠졌습니다. 경련도 멈추었고, 두 손의 마비증세도 그쳤습니다. 그 이후로 더 이상 몸이 뻣뻣해지지도 않았고 경련도 일으키지 않았습니다. 이제 저는 제가 해야 할 일이 많이 남아 있으며 그 일이 무엇인지 알게 되었습니다.

내가 이러한 질문의 편지를 받고 또 나 스스로 그러한 이상한 사례들을 접하면서 나는 내가 귀신축출예식에 관한 사항들을 직접 배워야 하거나, 아니면 이처럼 괴로움을 당하고 있는 사람들을 정신과 의사에게 보내는 것 이상으로 달리 도울 길이 없다는 것을 깨달았다. 나는 이러한 경우를 당하면 귀신축출에 경험이 많은 교역자들에게 기꺼이 보내려고 했지만, 그럴 수도 없었다. 내가 알고 있는 한, 귀신축출예식에 대한 전문지식을 가진 사람들이 그렇게 많지가 않았던 것이다. 게다가 축사예식을 베풀고 있다는 사람들 가운데 어떤 이들은 균형이 잡혀 있지 않아 보이거나 상식적인 방법을 사용하지 않는 것 같아 보이는 이들도 있었다. 심지어 모든 질병은 귀신이 준 것이라고까지 주장하는 이들도 있었다. 그리하여 기도그룹 안에서도 의견이 분분하여 분열이 생기기도 했다. 귀신축출예식을 필요로 하는 사람들이 미국 전역에서 전화를 걸어 상담약속을 요청해 오고 있다. 나는 그들을 그들이 살고 있는 도시에 있는 사역자들에게 맡겨 그들을 도와 주도록 하고 싶지만, 그들을 맡길 만한 사역자를 찾을 수가 없는 형편이다. 어떤 사람은 그 지역 성직자 사무실로 전화를 걸어서 축사기도를 해줄 수 없겠느냐고 물어 보았는데, 정신과 의사를 만나 보라는 대답을 들었을 뿐이었다. 이러한 상황을 고려해 볼 때, 나는 우리가 회개, 내면세계의 치유, 그리고 육체의 치유에 관해 이미 배웠지만, 제한된 범위의 치유 영역을 보충하기 위해서라도 귀신축출 사역에 대한 글을 써야겠다고 깨달았다. 30년 동안 치유목회를 발견하고 체험해 왔는데, 이제는 점점 더 귀신축출예식의 회복이 시급하다는 것을 확신하게 되었다. 그래서 그 주제만 전적으로 다룬 책을 썼는데, 그것이 바로 〈귀신축출예식—실제적인 지침서〉이다.

1. 귀신에 사로잡히거나 억눌려 있다?

이미 말했듯이, 내가 처음부터 귀신축출예식을 회피하게 된 이유는 미신이나 원시종교 냄새가 나는 분야에까지 깊숙이 개입하는 데 따르는 두려움이 있었기 때문이다. 나의 가장 가까운 친구들 가운데는 치유란 하나님의 사랑을 나타내는 아름답고도 거룩한 교역실천이라고 쉽게 생각하는 사람들이 있다. 이들은 치유와 관련하여 귀신들의 존재를 강조하면 마치 이성의 세계에서 신화나 미신의 영역으로 후퇴하는 것처럼 바라본다. 이들은 우리 인간 본성에 내재하는 악만 가지고서도 세상에서 문제가 되는 현상들을 충분히 설명할 수 있다고 생각한다. 곧 예수님께서 귀신을 쫓아내신 것은 정신질환을 악령들의 영향으로 생겨난 것으로 여기던 예수님 당시 사람들의 일반적인 사고방식에 맞추어 말씀하신 것으로 본다. 오늘 세속적인 사람들 가운데는 우리가 귀신 이야기를 하면 마치 음울한 중세 시대나 살렘가의 마녀사냥 같이 시대에 뒤떨어진 사람으로 생각하는 경향이 있다.

결과적으로, 지성적인 독자들 가운데는 귀신의 존재에 대해 의문을 갖고 다시 축사예식을 베풀어야 한다고 말하는 것이 좀더 건강한 사회를 만들기 위한 제안이라기보다 시대에 역행하는 바람직하지 못한 주장일 뿐이라고 생각하는 사람이 있을지도 모르겠다. 이 장에서 귀신들을 쫓아내는 축사예식이 꼭 필요하다고 충분하게 납득시킬 수는 없겠지만, 나는 신약성경의 사복음서에 나타난 사례들을 증거로, 개인적으로 확신하고 있는 다음과 같은 사실들을 소개하고 싶을 뿐이다:

1) 가톨릭의 성명서

로마 가톨릭 교회 안에 이러한 목회에 대한 끊임없는 전통이 있는데, 교황 바오로 6세는 다음과 같은 성명서에서 이렇게 강조하고 있다(성명 발표 뒤 많은 비난이 있었다).

오늘 교회가 가장 절실하게 필요로 하는 일이 무엇이라고 생각하십니까?

이 질문에 대하여 우리가 제시하는 대답이 너무 단순하다고 해서, 아니면 그것이 미신적이고 실제성을 결여하고 있는 것처럼 보인다고 해서 결코 놀라지는 마십시오. 그 대답은 이러합니다. 오늘 교회가 절실히 필요로 하는 교역실천 가운데 하나는 마귀라고 불리는 악한 세력으로부터 자신을 보호하는 일입니다……

악이란 개념은 단순히 어떤 것의 결핍상태를 말하지 않습니다. 어떤 영향력을 행사하는 대행자이며, 타락한 존재로서 지금도 타락하게끔 유혹하는 살아 있는 영적 존재입니다. 끔찍한 현실은……

이렇듯 마귀와 사단이 존재하는 엄연한 현실을 인정하기를 거부하거나, 이를 실제로는 없는 거짓 현실이나 우리 불행에 대한 알지 못하는 원인을 개념적이거나 환상적으로 인격화시킨 것이라고 설명하려 드는 것은 성경이나 교회의 전통적인 가르침과도 어긋나는 일입니다……

문제는 하나의 귀신이 아니라 많은 귀신들린 경우라 할 수 있습니다. 이 이야기는 복음서마다 찾아볼 수 있습니다(누가복음 11장 21절; 마가복음 5장 9절). 그러나 중요한 역할을 하는 것은 사단입니다. 사단은 우리의 대적자이며 원수입니다. 그리고 하나님의 모든 피조물 가운데 사단과 함께 하는 많은 피조물이 타락하여 하나님을 배반하고 저주를 받았습니다. 이러한 모든 것은 완전한 신비의 세계입니다. 그것도 뒤집어 엎어진 불행한 드라마에 따라서. 그런데 문제는 오늘 우리는 이러한 세계에 관하여 아는 것이 거의 없다는 사실입니다……

그가 공동체나 온 사회나 사건들뿐만 아니라 개인적인 사람들에 대해서까지도 발휘할 수 있는 이런 귀신에 대한 질문과 그 영향은 오늘 거의 관심을 기울이지 않고 있는 로마 가톨릭 교리에서 아주 중요한 장입니다. 그것은 다시 연구되어야 합니다. 어떤 사람들은 정신분석적이거나 정신의학적 연구에서 또는 영성적 체험 속에서 충분한 보상을 발견할 수 있다고 생각합니다……오늘 사람들은 강하고 편견이 없는 것처럼 보이는 것을 더 선호합니다……

그러나 우리의 호기심은, 그의 다중적 존재의 확실성에 고무된 채, 두 가지 질문을 정당화합니다: 악마적인 행동이 현존한다고 볼 수 있는 표시가 있느냐, 있다면 그 표시들은 무엇이냐? 그리고 그렇게 모르는 사이에 진행되는 위험에 대항하는 방어의 도구는 무엇이냐?[4]

2) 나 자신의 체험

로마예식서 안에 있는 축사예식에서 반영된 것처럼, 교회에서 내려온 이런 오랜 전통 외에, 무엇보다도 나 자신의 '체험'을 통하여 나는 이러한 확신을 갖게 되었다.

(1) 앞의 편지에 나타난 소년의 이상행동은 그 원인이 귀신에 따른 것으로 쉽게 설명할 수 있는 경우다. 그것은 나에게 강한 인상을 주었다. 이러한 종류의 기준은 신중하게 사용될 필요가 있다. 그러나 영분별의 은사는 어떤 사람에게 동기로

작용하고 있는 원인이 단순히 인간적인 문제인지, 아니면 악한 영들에 따른 것인지를 판단할 수 있도록 도와준다. 그러나 어떤 사람을 정신분열증 환자나 정신병자로 단정하여 부르면, 그 사람의 특별한 증상들이 어떻게 그리고 왜 생겨났는지를 설명하지 못하게 된다. 만일 그 질병이 귀신에 따른 것이라면, 적절한 치유방안은 축사예식일 것이다. 한때 나는 만일 어떤 사람이 정신병자라면 유일한 치료수단은 그 사람을 정신과 의사나 정신병원으로 보내는 것이라고 생각했던 적이 있다. 그러나 지금은 생각이 다르다. 이러한 정신병자들 가운데 '만일' 그 정신병이 귀신에 따른 것일 경우, 귀신축출예식을 위한 기도를 드려 도움을 받을 수 있는 환자들이 많을 것으로 믿고 있다. 물론 이러한 종류의 기도가 그 환자의 정신과 의사와 협력하여 드려진다면 더 이상적일 것이다.

예를 들어, 지금 내 손에는 12년 동안 정신분열증 환자로 취급받으면서 정신병원에 수용되어 있던 한 여인이 보낸 두 통의 편지가 있다. 1973년 2월, 나는 그녀에게 귀신축출예식을 위한 기도를 해주었다. 곧바로 어떤 변화가 나타났다. 6월 9일에 그녀는 병원에서 퇴원하였고 10월 5일에 다음과 같은 편지를 보내왔다:

오늘 저는 정신과 의사를 만나러 병원에 갔어요. 그분 이야기로는 제가 이젠 완쾌되었다고 합니다. 저는 그 의사 선생님께 병원의 댄스파티가 그리워 다시 병원에 들어가고 싶다고 말씀드렸지요. 그랬더니 그분은 그럴 필요가 없다고 말씀하셨습니다. 병원이란 병든 사람들을 위한 곳이지 저같이 건강한 사람이 올 곳은 아니라고 하셨습니다.

간단히 말하면, 우리는 다양한 성격상의 문제를 신경증(노이로제) 환자나 정신병자로 진단해 버리는 경향이 있다. 그러나 이런 식으로 병명을 붙인다고 해서 문제의 근원을 캐낼 수 있는 것은 아니다. 우리는 이러한 정신질환 가운데는 귀신에 따른 질병도 있을 수 있다고 주장하면 원시적이며 미신적이라고 생각하기가 쉽다. 그러나 한 사람을 '정신분열증 환자'라고 부르는 것은 겉으로 드러나는 증상들을 묘사하는 것뿐이지 결코 그 사람이 회복되도록 도와주지는 못할 것이다.

정신병 증세가 있는 어떤 사람을 다룰 때, 그런 사람에게 귀신축출예식이 필요하다고 성급하게 결론을 내리는 것은 현명하지 못한 처사일 것이다. 반면에 정신분열증과 같은 문제들이 귀신에 따라 생겨날 가능성을 배제시켜 버리는 사람들은 사실 그 환자의 치료를 방해하고 있는 것이다. 만일 그 환자의 질병이 전체적이든 부분적이든 간에 귀신에 따른 것이라면 그런 식으로 환자를 대해서는 안 될 것이기 때문이다.

(2) 나는 또한 귀신축출예식을 위하여 기도드리는 '동안' 기도를 받는 사람에게서 귀신이 들렸다고 생각되는 여러 가지 이상한 현상들을 목격할 수 있었다. 그러한 현상들에는 귀신이 귀신들린 사람의 목소리를 통하여 말을 하는 것도 포함된다(예컨대, "너는 결코 우리를 쫓아낼 수 없어. 우리는 너보다 숫자도 많고 힘도 세"). 이런 현상들을 이와는 다른 방식으로도 설명할 수 있겠지만, 지금 나에게 가장 적합한 설명은 그 어떤 것보다도 직접적인 것이다. 나는 이러한 목소리들은 귀신들이 내는 것이라고 생각한다. 나는 귀신축출을 위하여 기도해 본 적이 있는 사람들을 몇 명 알고 있다. 애초에 이들은 이러한

문제를 보통 사람들처럼 이성적이며 지성적으로 이해하는 분들이었다. 그런데 축사예식을 베푸는 동안에 전개되는 상황을 보고서 놀랐던 것이다(예컨대, 사람이 땅바닥에 거꾸러지는 때도 있다).

(3) 귀신축출예식을 위한 기도를 마친 '뒤에는' 이전에 다른 방법으로는 도움을 받지 못했던 사람들이라 할지라도, 흔히 자신의 사고나 행동양식을 바꾸려는 변화된 모습을 보이게 된다. 이러한 변화는 우선 악령들로부터 자유롭게 된 그 사람 자신이 곧바로 느끼게 된다("저는 지금 막 무엇인가가 떠나가는 것을 느꼈어요. 이제 저는 저를 마구 억누르던 중압감에서 자유로워졌어요"). 그 사람이 체험한 새로운 자유와 기쁨은 친구들이나 친척들도 알 수 있다.

다음은 어떤 사람이 귀신축출 기도를 마친 뒤 보내온 편지다:

저는 저에게 이처럼 놀라운 특권이 부여되고 있고 제가 하나님 보시기에 특별한 존재라는 사실에 대하여 가슴 뿌듯함을 느낍니다. 왜냐구요? 그분께서는 제가 치유함을 받고 새 사람으로 변화되는 이러한 주말을 갖게끔 인도하셨기 때문입니다.

이것이 저에게 얼마나, 얼마나 중요한 체험이었는지—삶과 죽음의 문제—박사님께서 아실지 모르겠네요. 제가 드릴 수 있는 감사는 기껏해야 하나님에 대한 전적인 굴복의 형태로밖에는 달리 표현할 방도가 없는 것 같습니다. 이제 저는 저를 하나님의 사랑으로부터 차단시켜 오던 오랜 장애물들을 완전히 제거시켜 버리고 온전히 그분께로만 향하는 능력을 갖게 되었답니다.

이처럼 지난 몇 년 간의 경험을 통하여 나는 귀신축출예식을 새롭게 이해해야겠다는 절박함을 확신하게 되었다.

3) 정신의학자들의 인정

점점 더 많은 정신의학자들과 상담가들도 축사의 필요를 인정하거나 체험해 오고 있다. 아마도 가장 유명한 사람은 전례 없는 베스트셀러 〈아직도 가야 할 길〉의 저자 스캇 펙 박사일 것이다. 그가 정신의학자로서 치료를 시작했을 때, 그는 대부분의 동료들처럼, 귀신이 존재한다는 것을 믿지 않았다. 내담자와 나눈 체험을 통하여 그는 사탄이 실제적으로 존재한다는 사실과 자신의 환자들 가운데 몇몇은 귀신의 영향력으로부터 자유롭게 해줄 필요가 있음을 확신하게 되었다. 펙 박사는 두 번의 공식적인 축사예식에 참여하기도 했는데, 이 경험을 통하여 사람들의 삶에 귀신이 실제적으로 영향력을 행사하고 있음을 더 확신하게 되었다. 귀신의 현상들을 거리낌없이 이야기하고 조사할 필요성 앞에 용감하게 직면하면서, 그는 〈거짓의 사람들〉이라는 책을 썼다.[5] 그 책에서 그는 자신이 어떻게 몇몇 환자들의 삶 속에 존재하는 귀신의 힘을 현실적으로 믿게 되었는지 매혹적인 이야기를 털어놓는다.

　　　귀신의 세력이 마침내 한 사례에서 분명하게 말할 때, 환자의 얼굴에 사탄이라고밖에 묘사할 수 없는 어떤 표현이 나타났다. 씩 웃는데 전적으로 적의에 찬 매우 모욕적인 웃음이었다.

나는 조금도 성공하지 못한 채 그것을 흉내내고자 거울 앞에서 몇 시간을 보냈다……환자는 갑자기 어머어마한 힘으로 몸부림치는 뱀 같아 보이더니, 치유목회 팀원을 심술궂게 물려고 하였다. 그러나 몸부림치는 몸보다 더 무서운 것은 얼굴이었다. 눈은 마비된 채 동공이 풀려 있는 파충류 같다가, 공격자세를 취하며 돌진할 때는 증오심에 불타 눈이 확 열리곤 했다. 종종 이렇게 돌진하는 순간들이 있음에도 불구하고, 나를 가장 당혹스럽게 만든 것은 오천만 년도 더 되었을 것 같은 이 뱀같은 존재가 풍기는 예사롭지 않은 무게감이었다……거의 모든 팀원들은 자신들이 이 때 무언가 전적으로 낯설고 비인간적인 현존 속에 있었다고 확신하였다. 엄격한 의미에서 각 축사는 현존하는 이 존재가 환자에게서 그리고 그 방에서 떠남으로써 끝이 났다.[6]

2. 용어상의 문제

사람들이 축사예식에 관하여 이야기할 때마다, 나는 '귀신에 사로잡힌' 사람들에 대해 생각하곤 한다. 우리가 귀신들림에 관해서 알게 되는 것은 주로 〈엑소시스트〉 같은 유명한 영화나 소설을 통해서다. 그러나 이러한 극적인 사건들은 읽어 볼 만한 가치가 거의 없는 것들이다. 단지 그 당시 많은 사람들이 병적인 호기심에 자극되어 영화나 소설을 접했던 것뿐이다.

문제는 '사로잡힘'이라는 용어에 관한 것이다. 나는 사람들의 인격이 외부의 악한 세력의 통제 아래 있다고 할지라도, 완전하고도 완벽하게 사로잡힌 경우는 분명히 거의 없다고 믿는다. 우리들이 이러한 점에 관심을 가질 필요가 없을지도 모른다. 그러나 영어 신약성경에서 흔히 '사로잡힌'(*possessed*)이라고 번역된 이 단어가 본디 그리스어 원어에서는 훨씬 광범위한 용어로서 '귀신들리다'(*to have a demon*) 또는 '귀신들린'(*demonized*)으로 표현되어 있다. 나는 사람들이 귀신들리고 귀신의 세력에 공격을 받거나 억눌리는 경우는 비교적 흔하지만, 귀신에게 사로잡히는 경우는 거의 없다고 본다.

만일 어떤 사람이 악한 영들에게 억눌려 있다면, 이 경우 특별한 격식을 차릴 필요가 없는 귀신축출예식을 베풀 수 있을 것이다. 데릭 프린스는 이러한 종류의 억압을 어떤 도시의 침공사건에 비유하고 있다. 곧 한 사람이 그 도시의 주요지역을 통제하고 있는데, 그 도시의 '어떤 지역'이 적군의 통제 아래 놓이게 된 모습으로 그리고 있다. 예컨대, 어떤 사람이 특정한 시기에 마약 중독과 같이 자신도 어쩔 수 없는 강압적인 행동의 문제로 고통받고 있다면, 그것은 귀신축출을 위한 기도를 드리면 자유롭게 될 것이라는 암시로 받아들여도 좋을 것이다.

3. 귀신축출예식이 필요한 징표들

다음과 같은 증세들은 귀신축출을 위한 기도가 필요하다는 것을 나타내 주는 징표이다:

1) 방금 언급한 충동적 요소가 있다.

어떤 사람이 온갖 어려움을 이겨내고 자기훈련을 달성하기 위하여 가능한 한 모든 수단을 다 동원해서 일정기간 동안 자신의 삶의 양식을 바꾸어 보려고 노력해 보았지만 고쳐지지 않을 경우, 내면세계의 치유기도나 귀신축출을 위한 기도(아니면 두 가지 모두)가 그 치유책일 가능성이 높다. 흔히 내적 충동을 수반하는 일반적인 문제들에는 약물 중독, 알코올 중독, 자기 파괴적인 자살 경향성, 성 중독에 관한 강박적인 생각들이 포함된다. 영 분별의 은사를 통하여 우리는 이들 문제의 성격을 가려내어 적절한 치유방법을 결정할 수 있다. 그러므로 회개와 자기 훈련, 과거의 상처들에 대한 내면세계의 치유, 귀신축출 예식 가운데 알맞은 치유방안을 선택하는 은사가 늘 필요하다. 그러나 충동은 귀신의 세력이 영향력을 행사한다는 하나의 징표다.

2) 기도를 요청하는 사람 자신이 알고 있다.

기도를 요청하는 사람 자신이 흔히 문제가 귀신에 따른 것이라는 사실을 알고 있으며 그리고 여러분에게 그렇다고 인정하는 이들도 있을 것이다. 물론, 그 사람은 단지 아주 생생한 상상을 하고 있을 수도 있고, 귀신의 역사에 대한 아주 생생한 기록을 읽은 뒤에 자신의 문제가 귀신에 따른 것임이 틀림없다는 결정을 내릴 수도 있을 것이다. 이것은 마치 의학서적을 읽고 나서 자신들은 조금 전에 읽었던 질병에 걸렸다고 생각하는 사람들의 모습과 비슷하다. 그러므로 사람들이 축사예식을 요청하러 오면, 우리는 그들의 이야기를 경청하다가 자세하게 질문을 해야 할 때도 생긴다. 그러나 대부분의 사람들은 겁나는 귀신 이야기를 믿으려 들지 않으며, 그러한 이야기는 환각상태나 정신이상자나 할 수 있는 것으로 취급해 버린다. 물론 정신병자들 가운데 이런 엉터리 같은 이야기를 하는 이들도 있다. 어쨌든 이러한 태도는 문제의 원인을 가려내는 데 도움이 되지 않는다. 내가 받은 인상을 말하자면, 공부를 많이 한 목회자일수록 악마의 활동에 관한 어떤 이야기도 믿으려 하질 않는 경향이 강하다. 반면에, 신학수업을 거의 받지 못한 무인가 축사자들은 모든 것이 듣던 대로 사실이라고 믿는다. 또한 모든 것을 귀신의 존재탓으로 돌려 뭐가 뭔지 모를 상황으로 끌고 가려는 경향이 강하다. 축사예식이나 귀신축출예식을 마땅히 감당해야 할 사람들이 거의 자격이 없는 사람들에게 이 축사예식 분야를 내맡겨 버리고는 뒤에 가서 그 결과가 어쩌니 저쩌니 탓하는 실정이다.

　내 경험을 미루어 보면, 많은 사람들이 자신들이 이야기하고 싶어하는 악의 실체를 경험한 적이 있으며, 귀신의 속박에서 벗어난 경험도 있다는 것을 확신하게 되었다. 그러나 자신의 영성지도자인 목사로부터 귀가 따갑도록 듣게 되는 회의적인 반응 때문에, 그들은 자신들의 문제에 대한 실제 원인이 귀신에 따른 것이라는 자신들의 내면 깊숙이 자리잡은 의심에 대해서 침묵으로 일관해 버린다. 매혹적인 것은 내가 청중들에게 악한 영을 직접 만났다고 믿는 사람이 얼마나 되냐고 물어보면 보통 3분의 1 정도가 손을 든다는 사실이다.

3) 아무런 차도가 나타나지 않는다.

　만일 내면세계의 치유기도를 했는데도 아무런 차도가 나타나지 않는다면, 그것은 바로 귀신축출예식이 필요하다는 징표일 것이다. 나는 내면세계의 치유기도에는 통상적으로 알아차릴 수 있는 효력이 나타난다고 믿는다. 만일 어떤 사람이 내면세계의 치유를 위한 기도를 받고 나서도 "아직도 내 마음 속에 뭔가 속박된 느낌을 받습니다"라고 말하면, 그것은 좀더 많은 상담이나, 가족·친지를 비롯한 공동체의 후원, 또는 더 많은 내면세계의 치유를 비는 기도, 또는 어쩌면 귀신축출 기도가 필요하다는 징표일지도 모른다.

내가 귀신의 역사라고 보았던 현상들을 살펴보면, 대개 귀신들은 고통받고 있는 사람들이 스스로를 무가치하고, 사랑도 받을 수 없으며, 실패할 수밖에 없는 운명이며, 죽음과 재난을 당하도록 되어 있고, 하나님의 미움을 받아서 구원받을 수조차 없는 죄악덩어리라고 믿도록 온갖 노력을 다한다. 그러나 '각본상 실패자일 수밖에 없는' 이러한 삶의 장애들은 불행했던 과거의 쓰라린 심리적 상처 때문에 생겨날 수도 있다. 이 경우에, 개인이 지니고 있는 깊은 내면적인 문제는 다음과 같은 수많은 원인들 때문에 발생할 수 있다고 분명하게 말할 수 있다: 우울증에 걸린 사람은 자신을 내리누르고 있는 비밀스런 죄를 회개할 필요가 있다; 호르몬 분비가 불균형적인 사람은 의사의 응급치료나 치유기도를 받을 필요가 있다(예: 산후우울증); 어머니와 아버지의 사랑을 받아본 적이 없는 사람에게는 정신과 의사의 도움이나 내면세계의 치유(또는 두 가지 모두)가 필요하다; 그러나 귀신의 세력에 사로잡혀 우울증과 좌절감을 느끼는 사람은 귀신축출을 위한 기도를 받을 필요가 있다.

이 모든 것 속에서 분명한 것은 '분별'의 은사가 무엇이 잘못인지를 알아내는 데 그리고 어떻게 해야 가장 잘 나아가는 것인지를 아는 데 매우 도움이 된다는 사실이다. 조심해야 할 이런 교역실천적 특성 때문에, 귀신축출을 위한 기도를 드리는 치유목회자는 다른 어떤 성직자보다도 이 은사를 필요로 한다. 여러분이 치유기도를 했는데도 치유되지 못한 경우, 만일 그 치유목회가 사랑이 충만한 분위기 속에서 실천되었다면 그 환자는 그래도 축복받은 사람이다. 그러나 만일 귀신축출을 위한 기도를 했는데도 아무런 변화가 나타나지 않는다면, 그 사람은 정죄의 장막이라는 나락 속으로 떨어져 버린 것일 수도 있다. 그리하여 축출되지 않고 그 사람 속에 계속 남아 있는 귀신의 역사를 보았다고 믿을지도 모른다.

이 경우 귀신축출예식은, 오직 기도 가운데 귀신의 역사가 실제로 존재하며 주님께서 우리가 바로 '이 순간 이 사람을 위하여' 기도하기 원하신다는 판단이 설 경우에만 아주 조심스럽게 베풀어야 한다.

귀신축출을 위한 기도는 근본적으로 다음의 두 가지 점에서 치유기도와 다르다:

(1) 치유를 위한 기도는 하나님께 드려지는 기도임에 반하여, 귀신축출이나 축사를 위한 기도는 사실 기도가 아니라 억누르고 있는 '귀신들'에게 직접적으로 내려지는 명령이다.

(2) 치유를 위한 기도는 대부분 간청인 반면에, 귀신축출을 위한 기도는 '명령'이다. 그렇지만 믿음의 은사를 가진 사람에게는 치유를 비는 기도도 명령으로 드려질 수 있다―예컨대, 오순절 직후 베드로는 성전 미문에 앉아 있던 나면서부터 앉은뱅이 된 이에게 "나사렛 예수 그리스도의 이름으로 [일어나] 걸으시오"(사도행전 3장 6절 하반절)라고 명령함으로써 그를 치유해 주었다. 그러나 귀신축출을 위한 기도는 늘 귀신의 세력

에 대한 명령으로서, 예수 그리스도의 이름으로 그 귀신에게 떠날 것을 명령하는 것이다. "내가 예수 그리스도의 이름으로 네게 명하노니, 이 여자에게서 나오라!"(사도행전 16장 18절 하반절).

이 때에 귀신축출예식을 베푸는 목회자는 예수 그리스도의 권세를 부여받아 악한 세력에게 떠나도록 명령하는 사람이다. 이러한 명령의 말씀은 일부 기도모임에서처럼 큰 소리로 외칠 필요는 없다. 그러나 확신에 찬 어조로 권세를 갖고 명령하듯이 말하여야 한다.

여러 가지 이유 때문에 귀신축출예식은 이 부분에 부름받은 목회자들이 전담해야만 한다. 그 이유는,

 (1) 이러한 교역실천이 권세로 내어쫓는 기도이기 때문에 권세있게 명령해야 할 상황에서 겁을 먹거나 흔들리는 사람들은 이 일에 적합하지 않기 때문이다. 그런 사람들은 너무 주눅이 들어 기도를 한다 해도 아무런 일도 일어나지 않거나, 아니면 자신들의 불안한 마음을 숨기려고 짐짓 거짓된 자세를 취하여 결국 자신들의 사역을 우스꽝스럽게 만들뿐이다.

 (2) 다른 한편으로, 귀신축출예식은 능력대결이 뒤따르는 명령의 기도이기 때문에 적극적인 성격의 소유자들이 이 교역실천에 부름받았다고 생각해도 좋을 듯하다. 사실 대결이 벌어질 때에 귀신축출 교역자들 자신이 직접 공격계획도 세워야 한다. 이 교역을 실천하는 사람들의 동기는 가지각색이기 때문에 아마 그들의 교역실천 결과도 여러 가지로 나타날 것이다. 이 예식을 지켜본 어떤 사람이 한번은 이것을 '영적인 강간'이라

고 묘사한 바 있다. 이렇듯 자칫 기도를 받는 사람의 감수성이 깊은 상처를 받을 수도 있다.

(3) 더욱이, 복잡하게 뒤섞여 있는 선과 악을 구분해 내고 언제 기도할 것인지 그리고 어떻게 기도할 것인지를 알아야 할 필요성 때문에, 축사예식을 집례하는 이는 지혜가 있고 분별력도 갖춘 경험이 많은 사람이어야 한다. 모든 것을 흑백논리로 보려고 하는 단순주의자들은 종종 성급하게 귀신축출예식을 베풀려고 한다. 그리하여 많은 사람들에게 해를 입힌다. 단지 몇몇 사람만을 도울 수 있을 뿐이다. 따라서 이런 일이 귀신축출예식에 대한 나쁜 이미지를 심어주게 되어 귀신축출예식을 가장 잘 분별해 낼 수 있는 사람들마저 겁먹고 도망치게 만들어 버린다. (이런 이유들 때문에, 로마 가톨릭 교회와 성공회에서는 주교의 허락을 받은 성직자만 축사예식을 베풀 수 있도록 해왔다.)

4. 귀신축출예식을 베풀기 전에

다음에 제시하는 지침들은 귀신축출예식에서 가장 많은 경험과 지혜를 가진 사람들의 공통된 의견을 수렴한 것이다:

1) 준비기도와 영 분별 없이 귀신축출예식을 시작해서는 안 된다.

중요한 외과수술과 마찬가지로, 경솔하게 귀신축출을 비는 기도를 드려서는 안 될 것이다. 내가 믿기에는 많은 사람이 귀신축출을 위한 기도를 필요로 하지만, 시간적 여유 없이 서둘러서는 안 된다. 또 기도가 끝난 뒤에는 반드시 후속조치를 취할 필요가 있다. 만일 사후조치가 뒤따르지 못하고, 또 그 사람이 성장하도록 관심을 가지고 도와줄 수 있는 교회의 모임이나 교인들이 없을 경우에는, 기도를 시작하기 전에 잠시 생각해 보아야 할 것이다. 그 기도가 쉽사리 끝날 리 없을 뿐만 아니라 그 사람의 나중형편이 처음보다 더 나쁘게 될지도 모르기 때문이다.

달라스 주에 살고 있는 밥 캐브너는 한때 수많은 사람을 위하여 귀신축출 기도를 해주었던 사람이다. 기도받기를 간절히 원했던 이들은 하루종일 밤낮없이 밖에서 기도해 달라고 졸라댔다. 그러나 밥이 잠시 멈추어 그 상황을 놓고 기도하자, 하나님께서는 가장 병세가 심한 단 한 사람만을 위하여 기도해야 한다는 인도의 말씀을 주셨다. 그래서 밥은 여러 달 동안 그를 위하여 기도해 주었다. 마침내 그 환자는 중풍으로 침대에 누워 있게 했던 그 억압에서 벗어나 자유롭게 되었다. 수개월 동안의 기도사역 경험을 통하여 밥은 많은 것을 배웠다. 마치 귀신축출예식에 관한 수업을 받은 것처럼.

2) 귀신축출예식은 은밀한 곳에서 비공개로 베푸는 것이 이상적이다.

그래야만 호기심이 많은 사람들을 자극하지 않게 되고 이들의 방해를 받지 않게 된다(〈엑소시스트〉 같은 영화를 보기 위하여 몰려든 인파를 보라. 얼마나 호기심이 많은가!). 성숙한 사람만 기도모임에 참여시켜야 한다.

3) 귀신축출예식은 혼자보다는 팀을 짜서 베푸는 것이 바람직하다.

때때로, 나는 혼자서 이 기도를 드리기도 했다. 그러나 여러 가지 이유 때문에 팀을 구성하여 기도하는 것이 더 낫다고 생각하게 되었다. 이렇게 팀을 이루어 예식을 베풀도록 권하는 가장 명백한 이유는 그리스도교 공동체 안에 주어진 다양한 은사들을 살려쓸 수 있기 때문이다. 예컨대, 예식을 베푸는 사람들 가운데 한 명이 귀신축출을 위한 실제적인 기도를 드리는 것이 좋을 것이다. 이왕이면 영적인 권위를 가진 교역자가 하면 더 좋을 것이다. 영 분별력이 있는 다른 사람은 귀신축출예식을 언제 베풀고 그 사람의 치유를 위하여 어떻게 기도해야 할 것인가를 결정하게 될 것이다. 반면에 다른 사람들은 귀신축출 기도를 드리는 사람뿐만 아니라 기도를 받는 사람을 위해서 기도로써 뒷받침해 줄 수 있다. 귀신축출을 비는 기도는 짧게 끝날 때도 있지만, 어떤 경우에는 몇 시간 동안 계속될 수도 있으므로 단순피로나 집중의 필요성 때문에라도 팀교역실천에 따른 접근방법이 제일 바람직하다.

5. 귀신축출을 위한 실제적인 기도

1) 기도를 시작하기 전에, '보호'를 위하여 기도드리는 것이 지혜롭다.

나는 그 방 안에 함께 한 모든 사람들을 그리스도의 피의 능력으로 에워싸서 보호해 주실 것을 기도한다. 어떤 사람들은 천사의 보호와 도움을 요청하기도 한다. 나는 우리가 함께 드리는 귀신축출 기도를 통하여 귀신들이 쫓겨날 때에 그 자리에 참석한 모든 사람들—또는 그곳이 어디든 간에—가운데 어느 누구에게도 악한 세력이 감히 해를 입히지 못하도록 기도드린다. 물론 사람들이 기도를 드리는 방식은 저마다 다르겠지만, 우리가 베푸는 귀신축출예식의 부수적인 결과 때문에 어느 누구에게도 해가 가지 않도록 기도하는 것이 현명하다. 우리는 흔히 한 번 쫓겨난 악령들이 괴로움을 겪었던 사람이나 다른 사람에게 더욱 강하게 공격해 오는 것을 보게 된다.

> 귀신이 그들에게 "나는 예수도 알고, 바울도 알지만, 당신들은 도대체 누구요?" 하고 말하였다. 그리고서 악귀 들린 사람이 그들에게 달려들어, 그들을 짓눌러 이기니, 그들은 몸에 상처를 입고서, 벗은 몸으로 그 집에서 도망하였다(사도행전 19장 15-16절).

위의 사건은 성령 없이 이상한 방법으로 귀신을 쫓으려던 스게와의 일곱 아들 이야기이다. 이들은 귀신들린 사람에게 "우리가 바울이 전파하는 예수를 빙자하여 명하노니 나오라"고 하였다. 귀신은 예수님과 바울에게 권세와 능력이 있는 것은 알지만 스게와의 아들들은 축사예식을 베푸는 데 필요한 능력도, 영적 권세도 없는 것을 알고 그들에게 사납게 덤벼들어 몹시 때렸다. 결국 그들은 상하고 옷까지 찢겨 벗은 몸으로 도망쳐야 했던 것이다. 이처럼 우리가 하나님의 도우심을 받기 위하여 기도하지 않는다거나 그토록 강력한 영적 세력을 다루는 이 귀신축출 교역에 부름받지 않았다면, 우리에게는 어려운 문제들이 많이 생겨날 수 있다.

2) 나는 모든 귀신의 힘과 세력을 '결박하여' 귀신이 저항할 힘을 잃도록 늘 기도드린다.

나는 이렇게 하기 위하여 예수 그리스도의 이름으로 명령기도를 드린다. 이렇게 명령을 하고 나면 귀신축출예식이 좀 더 빠르고 쉽게 진행되는 것 같다.

예를 들어—그리고 이러한 장면을 눈으로 보지 못한 사람들을 위하여 나는 단순히 여러분 스스로 이러한 경우들을 조사해 볼 기회가 생길 때까지만이라도 판단을 유보해 줄 것을 요청드린다—귀신축출예식을 베푸는 동안 어떤 사람들은 보이지 않는 손에 따라 숨이 막히는 듯한 느낌을 받기도 하고, 또 어떤 사람들은 땅바닥에 내동댕이쳐질 수도 있다. 또 갑자기 마음속이 텅 빌 수도 있다. 이러한 모든 현상들이 해결되지 않으면 귀신축출을 비는 기도가 일시적으로나마 방해를 받게 된다. 따라서, 나는 악한 세력을 결박하는 기도를 드림으로써 귀신축출 과정에서 생길지도 모르는 많은 불쾌한 부작용을 피하고 있다.

3) 본디 우리는 우리가 쫓아내려고 하는 귀신의 정체를 밝혀야 할 필요가 있다.

보통, 귀신들의 정체는 귀신들린 사람이 눈에 두드러지게 나타내는 행동을 통하여 확인된다. 예를 들면, '자기파괴'나 '두려움'의 영.

다시 말하거니와, 이런 유형의 기도에 참여해 본 적이 없는 사람에게는 이런 이야기가 틀림없이 이상하게 들릴 것이다. 마치 과거에 내가 그랬던 것처럼. 그럼에도 불구하고, 귀신들은 분명한 정체와 이름들을 갖고 있으며,[7] 다음과 같은 여러 가지 방법으로 우리에게 그 모습을 드러내고 있는 것 같다.

(1) *기도를 요청하는 사람들은 귀신의 정체가 무엇이며 귀신의 특징적 행동이 어떤 것인가를 알고 있다.*

예를 들어, 어떤 특정상황에서 발생한 성적인 범죄행위의 원인이 귀신에 따른 것일 경우, 그 때에는 음욕의 영을 밝혀내어 음욕의 영에게 떠나라는 명령의 기도를 드릴 수 있다. 이 말은 모든 성적인 문제가 귀신에 따른 것임을 의미하지는 않다. 단지 이러한 경우에만, 악령의 탓이라고 할 수 있다는 것이다.

(2) *영 분별의 은사를 통하여 기도를 드리는 사람들은 무엇을 위하여 기도해야 할지를 알게 된다.*

이 은사는 어떻게 기도해야 할지를 알아내는 데 가장 직접적이고도 빠른 방법이다. 그러나 내 경험상 어림짐작이 아니고 진정으로 이런 은사를 가진 사람을 찾아내기란 여간 쉽지 않은 일이다. (우리가 지금 설명하고 있는 이런 종류의 상황에 대한 분별력을 하나님으로부터 부여받았다고 내가 알고 있고 신뢰하고 있는 사람은 겨우 3명 정도밖에 안 된다.)

(3) *귀신들에게 그 정체를 밝히라고 명령한다.*

귀신들은 귀신들린 사람을 통하여(흔히 그 사람 자신도 매우 놀라게 된다) 말을 하거나 그 사람의 마음에 매우 강한 심상이나 생각들을 떠오르게 하여 이 명령에 대답하게 된다. 이 때 마음 속에 암시되어 나타나는 생각들은 단순히 그 사람의 무의식으로부터도 나타날 수 있는 모호한 신호들이다. 그러므로 기도를 하는 사람은 무엇이 일어나고 있는지 정확히 가려낼 수 있는 참된 통찰력과 분별력을 가져야 한다.

4) 만일 귀신이 간섭한 영역을 인식하게 되면, 그 사람은 귀신의 개입과 관련된 '모든 죄악의 관계를 끊어야' 한다.

예를 들어, 만일 증오의 영이 자신의 정체를 밝힌다면, 그 사람은 자신에게 해를 끼친 적이 있는 모든 사람들을 용서해 주어야 한다. 그렇게 함으로써 귀신의 세력이 자신을 붙잡고 늘어지는 빌미를 제공했던 죄나 상처를 완전히 베어내 버려야 한다.

게다가, 그 사람은 증오의 영이나 그 밖의 어떤 영향을 받든지 간에 스스로 그 관계를 '끊을' 수 있다. 만일 그 사람이 악령들의 속박을 강하게 받고 있지 않다면, 자기 자신에게 행하는 귀신축출예식도 가능하다[돈 바샴의 〈저희를 악에서 구하옵소서〉, 제17장은 본인 스스로 행하는 귀신축출예식을 설명하고 있다].

게다가, 그 사람이 강신술이나 여타의 신비종교에 관련된 적이 있다면, 회개하고 구체적으로 이름을 대가며 관계를 끊어 버려야만 한다.

5) 그 다음, 나는 고통받고 있는 사람에게 '귀신에게서 떠나라'고 명령기도를 드리게 한다.

때로는 이렇게 하는 것이 귀신의 세력을 물리치는 데 크게 도움이 될 때가 있다. 종종 억눌린 사람들은 너무 위태위태해서 이런 기도를 드리지 못할 수 있다.

6) 만일 귀신(또는 귀신들)이 나가라는 명령에 완강하게 저항하면서 버틸 경우에는, 나 자신이 직접 귀신축출을 위한 기도를 드린다.

귀신축출 기도에는 다음과 같은 몇 가지 요소들이 반드시 포함되어야 한다:

(1) "예수 그리스도의 이름으로……"
(목사일 경우에는, "그리고 예수 그리스도의 교회의 이름으로"를 덧붙일 수도 있다.) 우리는 우리 자신의 권세를 가지고 귀신을 쫓아내는 것이 아니라, 귀신들도 굴복하지 않을 수 없는 예수님의 이름이 갖고 있는 능력을 힘입어 내쫓는 것이다. "주님, 주님의 이름을 대면, 귀신들까지도 우리에게 복종합니다"(누가복음 10장 17절).

(2) "내가 네게 명하노니……"
이것은 권세있는 기도이지 애원이 아니다. 이런 종류의 기도는 부모님이 자녀에게 무엇을 하라고 시키는 것과 같다. 만일 부모님이 의심을 하면서 시키거나 결단을 못한 채 주저하면서 말한다면, 아이는 그것을 재깍 알아채고는 그 명령에 복종하지 않으려 할 것이다. 명령을 내리는 사람은 조용한 목소리로 해도 상관은 없으나 그리스도의 권세가 악의 세력을 능히 패퇴시킬 것이라는 사실을 진실로 믿어야만 한다.

나는 귀신축출을 위한 기도를 드리는 동안 기도받는 사람의 눈을 똑바로 쳐다보며 하는 것이 도움이 된다는 사실도 발견했다.

(3) "……의 영에게……"

가능하면 구체적으로 그 이름을 대며 귀신의 정체를 밝혀야 한다. 예를 들어, '증오의 영,' '자포자기의 영,' 또는 그 밖의 어떤 영이든지 간에, 어떤 사람의 삶에서 악령이 지배하고 있거나 영향력을 행사하고 있는 영역을 밝혀 내는 일이 매우 중요하다.

(4) "……떠나갈지어다……"

(5) "……○○○(기도받는 사람)나 방안에 있는 누구에게 아무런 해도 입히지 말고, 또 어떠한 소란이나 방해도 일으키지 말고……"

귀신들은 떠나면서 방 안에 있는 다른 사람들을 공격하기도 하고 기도를 받고 있는 사람에게 공연스레 고통을 주기도 한다. 그러나 이러한 문제들은 하나님의 보호하심을 구하는 기도를 함으로써 사전에 모두 막을 수 있다. 내 경험에 따르면, 귀신축출예식은 볼 만한 구경거리일 수가 있지만, 때로는 꼴사나운 작업이 될 수도 있으므로, 만일 귀신들을 통제하지 못한다면, 귀신들에게 잠잠히 하고 어떤 소란도 일으키지 말라고 명령하는 것이 좋을 것이라 생각된다.

(6) "……또한 나는 너를 예수 그리스도께로 곧바로 보내노

니 예수님께서 너를 뜻대로 처리하실 것이다."

사람들 가운데는 귀신들에게 그 사람으로부터 떠나라고 명령할 때 무조건 "캄캄한 곳으로 돌아가라"거나 "지옥으로 꺼져라"라고 명령하기를 좋아하는 이들도 있다. 그러나 나는 개인적으로 귀신들의 즉각적인 운명을 그 순간 그리스도께서 주시는 지혜에 따라 처리하고 있다. 데이비드 뒤플레시스는 전에 나에게, 귀신축출 교역을 실천하는 사람들에게는 직업상 자신들이 대항하여 싸우고 있는 악귀들에게 감염될 위험이 있다고 말한 적이 있다. 곧 여러 해 동안 이 일을 하다 보면, 성격이 거칠어지고 무엇이든 판단하려 드는 성격으로 바뀔 수가 있다는 것이다. 사도 유다는 다음과 같이 언급하고 있다:

"천사장 미가엘은, 모세의 시체를 놓고 악마와 다투면서 논쟁을 할 때에, 차마 모욕적인 말로 단죄하지 못하고, '주님께서 너를 꾸짖으시기를 바란다' 이렇게만 말하였습니다"(유다서 1장 9절).

7) 귀신축출 기도를 받은 사람은 자신에게서 언제 그 귀신이 떠나갔는지를 아는 것 같다.

때때로 보는 사람에 따라 어떤 변화도 식별되지 않는 경우가 있다. 기도를 받는 사람이 단지 위를 쳐다보며 "나가버렸어요! 저는 지금 아주 기분이 좋아요"라고 말할 뿐이다.

하나 이상의 귀신에 들린 경우라 할지라도, 귀신들린 사람은 언제 귀신들이 모두 떠났는지를 아는 것 같다. 귀신이 쫓겨나고 나면, 그 사람은 자유와 기쁨을 느끼게 된다. 때때로 그것은 마치 짓누르고 있던 커다란 바위덩어리가 치워진 것 같기도 하고, 혹은 어떤 고통이 사라진 것처럼 육체적인 평안함에 휩싸이게 되기도 한다.

또 가끔, 귀신들은 싸움을 벌이기도 한다. 때때로 큰 소리를 지르거나 귀신들린 사람을 바닥에 거꾸러지게 하거나 발작적인 기침이나 구역질을 일으키기도 한다. 물론, 이 모든 증상들은 기분 나쁜 현상이다. 이런 것들이 귀신축출의 과정을 역겨운 일로 만들어 버린다. 만일 이 현상이 지나치게 귀신의 능력을 과신하는 것 같은 느낌이 들면, 귀신들에게 조용히 하라거나 그 사람을 괴롭히기를 그치라거나 그 밖의 다른 기형적인 행동을 멈추라고 명령하면 된다. 기침이나 구역질(왜 일어나는지는 미스테리이지만) 등은 귀신을 쫓아내는 과정 가운데 일부인 것 같다; 그런 증상이 사라지면, 보통 그 사람에게서 귀신이 떠나갔다는 분명한 인상을 갖게 된다.

이 모든 현상들은 기괴하고도 고통스러운 것이다. 그러나 아무리 우리가 이런 모습을 싫어한다고 할지라도, 귀신축출예식을 필요로 하는 사람을 도우려 한다면 이런 속박현상과도 맞닥뜨릴 각오를 하지 않으면 안 될 것이다.

6. 다른 고려사항들

우리는 귀신축출예식을 베푸는 과정에서 일반적으로 중요한 사실 한 가지를 알게 되었다. 곧 나무의 큰 뿌리 주위에 많은 겉뿌리들이 빽빽이 나 있는 것처럼, 많은 귀신들 가운데 중심적인 역할을 하는 귀신이 있다는 것이다. 나무의 잔뿌리들을 제거해 버리면 그 나무의 그루터기도 파낼 수 있게 된다. 이처럼 때때로 그 사람을 부수적으로 속박하고 있는 좀 더 영향력이 약한 귀신들을 몰아내는 것이 효과적일 때가 있다. 그것은 마치 나무뿌리 가운데 곁뿌리들을 잘라 버리는 것과 같아서, 이제는 손쉽게 그 뿌리둥치도 뽑아낼 수 있게 될 것이다. 어떤 때는, 영향력이 좀더 약한 귀신들이라 할지라도 여러분이 귀신의 정체를 밝혀내고 그 중심되는 악령을 몰아내기 전에는 떠나려 하지 않을 것이다. 나는 "좀더 영향력이 약한"이라고 말했는데, 이는 귀신들 가운데 어떤 것은 다른 귀신들보다 더 강하기 때문이다. (나는 '주된 죄'와 '파생된 죄'를 다루는 전통적인 영성 저작들 가운데 일부가 특히 도움이 된다는 것을 발견하였다.) 이 귀신들은, 마치 악습처럼, 집단으로 모여 다니는 것 같다. 예를 들어, '분노'를 찾아내면, 거기에 '원한,' '질투,' '우울증,' '가학증,' 또는 '여성증오' 같은 특별한 형태의 분노 등이 함께 역사하고 있음을 알게 될 것이다.

귀신들은 보통 특정한 죄악의 이름으로 자신들이 누구인지를 밝히게 된다:

"예수 그리스도의 이름으로 내가 네게 명하노니, 귀신아, 너의 이름을 밝혀라! 너는 누구냐!"

"음욕"

"예수 그리스도의 이름으로 내가 네게 명하노니, 음욕의 귀신아, 이 사람에게서 떠나갈지어다……"

7. 방해하는 영들

이 영들 가운데 몇몇은 일찌감치 그 정체를 드러내어 귀신축출 기도를 방해하려는 경향이 있다:

(1) 조롱
귀신들린 사람은 비웃기 시작하며 "너는 나를 쫓아낼 수 없어. 너는 경험도 많지 않잖아!"라는 식으로 조롱한다.

(2) 벙어리
귀신들린 사람은 입도 움직일 수 없고 말도 할 수 없다.

(3) 혼동
귀신들린 사람은 혼란 상태가 되어 더 이상 생각하지 못하게 된다.

(여기에서 귀신축출을 위한 기도를 드리는 사람들에게는 영분별과 지식과 경험이 다시 필요하다. 이것들을 통하여 귀신축출예식을 베푸는 사람들은 귀신들의 역사와 사람이라면 으레 겪는 고통의 차이를 구분할 수 있게 되며 문제의 성격을 정확하게 밝혀낼 수 있다.)

귀신축출 기도를 마친 뒤에는, 치유목회팀의 리더와 다른 사람들이 하나님을 찬양하거나 찬송을 부르거나 (방언으로 기도를 드리는 것이) 도움이 된다는 것을 알게 될 것이다. 귀신축출 기도는 귀신이 사로잡고 있던 사람을 놓아주고 떠나갈 때에 끝나게 된다. 만일 아무런 변화도 일어나지 않으면, 기도를 이끌어

가는 리더에게 다음 번에는 어떠한 유형의 기도를 드려야 할지 결정할 수 있는 영 분별력이 필요하다.

만일 귀신축출 기도를 받고 있는 사람이 과거에 강신술이나 신비종교(예: 점판)에 조금이라도 관련된 것이 있으면, 그 사람은 반드시 그러한 일에 대해 회개한 뒤 하나님의 용서를 구해야 한다. 하나님께 속한 능력이 아닌 밀교나 사교, 특히 동양 종교에 관련된 경험이 있는 사람들의 경우, 귀신들(예컨대, 점치는 귀신)의 이러한 영향력을 쫓아내어야만 한다. 그렇지 않을 경우, 귀신들이 성령의 역사를 방해하게 된다.

8. 귀신축출이 끝난 뒤 사후조치

귀신축출의 마지막 단계는 기도가 끝난 뒤의 후속조치로서 다음의 3가지 중요한 요소들을 고려해야 한다. 만일 귀신으로부터 해방된 사람에게 사후조치로서 실제적인 조치를 취하지 않으면, 다시 악령들에게 억눌릴 수도 있다.

1) 직후 기도

귀신축출예식을 통하여 어떤 사람에게 귀신이 쫓겨나간 '뒤에는 곧바로' 그 사람의 몸과 영혼이 하나님의 사랑과 은혜로 충만하게 채워지게 해달라는 '기도'를 드려야 한다.
어떤 사람에게서 귀신이 쫓겨났을 경우 그 사람의 마음 속에는 어떤 공백이 생기게 마련이다. 그러한 공백은 반드시 예수님께서 들어와 좌정하셔야만 채워질 수 있다.

2) 습관적인 행동양식

악령들로부터 자유롭게 된 사람은 애초부터 귀신이 침입하는 빌미를 제공해 주었던 자신의 '습관적 행동양식을 바꾸도록' 가르쳐야 한다.

예컨대, 문제가 절망과 자포자기와 관련된 것이라면, 그 사람과 협의를 거쳐 어떤 종류의 영성수련을 통하여 처음 그 문제를 야기시킨 원인이 된 인간의 약한 영역에 맞서서 싸울 필요가 있다.

게다가, 그 사람은 한번 귀신들이 내쫓긴 뒤라도 모든 악의 세력을 꾸짖고 물리치는 기도방법을 배워야 한다:

> 그러므로 하나님께 복종하고, 악마를 물리치십시오. 그리하면 악마는 달아날 것입니다(야고보서 4장 7절).

이전에 나는 수많은 악한 영들로부터 어떤 사람을 구출해 내기 위하여 2시간 동안 기도를 드린 적이 있었는데, 그때 주도적인 영향력을 행사하는 마귀는 분노였다. 그 사람은 자유롭게 되었지만, 한 시간도 채 못되어 다시 분노가 치밀어 올랐다. 그 분노를 막지 못하여 그녀는 원래 상태로 되돌아가 버렸던 것이다(비록 귀신축출을 위하여 마지막으로 드린 기도는 이전보다 훨씬 쉬워서 40분밖에 걸리지 않았지만).

3) 정해진 일과표

그 사람이 날마다 정해진 일과표에 따라 정기적으로 기도와 성경읽기와 (만일 그가 성례전을 중시하는 교회의 교인이라면) 성례전에 참여하도록 하는 것이 필요하다.

4) 공동체 참여

치유된 사람들에게 그리스도교 '공동체'에 소속되어 그 모임에 정기적으로 출석하도록 권하는 것이 가장 이상적이다.

마치 알코올 중독자가 자신을 이해하고 돌봐주는 사람들(예컨대, 미국 알코올중독자치유모임의 봉사자들)의 도움 없이는 술을 끊고 지낼 수 없는 것처럼, 귀신축출에 따라 자유롭게 된 사람들은 공동체의 기도와 따뜻한 돌봄을 필요로 한다. 비극적인 사실은, 오늘의 교회에는 목회적인 차원에서 지속적으로 이들을 돌봐줄 수 있는 공동체가 거의 없다는 것이다. 나는 가끔 공동체의 도움 없이 혼자서는 자신의 믿음을 키워 나갈 능력이 없는 사람들을 어디로 보내야 할지 모를 때가 있다. 일단 치유된 사람들에게 계속적으로 도움을 주는 튼실한 공동체를 몇 군데 알고 있기는 하나, 그 속에는 이미 수용할 수 있는 인원을 훨씬 넘는 사람들로 붐벼 수용된 이들을 돕기에도 역부족인 상태다.

9. 마지막 고려사항

내가 끝으로 언급하고자 하는 것은 귀신축출 기도를 드릴 때마다 나는 거의 언제나 회개기도나 내면세계의 치유기도도 필요하다는 점을 알게 되었다는 사실이다. 이를테면, 어린 시절에 거부당한 적이 있는 것과 같은 인간적인 약점은 귀신이 침투해 들어올 수 있는 빌미를 제공해 준다. 만일 이처럼 우리의 마음 깊숙이 뿌리내리고 있는 과거의 상처를 뿌리째 뽑아 버리지 않는다면, 나중에는 더 많은 문제들이 생겨날 것이다. 그 사람은 마치 껍질에 깊이 베인 상처가 나 있는 나무와 같은 존재이다. 만일 그 상처를 치료하지 않으면, 그것은 그 속으로 파고들어 썩어 버리게 하는 곤충이나 기생균의 침입을 받아 고사해 버릴 위험에 늘 처해 있다.

반면에, 우울증을 비롯한 대부분의 정서적인 문제들은 정도의 차이는 있을지언정 살아가면서 아주 자연스럽게 야기될 수 있는 증상들이다. 그러므로 우리가 취할 적절한 반응은 귀신축출을 위한 기도를 드리는 것이 아니라, 내면세계의 치유기도나 심리상담 또는 영성수련과 영성성장을 위하여 노력하는 일일 것이다.

치유의 모든 영역 가운데, 귀신축출예식은 자칫 잘못하면 쉽게 남용될 여지가 많아서 가장 많은 문제를 야기시키고 있다. 그럼에도 불구하고, 올바른 치유목회자에 따라 귀신축출예식은 지금보다 더 많이 베풀어져야 할 절대적인 필요성이 있다고 나는 확신한다. 이런 교역실천에서 영 분별과 신중함보다 더 필요한 요소는 없을 것이다. 그러나 당연히 이 귀신축출예식을 감당해야 할 성직자들이 특히 이 영역에 관해 그렇게도 무지할 수가 없다는 것이다. 이런 종류의 귀신축출예식에 참여해 본 경험이 전혀 없는 사람들에게는, 내가 이 장에서 언급한 내용이, 비록 순전히 중세적인 양상은 아닐지라도, 문제가 될 만한 부분이 있을지도 모른다. 내가 부탁하고 싶은 말은, 여러분 자신이 내가 말한 경우를 직접 눈으로 목도할 기회를 갖기 전까지는 선입견을 가지고 판단치 말고 모든 결정을 유예해 달라는 것이다. 지금 귀신축출에 관한 찬반양론이 아주 열띠게 벌어지고 있으며, 이를 다룬 책들도 많이 나와 있고, 특집으로 다룬 잡지들도 많이 찾아볼 수 있다. 끝으로 나는 몸소 귀신축출예식을 체험한 바 있는 어떤 목사님이 들려준 아름다운 이야기를 소개하고 싶다:

주님께서 저를 구원해 주신 뒤로 그토록 많은 놀라운 일들이 벌어졌지요. 그래서 저는 많은 사람들에게 글로써나마 이 일을 간증해야겠다는 생각이 들었습니다.

무엇보다도 먼저, 예수님의 그 크신 사랑을 확고하게 신뢰하는 저의 믿음이 놀라우리만큼 성장했답니다. 기도할 때에 하나님께서 저와 함께 하신다는 긍정적인 확신이 저를 놀라게 합니다. 치유나 귀신축출을 위하여 여러 사람과 기도를 드릴 때면, 저는 하나님의 임재를 그 어느 때보다도 가장 확실하게 느끼며 저와 함께 있는 그 사람을 도와주어야겠다는 강한 희망을 갖게 됩니다. 그뿐만 아니라, 이미 커져 버린 귀신축출예식은 제 자신의 신앙을 키워나가는 데에도 꼭 필요한 것이라는 생각을 하고 있습니다. 어쨌든, 각각의 사람들과 함께 (마지막 2주간에는 8명이 있었는데) 예수님에 대한 저의 신앙과 사랑이 이루 헤아릴 수 없을 만큼 성장했습니다.

제 자신의 귀신축출예식은 저를 다소 놀라게 하였습니다. 그럼에도 불구하고, 제가 이 교역실천을 위하여 목사임직을 받았다는 사실을 처음부터 알고 있었다고 무언가가 저에게 알려주는 것 같습니다……

비록 몇몇 사람들이 내게 찾아왔지만, 저처럼 폭력적인 행동을 보이는 사람에게는 귀신축출을 행할 수 없었습니다. 그리고 저는 네 가지 치유유형이 모두 관련되어 있는 한 젊은이에게 치유목회를 베풀어 그를 도와준 경험을 이미 가지고 있었습니다. 무려 두 시간 동안이나 기도를 했었습니다……

저 개인적인 삶 속에서 느끼는 가장 놀라운 효능은 치유가 영속성을 띤다는 것입니다. 저에게서 쫓겨난 귀신의 목록을 살펴보면, 그것들 가운데 어느 것도 그 뒤 지금까지 저를 주장하지 못하고 있습니다. 저는 이 사실에 대해 깊이 감사하고 있습니다. 이제는 제 인생을 바라보는 시각이 옛날과 같지 않습니다. 저에게 문제가 있다고 해서 제 자신을 버림받은 이로 생각하지 않습니다. 의심과 두려움과 음욕이 일기도 하지만, 이것 때문에 괴로움을 당하지도 않습니다.

물론, 저는 지금도 귀신을 쫓아내었던 모든 영역에서 유혹을 받을 때가 있습니다. 그러나 이 유혹들이 인간이라면 누구나 받을 수 있는 것이지 귀신이 주는 유혹이 아니란 사실이 얼마나 큰 힘이 되는지 모릅니다! 이러한 유혹을 이겨내기란 굉장히 쉽습니다. 자유함을 만끽하며 살아가는 그리스도인이 자신의 삶 전체를 그토록 완전하게 주님께 드릴 수 있다는 사실을 예전에는 결코 깨닫지 못했으니까요. 이제 제 삶은 전에는 결코 느껴보지 못했던 기쁨으로 가득 차 있습니다. 그것은 곧바로 나를 고요하게 하며 내가 사랑으로 섬기도록 감동을 줍니다.

6
질병의 뿌리, 어떻게 분별할 것인가?

우리는 지금까지 치유에 대하여 이야기하면서 분별이 절실히 필요하다는 것을 알았다. 우리의 영성적·육체적 질병은 서로 밀접하게 관련되어 있는 경우가 많다. 어떤 질병이든 근본적인 원인들은 매우 복잡한 경우가 많다. 그러므로 복잡한 인간의 문제들을 풀어 나가려면 하나님께서 종종 빛을 비추어 주셔야 한다. 그래야 가장 효과적인 치유기도를 시작하는 법을 알게 될 것이다.

1. 하나님은 신비로운 분이다—우리도 그렇다

토미 타이슨 목사는 우리 삶의 한 영역에서 발생한 문제는 다른 영역들에서 생긴 문제들이 그 원인인 경우가 많다고 한다. 그는 다음과 같은 사례들을 소개하고 있다.[1] 곧 어떤 육체적인 치유가 일어나려면, 그 이전에 하나님의 음성을 경청함으로써 분별할 수 있어야 하고, 회개가—특별히 용서와 관련하여—있어야 하며, 영혼의 치유가 선행되어야 한다는 것이다:

나는 영 분별의 은사는 본디 이러한 것이라고 이해하고 있습니다. 인간은 영적인 존재이며 결코 혼자서는 살아갈 수 없습니다. 우리는 늘 다른 영성적 실재들—그것이 악하든지 선하든지 또는 중립적이든지—가운데 어느 한편에 속하여 살아가게 됩니다. 나는 이러한 방식으로 사람들을 대하고 있으며 이것이 나의 기본 전제입니다.

영 분별의 은사는 한 사람이 지금 어떠한 영성적 실재와 가장 가까이 지내고 있는가를 분별할 수 있게 해주는 은사입니다. 영 분별의 은사는 때로 마음의 눈에 비치는 영상으로 나타나기도 하며, 때로 지식의 말씀으로 주어지기도 합니다. 다음의 사건은 내가 남부의 어느 교회에 설교를 하러 갔던 어느 날 저녁에 일어난 일입니다.

그 교회 담임목사님은 나를 차에 태우고는 변두리 지역을 내달렸습니다. 이윽고 차는 한 농장이 내려다보이는, 그다지 크지는 않지만 아름다운 산 언덕에서 멈추었습니다. 그 목사님은 다음과 같이 말했습니다. "토미 목사님, 제가 차를 몰아서 여기까지 온 것은 저 아름다운 경관을 보여드리려 한 것이 아닙니다. 저 밑에 한 집이 보이지요? 사실 저 사람들을 오랫동안 잊고 지내왔습니다만, 오늘은 꼭 저 가정을 심방했으면 해서 왔습니다."

우리는 그 아름다운 농장의 가정으로 내려갔습니다. 내려가 보니, 현관에 60대 중반으로 보이는 부부가 앉아 있었습니다. 부인의 이름은 메이, 남편의 이름은 넬슨이었습니다. 메이 할머니는 휠체어에 앉아 있었는데, 중풍으로 신체의 오른쪽 부분이 마비되어 있었습니다. 마음대로 움직일 수도 없는 오른쪽 팔은 안쪽으로 굽어 있었습니다. 넬슨 할아버지는 현관의 흔들의자에 앉아 있었습니다. 그 목사님과 나는 옆에 있는 의자를 끌어당겨 그들 앞으로 다가가 앉았지요. 그러고 나자 나는 하나님의 사랑 속에 흠뻑 젖어들어 갔습니다. 점점 마음속 음성에 귀를 기울이기 시작하였습니다(나는 어떤 사람들의 이야기를 들을 때에 절대로 양쪽 귀 모두를 주지는 않습니다. 한쪽 귀를 주되, 가장 좋은 다른 쪽 귀는 늘 남겨 놓습니다. 곧 한쪽 귀를 통해서 그 사람의 이야기를 경청하면서도, 다른 쪽 귀로는 하나님께서 주시는 해석의 말씀을 듣기 위하여 간절히 기도한답니다).

주님께서 내 마음을 사랑으로 가득 채우기 시작하셨습니다. 성도 여러분, 우리는 이 사랑의 힘을 잘 알고 있지 않습니까? 나는 메이 할머니에게 말했습니다: "메이 할머니, 지금 뭔가 놀라운 일이 일어나고 있어요. 주님께서 할머니를 위하여 위대한 사랑을 제게 부어 주고 계셔요. 주님께서 할머니를 위로하고 치유하시기를 원하고 계셔요." 그녀는 꽉 다문 입술 사이로 무엇인가 말을 흘려 보냈습니다—이미 말한 대로 그녀는 중풍으로 반신불수가 되어 있었던 것입니다. 그 순간 나의 마음속에 어떤 영상들이 떠오르기 시작하였습니다. "메이 할머니, 만일 하나님께서 영상들을 보여주시는 것이라면 할머니도 알게 될 것입니다. 그렇지 않더라도, 저는 왜 이런 영상이 나타나는지 이유라도 알아야겠습니다."

나는 이런 종류의 분별의 은사를 사용할 때에는 매우 주의하여야 한다는 사실을 발견해 왔습니다. 자칫하면 듣는 이들을 겁에 질리게 만들 수도 있기 때문이지요. 만일 하나님께서 보여주시는 상황을 다 이야기해 버린다면, 많은 사람들은 겁을 집어먹게 될 것입니다. 그러므로 다음과 같이 말하는 것이 좋을 것입니다. "이런 생각이 나네요." 또는 "이 생각은 주님께서 주신 것 같은데요." 또는 "집사님께 이러한 이야기를 해도 될까 모르겠네요." 이렇게 대화를 풀어가는 것이 우리가 아는 것을 모두 있는 그대로 말해 버리는 것보다 훨씬 더 도움이 된 적이 많았습니다. 사실 무엇인가를 알고 있다고 해서 그 사실을 모두 말할 수 있는 권리까지도 으레 가지고 있다는 것을 뜻하지는 않는 것이 아니겠습니까?

내가 그녀에게 말을 하고 있는 동안 어떤 영상이 떠올랐습니다. 한 작은 마을에 있는 행복한 가정이었지요. 이 집 뜰에는 가지를 늘어뜨리고 서 있는 버드나무까지도 똑똑히 보였습니다. 내가 마음속에 떠오르는 모습을 메이 할머니에게 설명하자, 그녀가 말하였습니다: "그곳은 제가 자라난 집이에요!" 계속해서 그녀가 젊었을 때 말에서 내려 한 젊은이와 함께 마차에 오르는 것이 보였습니다. 급히 도망치는 것 같았지요. 이 모든 것이 단지 마음의 눈에 비친 영상일 뿐이었습니다. 점점 모든 상황이 확실하게 깨달아지기 시작하였습니다. 나는 물어보았지요. "메이 할머니, 넬슨 할아버지가 마을에 왔지만, 할머니 가족들이 그와 결혼하는 것을 반대했기 때문에, 할머니가 도망쳐서 그와 결혼하게 되었지요?"

"예, 맞아요." 그녀가 고개를 끄덕이자, 다시 영상들이 계속해서 나타났습니다. 그녀가 오르간 앞에 앉아 있는데 정신없이 피아노 건반을 두드려댔습니다. 이윽고, 이 영상에 대한 해석이 생각났습니다. "메이 할머니, 할머니는 곧 결혼생활에 실망하고 말았지요, 그렇지요? 가족들의 생각이 옳았고, 차마 넬슨 할아버지와 헤어질 수가 없어서 음악에 몰두하기 시작했던 거지요? 음악에 푹 빠져들어서 결혼에 대한 실망감을 보상받으려 했던 게 아닌가요?"

"예, 맞아요." 이제 그녀는 흐느껴 울기 시작했습니다. 커다란 장애물이 보였습니다. "글쎄요, 이 장애물이 무엇을 뜻하는지 할머니가 직접 저에게 말해 주기를 주님께서 원하고 계신 것 같은데요. 아니면 우리 모두 잠시 그저 앉아서 기다려야 할 것 같아요." 그러자 할머니는 넬슨 할아버지를 쳐다보더니 고개를 끄덕였습니다. "여보, 당신이 말씀드리세요." 이번에는 넬슨 할아버지가 말하기 시작했습니다. "아마도 지금 목사님 눈에 비친 그 장애물은 교회에서 일어났던 사건을 뜻하는 것 같습니다……. 그리고 목사님께서 지금까지 말씀하신 것들은 다 사실입니다. 그 교회에는 가족과 함께 교회에 나오는 한 여자가 있었는데, 그만 메이가 그 여자와 심하게 다툰 적이 있습니다. 그 여자는 메이에게 '당신이 떠나든지 아니면 나와 우리 가족들이 교회를 떠나든지 해보자구!'라고 말하였습니다. 우리는 둘만 교회에 나오고 있었으므로, 메이와 제가 교회를 떠나는 것이 최선의 방법이라고 결론내리게 되었지요."

나는 메이 할머니에게 말했습니다. "메이 할머니, 그런 일이 있은지 얼마만에 불구가 되셨는가요?" 그녀는 3개월쯤 지나서 중풍이 온 걸로 짐작하였습니다. 그래서 나는 이렇게 또 물었습니다. "메이 할머니, 할머니가 건네주어야 할 교제의 악수는 어디에 있습니까? 할머니의 용서는 어디에 있습니까?"

문제는 거기에 있었습니다; 그것이 바로 문제였습니다.

물론 그렇다고 모든 신체의 마비증상이 남을 용서하지 못하기 때문에 생긴다고 말할 수는 없습니다. 아무런 확신도 없이, 어떤 질병들이 영적인 이유에서 비롯된 것이 분명하다는 암시를 주는 것도 매우 위험한 일입니다. 이런 경우 매우 조심하지 않으면 사람들에게 심각한 죄책감을 느끼게 하거나 저항을 받기가 쉽습니다. 모든 육체적인 질병의 원인이 마음속에 있는 것은 아니지만, 메이 할머니의 경우에는 그녀의 육체가 영혼의 상태를 나타낸다는 사실을 깨닫게 되었던 것입니다. 곧 그녀의 육체는 영혼의 상처에서 야기되는 고통을 겪고 있었던 거지요. 더군다나 그러한 상태는 3~4년 동안이나 계속 그녀의 육체를 괴롭혀 왔습니다. 나는 그녀에게 나의 이러한 생각을 말해 주었습니다.

넬슨 할아버지가 나를 쳐다보더니, "목사님이 아셔야 할 일이 아직 하나 더 있는데, 하나님께서 아직 보여주시지 않으신 것 같군요. 메이가 중풍으로 고생하던 지난 3년 동안, 저는 다시 화해하려고 많은 노력을 했습니다. 그래서 이제 우리는 서로를 다시 사랑하게 되었답니다." (하나님은 고난도 사용하시는 분입니다, 그렇지 않은가요?) 나는 메이 할머니에게 물었습니다. "할머니는 죄를 용서받았다는 사실을 믿습니까? 죄로부터 깨끗해졌습니까?" "물론입니다, 목사님!" 메이의 대답이었습니다.

그녀는 자신의 죄를 고백하였고, 나는 그 고백을 들었습니다. 그리고 그녀에게 손을 얹고 말해 주었습니다. "메이 할머니, 하나님의 약속하신 말씀에 따라 할머니의 모든 죄가 씻음받았습니다. 할머니는 예수님의 보혈로 깨끗해졌습니다!" 내가 그녀에게 죄사함을 선포하자, 그녀의 얼굴이 매우 환해졌습니다. 그 뒤에 우리는 매우 놀랍고 환희에 찬 시간을 가질 수 있었습니다. 현관을 걸어나오다가, 나는 갑자기 메이 할머니에게 이렇게 말하고 싶은 충동을 강하게 느꼈습니다: "메이 할머니, 이제 새로운 삶을 시작하신 셈인데, 제가 할머니의 그 오른손과 교제의 악수를 할 수 있는 최초의 사람이 되도록 해주시겠습니까?"

나는 오른손을 내밀었습니다. 그러자 그녀의 오른손이—전에는 마비되어 있었던—펴지더니 나의 손을 꽉 잡는 것이었습니다. 나는 한 시간을 더 머물면서 그녀가 다시 완전히 걸을 수 있도록 붙들어 주면서 걷는 법도 가르쳐 주었습니다.

2. 질병은 여러 가지 차원으로 나타난다

우리는 영성적인 질병, 정서적인 질병, 그리고 신체적인 질병에 대해서 말할 때, 그것들을 각각 나눔으로써 저마다 더 잘 이해할 수 있었다. 그리고 몇 가지 결점은 한 차원만 해당되기도 한다. 곧 교통사고를 당하여 충격적인 부상으로 끝나는 경우이다. 따라서 그것에 대해서는 보통 육체적인 부상을 위해 기도해 드리는 쪽으로 접근해야 한다.

그러나 대부분의 질환은 우리 존재의 모든 차원에서 우리에게 영향을 미친다. 내과의사들은 육체적인 부분만이 아니라 전인적인 다루어야 할 필요가 있음을 점점 더 별견하고 있다.[2] 우리가 다음과 같은 사실을 깨닫는 것이 매우 중요하다: 우리에게 심장 상태 때문에 기도해 달라고 오는 사람은 육체적인 심장 곧 신체 기관을 위한 기도보다 훨씬 더 많은 것을 필요로 하고 있다. 그녀는 상한 마음 때문에 정서적으로 고통을 겪고 있을 수도 있다.³ 아마도 내면세계의 치유와 용서가 있기 전까지는 육체적인 치유가 일어나지 않을지도 모른다.

어떤 의사들은 지금 우리 질병의 80%가 스트레스와 관련된 것이라고 보고, 자기 환자들이 스트레스를 다루는 법을 배우지 않고서는 좋아질 리가 없다고 믿는다. 하버드대학교 의학대학원의 허브 벤슨 박사는 여러 가지 폭넓게 읽히는 책을 썼는데, 거기서 그는 고혈압 같은 다양한 육체적 질병에 대한 대책으로서 기도나 묵상을 주창하였다.⁴

다른 연구자들은 분노가 처리되지 않고 만성적인 적대감과 빈정댐으로 이어지면 나중에는 심장병이나 기타 여러 가지 질환으로 번질 수도 있음을 알아냈다.⁵ 나아가 다른 사람들은 만성적인 슬픔이나 낙담이 동맥경화나 결국 심장마비로 이어질 수도 있음을 가리키는 연구물을 내놓기도 하였다. 낙담은 날마다 담배 몇 갑을 피는 것만큼이나 우리 건강에 나쁘다.⁶ 버니 씨겔 박사는 질병과 싸우기를 거절한 채 그것이 하나님의 뜻이라고 받아들여 버리는 수동적 성격유형은, 일반적으로, 또 하나의 의견을 요구하면서 생존하고자 싸우는 사람보다 질병에 더 쉽게 무릎을 꿇고 만다고 쓰고 있다. 그것은 질병이 자신들을 위한 하나님의 뜻이라고 받아들이는 법을 배운 환자들을 어디로 내치는가?⁷ 알버트 쉬바이처가 말했듯이, "삶의 비극은 살아 있는 동안에 내부적으로 죽는 것이다."

사냥꾼이나 수렵채집생활자나 단순한 농부 같은 비교적 단순한 문화는 암이나 심장질환이나 당뇨병 같은 비전염성 질환 때문에 고통을 당하지는 않는다. 이런 증거는 훨씬 더 시사하는 바가 많다.⁸ 이러한 발견은 우리가 친밀한 가족이나 사회적 유대를 상실했기에 궁극적으로 이런 일반적인 질병을 얻게 되었음을 암시해 준다. 암이나 심장질환이 우리 산업사회에서 첫째 가는 살인자라는 것을 고려해 볼 때, 참 종교는 질병을 내쫓는 첫째 가는 건강요소여야 한다는 생각이 든다! 예수님의 가르침은 서로 사랑하고, 서로 섬기고, (낙담 대신) 희망을 촉진시킨다.

그러므로 믿음, 소망, 사랑, 이 세 가지는 항상 있을 것인데, 그 가운데서 으뜸은 사랑입니다(고린도전서 13장 13절).

내가 30년 전에 복음에 대하여 최초로 발견한 위대한 점은 예수님은 우리가 기도드리면 지금도 보통으로 치유하신다는 사실이었다.

내가 두 번째로 발견한 위대한 점은 사람들과 기도할 시간을 가질 필요가 있고, 그들이 치유를 필요로 하는 온갖 다양한 차원에서 기도할 필요가 있다는 사실이다: 우리는 그 사람이 치유를 필요로 하는 가장 기본적인 영역을 찾아내서 그것을 위하여 기도할 필요가 있다. 바로 토미 타이슨이 그렇게 했던 것처럼.

종종 우리는 신체적인 치유, 영성적인 치유, 내면세계의 치유, 그리고 귀신축출, 아니면 이 모든 것을 필요로 하는 사람들을 발견한다. 그리고 (사람들이 하나님의 특별한 어루만지심으로 두 시간 정도 "성령 안에서 안식을 누리는" 때처럼, 비록 그 모든 것이 단숨에 특별한 사건으로 일어난다고 할지라도.) 그것은 시간이 걸린다.

그러므로 여러분이 알아야 될 것은, 여러분이 치유예식에서, 또는 성만찬예식에서, 사람들을 위하여 간단하게 기도해 준다면, 상당히 많은 사람들이 치유를 받을 것이라는 사실이다. 그러나 더 알아야 될 것은, 누군가가 (또는, 이상적으로, 한 치유 목회 팀이) 그들과 하나님의 치유하시는 능력을 필요로 하는 모든 차원으로 기도한다면 훨씬 더 많은 이들이 치유를 받을 것이라는 사실이다.

7
사람들이 치유받지 못하는 12가지 이유

우리는 대부분 하나님께서 지금도 '정말' 치유하신다는 사실을 믿도록 사람들을 격려할 필요가 있다. 그러나 용기를 내서 우리가 치유기도를 시작한다 하더라도, 우리가 기도해 준 사람들이 늘 치유되지는 않는다는 사실을 깨닫고 좌절을 하게 될 수도 있다. 이 사실 때문에 치유에 대하여 아주 단순한 생각을 갖고 있는 사람들 곧 "반드시 치유가 되어야 한다"고 생각하는 사람들은 특히 당혹감을 느끼게 된다.

내 기억에, 우리가 세인트루이스에서 기도모임을 가졌던 초창기 때 일이었던 것 같다. 기도모임이 시작되고 얼마 되지 않아서였다. 어떤 성직자가 고통스러운 내적 갈등을 겪고 있었다. 그는 "대부분의 고통은 하나님이 주신 것"이라는 입장에서 "대부분의 질병은 그리스도께서 우리를 자유케 하신 악의 일부"라는 입장으로 바뀌고 있었던 것이다. 사실, 그는 종종 고통이 지니는 구속적인 가치에 대하여 가르치기도 했다. 그러던 가운데 '신자들의 권위'에 관한 책을 읽고, 그 성직자는 질병을 받아들이기보다는 치유를 위하여 기도를 시작해야 한다고 확신하게 되었다. 그 성직자가 기도해 주려고 선택한 사람은 처음부터 상태가 좋지 않은 암환자였다. 그 환자는 여자였는데, 암으로 죽어가고 있었다. 그는 친구들을 불러 모았다. 그리고 그 환자가 치유될 것이라는 새로운 확신을 갖게 된 그 성직자는 기도팀을 병원으로 데리고 가서 믿음의 기도를 올렸다.

그러나 몇 시간 뒤, 그녀는 죽었다.

그 성직자는 너무나 큰 충격을 받아 몇 년 동안 다시는 누구를 위해서도 기도해 주지 않았다. (하지만 여러분이 알고 용기를 얻어야 할 게 있는데, 나중에 그가 영국에서 치유기도를 통한 은사갱신운동의 탁월한 지도자 가운데 한 사람이 되었다는 사실이다.)

따라서 우리는 몇몇 사람들이 왜 치유받지 못하는지를 이해할 필요가 있다. 그래야 치유를 위하여 기도할 때에 필요한 믿음의 종류를 이해할 수 있다. 내 생각에, 가장 좋은 관점은, "몇 가지 상쇄할 만한 이유만 없다면, 사람들이 치유받아야 한다는 것이 하나님의 통상적인 뜻"이라고 보는 것이다. 게다가, 그분은 몇몇 개인들에게 그들이 아픈 이를 위하여 기도해 주면 그 병이 나을 것인지 그 여부를 알 수 있는 '믿음의 은사'를 주신다. 나머지 우리들은 하나님의 치유능력을 믿고 치유를 위하여 기도할 필요가 있다. 동시에, 우리는 하나님의 치유과정 속에는 신비적인 요소가 개입되어 있으며, 치유기도를 하더라도 치유되지 않는 사람도 있다는 것을 깨달아야 할 것이다. 치유를 너무나 간단하게 생각하는 이들이 있다. 이러한 단순한 생각에서 벗어나기 위해서 우리는 치유를 위하여 기도해도 치유되지 못하는 이유를 알아야 한다. 나는 치유목회를 해오면서 적어도 다음과 같은 열두 가지 이유를 발견해 왔다. 물론 몇 가지 더 발견할 수 있을 것이라는 상상도 해보면서 말이다:

1. 믿음의 부족

제자들이 귀신들려 간질로 심히 고생하는 아이를 고칠 수 없었을 때, 예수님께서는 제자들의 믿음 없음을 책망하셨다(마태복음 17장 14-20절). 나는 지금 교회 안에서 치유가 더 일어나지 않는 이유가 여기 있다고 믿는다. 치유는 단지 자연적으로 또는 심리적으로 일어나는 과정일 뿐이라고 생각하며 치유를 의심의 눈초리로 바라보는 이들이 많은 것 같다.

그러나 우리들이 진정 그렇게 믿고 있다고 하더라도, 믿음 안에서 계속 자라나야 할 필요가 있다. 나는 몇 년 전에 내가 가졌던 믿음보다 지금 더욱 더 강한 믿음을 소유하고 있다고 생각한다. 우리는―치유의 기적을 눈으로 목도한 사람들도―믿음 안에서 자라가야 할 필요가 있다. 우리의 믿음 그릇이 크면 클수록 하나님께서는 우리를 더욱 더 쓰실 것이기 때문이다.

2. 구속적인 고난

육체적인 치유 자체가 이 세상에서 가장 가치 있는 일은 아니다. 때때로 하나님께서는 좀더 높은 차원의 목적을 위하여 질병을 사용하기도 하신다. 십자가 상에서 고통당하신 예수님의 고난에 동참하기 위하여 구속적인 고난을 짊어지도록 부름 받은 성도들이 오래 전부터 있어 왔던 것이 사실이다.

> 이제 나는 여러분을 위하여 고난받는 것을 즐겁게 여기고 있으며, 그의 몸 곧 교회를 위하여 내 육신으로 그리스도의 남은 고난을 채워 가고 있습니다(골로새서 1장 24절).

만일 어떤 사람이 하나님 나라를 위한 고난을 받기 위하여 질병을 앓거나 교훈을 배우기 위해서 또는 징벌로, 또는 다른 이유 때문에 질병을 당하도록 부름받았다면, 분명히 그 환자는 병이 낫게 되기를 기도해서는 안 될 것이다.

1969년 아그네스 샌포드 여사가 미국 아이오와 주 듀북에 있는 트라피스트 수도원에서 수사들에게 치유세미나를 열었을 때의 일로 기억된다. 바로 그 때 유행성 홍콩 독감이 수사들에게 퍼졌다. 세미나 둘째날, 유명한 치유 전문가인 아그네스 여사도 독감에 걸려 자리에 누웠다. 급기야는 프랜시스칸 자매회의 병원 신세를 져야만 했다. 웃지 못할 일이었음에도 불구하고, 아그네스 여사는 병원에 있는 동안, 많은 수녀들과 간호사들과 이야기를 주고받을 기회를 가질 수 있었다. 그 결과, 그들도 그녀에게 치유세미나를 열어 달라는 부탁을 했다. 이렇게 하여, 그녀는 병원의 모든 직원들에게 영향을 끼칠 수 있었다. 이처럼 아그네스 여사는 독감을 통하여 좀더 높은 차원의 목적을 이루었던 것이다. 사도 바울이 다음과 같이 말했을 때, 그는 육체적인 질병이 때때로 좀더 높은 목적을 이끌어 낸다는 것을 깨닫고 있었다:

그리고 여러분이 아시는 바와 같이, 내가 여러분에게 처음으로 복음을 전하게 된 것은, 내 육체가 병든 것이 그 계기가 되었습니다. 그리고 내 몸에는 여러분에게 시험이 될 만한 것이 있는데도, 여러분은 나를 멸시하지도 않고, 외면하지도 않았습니다(갈라디아서 4장 13-14절).

3. 고통에 대한 잘못된 가치관

어떤 고난은 구속적이고 좀더 높은 차원의 목적을 위한 것이라고 말한 바 있다. 그러나 대부분의 질병은 구속적으로 나타나지 않는다. 이렇게 주장해야 앞의 진술과 균형이 잡힐 것이다. 나는 고통에서 벗어나기를 진실로 원치 않는 사람들을 위하여 기도해 달라는 요청을 받았던 적이 여러 번 있었다. 내가 보기에 그들의 질병은 치명적이었으며 하나님께서 주신 축복이 아니었다. 그러나 그들은 하나님께 그 고통을 낫게 해달라고 간구하는 것이 마치 죄책감을 느끼는 일인 것처럼 훈련받아서 조건화되어 있었다.

여러분이 질병의 중압감에 짓눌려 낙심한 사람을 본다면, 여러분은 그것이 분명히 하나님의 축복이 아니라는 것을 확신할 것이다. 그러나 만일 그 사람이 그 질병이 하나님께서 허락하신 것이라고 믿게 되면, 그는 때때로 치유기도를 하는 것에 대해 죄책감을 느끼게 될 것이다. 이처럼 우리는 환자 자신이 원하지 않는 경우에는 그를 위하여 기도할 수 없을 것이다. 비록 누군가가 그 환자에게 기도하라고 얘기할지라도, 그 사람의 잠재의식 속에는 치유를 가로막는 강한 저항감이 존재할 것이다.

4. 죄

육체적인 질병[1]—특히 분노—과 관련하여 죄가 존재하는 경우에 먼저 죄 문제가 해결되지 않고서는 치유가 일어날 수 없다. 한 치유세미나에서 있었던 일이다. 우리는 아주 치명적인 질병으로 고통받고 있는 한 여인의 치유를 위해서 기도했다. 그러나 아무런 차도가 없었다. 함께 기도했던 이들은 모두 틀림없이 어떤 변화가 일어나리라는 강한 확신 속에서 계속 기도했다. 그런데 기도하는 중에 어떤 이가 그 질병은 권위에 대한 분노, 그리고 수많은 쓰라린 관계 속에서 생겨난 분노에서 비롯된 것임을 알아냈다. 우리가 이러한 문제를 내어놓고 얘기하자, 그 환자는 자신의 내면적인 문제를 솔직하게 인정했다. 그러자 그 곧바로 치유가 효력을 발휘하기 시작했다.

5. 구체적으로 기도하지 않음

특별히 내면세계의 치유를 위하여 기도할 때에는, 정서적인 고통과 최초의 해로운 기억 그 뿌리까지 파고 들어가서 근본원인을 알아내는 것이 중요해 보인다. 나는 여러 번 내면세계의 치유를 비는 기도를 드렸다. 그리고 나는 올바른 문제에 대하여 기도하고 있다고 생각했다. 그러나 아무런 일도 일어나지 않았다. 우리가 미처 깨닫지 못하고 간과했던 근본적인 사건으로 되돌아가서 근본원인을 발견해 내어 예수님께 기도함으로써, 그 순간 예수님이 심령 속에 들어가셔서 뿌리를 치유해 주실 경우에만, 궁극적으로 치유가 일어난다.

우리가 구체적인 뿌리를 찾아내어 기도하지 않으면 하나님께서 우리의 일반적인 기도만 들으시고 그 응답으로 환자를 치유하실 능력이 없단 말인가? 나는 하나님은 치유하실 수 있고 능히 치유하시는 분임을 알고 있다. 경험상 (나뿐만 아니라 오랫동안 내면세계의 치유를 비는 기도를 해온 다른 사람들의 경험으로도) 문제의 발단이 된 근원적인 사건을 구체적으로 해결한 뒤에야 비로소 사람들이 치유받는다는 것을 알 수 있다.

특히, 나는 다소 평범한 문제를 갖고 있던 페루의 한 여인을 위해서 기도했던 기억이 난다. 그녀의 삶은 온통 잿빛으로 암울하기만 했다. 이 지겹고도 권태로운 삶은 그녀의 직업과는 상관이 없었다. 그녀는 선교사였으며, 자신의 일을 좋아했다. 그녀는 어떤 종류로건 내면세계의 치유를 필요로 한다는 것을 알았다. 그리스도인들은 늘 기쁨과 삶에 대한 열정으로 가득 차 있어야 하기 때문이다. 그러나 그 어떤 것도 그녀에게는 없었고, 그렇다고 꾸며낼 수도 없었다. 어찌할 수 없어 그녀는 마침내 자신의 삶에서 자신을 슬프게 하는 모든 일에 대하여 장황하게 늘어 놓았다. 그러나 어떠한 극적인 변화도 일어나지 않았다. 그녀의 삶은 모든 것이 정상으로 보였다. 어떠한 심각한 위기도 일어나지 않았다. 대체로 여러분이 어떤 사람의 이야기를 경청할 때에 여러분은 마음속에 치유의 관건이 되는 해결책을 느낄 수 있다. 문제는 치유의 열쇠를 언제 얻느냐에 달려 있다. 여러분 마음속에 '그래 바로 이거야, 틀림없어!'라는 느낌이 들 것이다. 그러나 그와 같은 일은 일어나지 않았다. 그런데 우리가 할 수 있는 최선의 방법으로 우리는 그녀의 생각을 사로잡고 있는 쓰라린 과거의 상처에 대하여 기도했다. 그러나 기도가 끝나도 아무것도 변한 것은 없었다. 그녀는 평강, 기쁨, 그리고 진정한 내면세계의 치유 때 수반되는 영적인 자유함, 그 어느 것도 체험할 수 없었던 것이다.

다음날, 그녀는 다시 기도를 받으러 왔고 어제는 아무 일도 일어나지 않았다고 솔직하게 이야기해 주었다. 그래서 우리(바바라 슐레몬과 프랜시스 맥너트)는 다시 그녀에게 우리가 더 기도해 주기를 원하는지 물었다(때때로 어떤 사람은 수치심 때문에 내면세계의 치유의 관건이 되는 근원적인 사건이나 기억을 지나쳐 버리기도 한다). 그러나 그녀는 더 이상 아무것도 생각해 낼 수 없었다. 그래서 우리는 도움이 될 수 있는 통찰력, 곧 '지식의 말씀'을 달라고 주님께 기도하기 시작했다. 기도하는 동안, 바바라에게 열 살쯤 되어 보이는 어린 소녀가 개를 안고 있는 마음의 그림이 떠올랐다. 바바라는 "말도 안 되는 이야기일지도 모르지만, 어쨌거나 내가 본 것을 이야기하죠"라며 말을 꺼냈다. 바바라가 그 그림 이야기를 하자, 그녀는 잊고 있었던 어떤 사건을 생각하게 되었다고 말했다. 그녀가 10세의 어린 소녀였을 때 그녀의 절친한 친구는 강아지였다. 그러나 그 강아지가 늙고 병들자, 그녀의 부모님은 그 개를 데려다가 고통을 없애준답시고 죽여 버렸던 것이다. 어른이 되어서도 그녀는 이 일을 잊지 못하여 넋이 나간 채 "그 늙은 개에게 그 몹쓸 짓을 한 것은 바로 나야!"라고 말하곤 했다. 어린 소녀에게서 그것은 그녀가 가장 신뢰했던 부모님이 그녀의 가장 친한 친구를 빼앗아 죽인 것이나 다름없었다. 만일 여러분이 사랑하고 신뢰하던 사람 때문에 고통스러운 상처를 받는다면, 아마도 더 이상 다시는 그토록 신뢰하거나 사랑하지 않을 것이다. 그래서 어린 소녀인 그녀는 더 이상 그토록 쓰라린 상처를 받기 싫어했고, 그 결과, 그녀는 인생의 희로애락을 더 이상

느낄 수 없게 되었던 것이다.

그래서 우리는 열 살 소녀 때에 일어났던 사건을 위하여 함께 기도했다. 그 다음날, 나는 다음과 같은 아름다운 쪽지를 받았다: "풍성한 생명이 쏟아져 들어오고 있어요. 오, 이 기쁨! 너무나 기뻐 울고싶을 지경이예요. 행복에 겨워 울고싶기는 내 생애 처음 있는 일이예요. 이제 내 존재의 모든 것들이 원기를 회복하고 있어요."

하나님께서 왜 종종 이런 몇 가지 기도를 통하여 치유를 필요로 하는 정확한 사건을 조명하게 하시는지는 일종의 신비다. 나는 하나님께서 자연적인 치유과정을 존중하신다고 믿는다. 그런데 자연적인 치유과정에는 우리의 잠재의식 속에 완전히 숨겨진 사건을 *의식의 빛 속으로 끌어 내어* 하나님께서 우리를 사로잡고 있는 과거의 모든 상처들 때문에 생긴 악영향들을 뿌리채 뽑아 버리도록 해야 하기 때문이다. 하나님께서는 흑암 속에 빛을 비추셔서 이러한 사건들을 잠재의식으로부터 의식의 빛으로 불러 낼 수 있도록 초자연적인 빛을 비추어 주신다. 그렇게 하여 하나님의 초자연적인 능력은 자연적인 치유과정을 강화시키며 가속화시켜 나간다.

처음 기도를 한 뒤에 우리가 믿음으로 기도했기에 치유받았다는 사실을 받아들여야 한다고 그녀에게 말했던 사실이 얼마나 잘못된 것인가를 그때는 깨닫지 못했다. 그녀는 사실, 첫 번째 기도 후에 치유받지 못했다. 성령님께서 우리에게 우리의 기도가 필요한 그 구체적인 상처를 보여주신 뒤에야 그녀는 치유받았다.

질병의 구체적인 뿌리를 알지 못하는 것 또한 사람들이 '완전한 치유'를 얻지 못하는 이유 가운데 하나다. 대부분의 전도자들이 사람들의 질병이 치유되고 나서도 뒤에 재발하는 이유는 그들이 치유를 계속 견지할 믿음이 부족하기 때문이라고 가르친다. 사실, 그것도 가능한 이유 가운데 하나다. 그러나 치유가 성공을 거두지 못하는 또 다른 이유는 병든 사람에게 있지 않다. 오히려 표면적으로 나타나는 증상의 치유만을 위해서 기도한 치유목회자에게 치유실패의 원인이 있다. 많은 표면적인 증상들은 기도의 결과로 나아졌으나, 심층에 내재된 원인이 해결되지 않고 계속 남아 있는 한, 그 증상들은 나중에 다시 나타나게 된다. 너무 성급하게 사람들에게 믿음이 부족하다고 탓하지 말 일이다. "부루투스여, 잘못은 별에게 있지 않고 졸개인 우리 자신에게 있다네."²

이것은 우리가 실패할 때마다 우리 자신보다는 누군가 다른 사람을 비난하고픈 우리의 인간적 경향성을 여실히 드러내 주는 또다른 예일 뿐이다.

6. 잘못된 진단

때때로 의사들의 질병오진으로 적절한 약과 처방을 내리지 못하는 것처럼, 치유목회자도 분별력이 부족하면 가끔씩 치유에 실패하기 마련이다.

구체적으로 말해서, 우리가 가장 일반적으로 찾아볼 수 있는 실패는 다음과 같다:

> (1) 내면세계의 치유가 근본적으로 필요할 때, 육체적인 치유를 위하여 기도하기.

(2) 내면세계의 치유가 근본적으로 필요할 때, 악령으로부터의 구출을 위하여 기도하기.

(3) 귀신축출 사역이 근본적으로 필요할 때, 내면세계의 치유를 위하여 기도하기.

예를 들면, 우리 팀은 페루의 한 젊은 여인의 우울증 치료를 위하여 내면세계의 치유를 비는 기도를 드린 적이 있다. 그녀는 여지껏 아버지도 모른 채 자라왔으며, 어린 시절 잇따른 성폭행 상처를 지니고 살았다. 그래서 내면세계의 치유가 필요한 것처럼 보였던 것이다. 그러나 기도 뒤에도 그녀의 우울증은 치유되지 않았다. 좀더 자세히 알아본 뒤에, 우리는 어머니가 그녀의 장염을 고치기 위해서 무당을 불러들였던 적이 있다는 사실을 알아냈다. 이 무당은 그녀에게 주문을 외우고 물약 한 컵을 먹였다. 그 즉시로, 그녀는 바닥에 쓰러져서 혼수상태에 있더니 나아서 깨어났다는 것이다. 그래서 우리는 구출사역이 필요한 것을 알았다. 그런데도 우리는 그것을 미처 깨닫지 못했던 것이다. 우리 기도팀이 그녀가 악한 영에게서 자유롭게 되도록 귀신축출을 위하여 기도했더니 그녀는 자유케 되었다. 이 예에서 보듯이, 내면세계의 치유를 위한 기도가 실제로 필요하지만, 그보다 먼저 구출사역을 위한 기도가 필요했던 사실을 알지 못했다. 우리는 온전한 분별력을 갖지 못하여 진단을 제대로 하지 못했던 것이다.

그 뒤 또 이런 일도 있었다. 어떤 기도모임의 한 지도자가 담배를 끊기로 작정했다. 그러나 그는 자신의 의지력만으로는 담배를 끊을 수가 없었다(첫번째 치유유형, 회개). 그래서 친구들이 그의 흡연습관을 고치기 위해서 기도했다(세번째 치유유형). 모두들 그렇게 기도했지만 차도가 없었다. 그는 여전히 담배를 태우곤 했다. 그에 따라 기도모임 인도자들은 그가 "자신의 치유를 주장"하지 못했기 때문에 담배를 끊을 수 없는 것이라고 말해 주었다. 그래서 그는 다음 단계로 자신은 치유되었다고 주장하였다. 그는 자신의 치유를 계속 주장했다. 그러나 동시에 흡연도 계속되었다.

몇 달 뒤, 그는 우연히 내면세계의 치유에 관한 이야기를 듣게 되었다. 이제 그는 자신의 흡연습관이, 흡연은 곧 자유함과 어른스러움을 나타내는 시기였던 자신의 10대 시절과 관련이 있다는 것을 깨달았다. 특별히, 그가 담배를 피우게 된 것은 지나치게 지배적인 아버지의 권위로부터 벗어나는 데 필요한 자유를 상징한다고 생각했기 때문이다. 결과적으로, 흡연습관에서 벗어나기 위해서 그는 내면세계의 치유를 받을 필요가 있었는데도, 친구들은 진단을 잘못하여 다른 종류의 치유를 위하여 기도했던 것이다. 친구들이 그에게 치유되었다고 말했을 때, 그들은 아주 잘못되었던 것이다. 그는 아버지와의 관계를 새롭게 치유할 필요가 있었다. 그러므로 하나님께서는 좀더 근본적인 필요가 해결되고 나서야 비로소 표면적인 문제(흡연)를 치유하시기 시작했다. 하나님께서 곧바로 치유하시지 않고 지체하신 것은 징계가 아니라 오히려 긍휼에서 비롯된 것이었다. 그의 구출사역을 위하여 기도했던 사람들 앞에서 그가 담배를 피울 수밖에 없었던 것은 고통스럽고 당혹스러운 것이겠지만, 이것 때문에 그에게는 어떠한 치유가 필요한지 좀 더 깊이 살펴볼 동기가 형성되었다. 그리하여 그는 하나님께서 자신을 위하여 예비해 두신 치유를 몸소 체험하였다.

훌륭한 의사들과 마찬가지로 우리는 표면적으로 나타나는 증상들 이면에 숨어 있는 원인이 무엇인지를 분별할 수 있어야 한다. 그렇지 못하면 가장 적절한 기도방법을 도무지 알 수 없기 때문이다. 때때로 우리는 정확한 진단을 내리지 못하고 어림짐작으로만 진단하기도 한다. 그러니 사람들이 항상 치유되지 않는 것도 당연할 수밖에.

7. 의학적 치료를 하나님의 치유방편으로 인정치 않음

다른 곳에서도 분명히 밝혔듯이, 나는 의사와 약은 하나님께서 치유를 일으키시는 일상적인 치유도구라고 확신한다. 사실 대부분의 사람들도 그렇게 믿고 있다. 그러므로 구태여 약을 지나치게 변호할 필요도 없다. 구약 외경인 집회서에서는 우리더러 기도한 뒤에 의사에게 인계하라고 분명하게 말한다.

> 그리고 의사를 찾아가거라. 그는 주님께서 내신 사람이다. 너에게 필요한 사람이니, 그를 멀리하지 말아라. 대개 건강은 의사들의 손에 좌우된다. 그들은 그들대로 주님께 기도를 올려 환자의 고통을 덜고 병을 고치는 은총을 빈다. 그렇게 하여 환자의 생명을 건지는 것이다(집회서 38:12-14).

우리의 건전한 상식과 하나님의 계시가 그러한데도 불구하고, 우리는 의학('자연적인 것')을 반대하고 기도('초자연적인 것')만 해야 한다고 고집하는 치유목회자들 이야기를 듣고 있다. 최근에 이런 일도 있었다. 환자 부모나 치유목회자가 믿음의 징표로 인슐린 주사를 맞지 말라고 권면하여 인슐린 치료를 거부한 몇몇 당뇨병 환자가 사망했다는 기사가 보도되기도 했다. 내가 그 환자들의 사망을 직접 확인하기도 했다. "그 열매로 그들을 알 것이다": 만일 그 사람이 하나님으로부터 오직 기도만 의지하고 의사는 의지하지 말라는 영감을 진짜 받지 않았다면, 이러한 행동은 아주 거짓된 교리다.

요즈음 성령의 은사를 재발견하고 있는데, 몇몇 사람들은 그 도가 지나친 나머지 성령의 역사를 잘못 이해하거나 지나치게 단순화시켜 버리는 경향이 있다. 치유도 예외가 아니다. 오순절 운동의 역사가 이를 잘 증언해 주고 있다:

> 오순절 운동 발생 초기에, 거기 속한 교인들은 약을 복용하거나 의사의 진찰을 받는 것을 죄로 여겼다. 오순절 교단의 설교가인 브리톤이 자기 아들에게 의학적 치료를 하지 못하게 하여 얼마뒤 "약도 못 써보고" 그 아들을 죽게 했다는 보도가 있었다. 몇 년 후 그의 아내도 '의학적 치료를 거부'한 채 사망했다. 처자에게 의학적 치료를 거부케 했다는 이유로 투옥될 지경에까지 처했어도, 브리톤은 결코 자신의 주관을 굽히지 않았다······이러한 의학적 치료 거부의 사례는 예외적인 경우가 아니다. 초기의 많은 오순절 교인들에게는 철칙이었던 것이다.
> 1920년 오순절 성결교회의 조지아 회의에서는 인격적인 불화때문에 첫번째로 분열하여 '회중성결교회'라는 분파가 생겨났다. 분열의 도화선이 된 논쟁의 발단은 신유에 대한 교리였다. 쏘로우와 보울링이라는 두 목회자가 당시 교회에서 일반적으로 수용되던 생각과 다른 견해를 주장하고 나섰다. 쏘로우와 보울링이 결성한 당파는 질병을 치유하기 위하여 의학적 처방전과 약을 사용해도 죄가 되지 않는다고 주장하였다. 한편 브

리톤과 테일러가 이끌던 다른 당파는 "그리스도께서 육신의 치유를 위하여 십자가에서 돌아가신 속죄 사건을 통하여 우리는 완전한 치유를 체험할 수 있게 되었기 때문에, 질병을 완치하기 위하여 하나님의 치유행위를 보완하려는 어떠한 인간적인 수단도 사용할 필요가 없다"고 주장하였다.

1920년, 교회는 재판을 열어 쏘로우와 보울링에게 출교 결정을 내리는 위기를 맞게 되었다.[3]

점점 광신자들은 하나님께서 '초자연적인' 능력으로 창조하신 세상을 거부하였다. 이러한 그릇된 반대 때문에 아픈 사람만 손해를 입게 되었고, 종교와 과학 사이에 상호불신의 골만 더 깊이 패이게 되었다. 또 의사들과는 불필요한 논쟁만 야기시켰다.

8. 건강유지를 위해 자연적인 도구를 사용하지 않음

사람들은 의사가 하는 말에는 크게 신경을 쓰면서도, 생활 속에서 건강을 지켜나가는 데 필요한 평상적인 방법은 무시하려 든다. 만일 우리들이 건강에 관련된 자연적인 법칙들을 무시하고 우리 몸을 혹사시킨다면, 과로로 건강을 해치게 될 것이고 우리의 기도도 소용없게 될 것이다. 특히 내가 생활 속에서 느낀 특기할 만한 점이 있어 소개하려고 한다. 내가 감기나 다른 병에 걸리더라도 집회에 참석해야 될 때에는 기도만 하면 늘 고침을 받곤 했다. 그러나 과로하게 되고 마침 집회일정도 잡혀 있지 않아 한가한 때에는, 기도해도 감기가 재깍 떨어지지 않고 여러 날 동안 앓았다. 이것은 마치 우리 육체가 쉼을 필요로 하며, 하나님께서는 이러한 환경을 통해서도 다음과 같이 말씀하시는 것과 같다: "알맞은 운동과 쉼으로 몸의 균형을 유지하여라. 너희 몸을 돌보지 않으면 특별한 수단을 다 동원하더라도 질병에서 치유되기를 기대하지 말아라. 나는 너희가 삶을 균형있게 유지하는 법을 배웠으면 좋겠다. 너희는 너희 자신의 몸을 거스려 죄를 짓고 있구나."

이와 비슷하게, 좀더 중병에 걸린 경우라도, 그 질병이 일반적인 건강수칙들을 준수하여 치유될 성질의 것이라면 그 규칙들을 잘 지켜야 할 것이다. 이 경우에도 치유를 위한 기도가 별 효과를 거두지 못할 것이다. 병든 이는 오히려 자신의 생활양식을 새롭게 정돈해야 한다. 내가 만일 지나친 걱정 때문에 두통이 생겼다면, 또는 내 몸이 견디기 힘든 극한 상황에 이르도록 무리하게 일하여 과도한 긴장으로 고통을 겪고 있다면, 내 삶을 바꿀 필요가 있다. 그러면 자연스럽게 치유될 것이다. 여러분이 즉석식품을 사먹고 담배를 피우고 운동을 하지 않는다면, 훈련이 부족해 골골거리는 것을 기도가 보상해 주리라고 늘 기대해서는 안 된다.

9. 지금은 때가 아니다……

어떤 이유 때문인지는 잘 모르지만, 여하튼 흔히 치유가 일어나기에 가장 좋은 시기가 있는 것 같다. 그리스도께서는 우리가, 끈질긴 과부처럼, 처음에는 아무런 일이 일어나지 않더라도 계속 기도할 것을 요구하신다. 치유기도에는 기본적으로 네 가지 시간적 연속성이 있는 것처럼 보인다.

 (1) 어떤 치유는 *곧바로* 일어난다.
 (2) 어떤 치유는 *지체된다*. (한번은 토요일 오후에 어떤 환자를 위해서 기도했는데, 다음주 월요일에 치유된 적도 있었다.)
 (3) 어떤 치유는 *점진적으로* 일어난다.
 (4) 어떤 치유는, 적어도 육체적 단계에서는, *전혀 일어나지 않는다*.

만일 하나님께서 치유를 비는 우리 기도에 곧바로 응답해 주시지 않는다고 할지라도, 실망할 필요는 없다. 아마도 지금은 하나님의 때가 아닐지도 모르기에.

10. 특이한 사람만 치유의 도구가 되어야 한다

아마 나에게만 영적 분별력이 있어 특정 환자를 위하여 기도해 줄 수 있는 것은 아닐 것이다. 나는 그 사람과 인간적으로 아무런 유대관계도 없을 뿐만 아니라, 강한 믿음도 갖고 있지 못하며, 치유목회를 전문으로 하는 사람이 아닐지도 모른다. 나 자신이 아픈 이들을 모두 치유하는 적합한 목회자가 아니다. 그런 데에는 몇 가지 이유들이 있다. 때때로 나 이외의 다른 사람들도 이 일을 감당할 수 있도록 치유를 위한 기도훈련을 시킬 수 있는 준비를 해야 할 것이다. 몇 년 전 내가 치유 세미나를 개최할 때만 해도, 하나님께서 올바른 치유도구를 선택하시도록 그분께 기꺼이 내어맡기는 이런 태도가 가장 분명하게 지적되었다.

  그 치유집회에서 한 여인을 악마의 속박에서 구출하기 위하여 몇 시간을 기도한 적이 있다. 엄청난 시간과 정력을 소모하고서도, 큰 진전을 볼 수 없었다. 그런데 치유목회자인 내 친구 밥 카브너가 이 여자를 위하여 오래 전부터 기도해 왔을 것이라는 느낌이 들어 그에게 장거리 전화를 했다. 아니나 다를까, 나는 그에게서 필요한 도움을 얻을 수 있었고, 그녀는 치유되었다.

  이런 일도 있었다. 밥 카브너와 그의 치유팀이 한 남자를 놓고서 기도하고 있었는데, 치유기도팀 가운데 한 사람이 환상 중에 가슴에 큰 못과 많은 작은 못에 깊숙이 찔려 있는 모습을 보았단다. 이들이 기도하자 못이 약간 빠지기도 했지만, 완전히 빠지지는 않더란다. 기도 가운데 이들은 4일째 되는 날에 흔히 말하는 내면세계의 치유기도를 드리면 그 못들이 빠질 것이라는 사실을 깨달았다. 그 당시 이들은 내가 4일째 되는 날에 그곳에 들를 것을 모르고 있었다. 4일째 되는 날, 내가 그 남자의 치유를 비는 기도를 드리자 이들의 예언은 맞아떨어졌다. 이처럼 어떤 경우에는 내가 아니라 밥 카브너가 치유를 완성시키는 데 적절한 인물이었고, 또 어떤 경우에는 밥 카브너가 치유기도를 시작했지만 나를 통하여 그 치유가 완성되기도 했다.

  오직 치유를 행하시는 하나님께서 우리를 불러 주시고 치유를 위한 하나님의 도구로 사용하실 때에만 우리의 치유기도가 응답될 것이다. 예수님은 치유자시며 때를 따라 다른 사람들을 사용하신다. 그러므로 주님께서는 나를 쓰시지 않고 다른 사람을 사용하시는 때도 있음을 알기에, 나는 그분 앞에서 겸손할 필요가 있다. 만일 내가 아픈 이들에게 늘 도움을 줄 수 없다고 할지라도 나는 죄책감을 느끼지 않는다. 오히려 그보다는 병든 이를 어디로 보내어 도움을 받을 수 있게 할 것인가를 알아내는 영적인 분별력을 얻기 위하여 기도할 뿐이다.

11. 귀신의 방해

현대를 살아가는 지성인들에게 이런 말이 이상하게 들릴지도 모르겠다. 그러나 우리는 육체적인 치유나 내면세계의 치유가 막히는 한 가지 이유가 귀신의 방해 때문임을 알아냈다. 특히 그 사람이 점성술에 관련되었다면, (그런 경우에는, 우리가 "귀신들린 사람의 치유"라는 장에서 해준 조언을 따르라.) 이것과 관련해서 치유를 방해하는 두 가지 장애물은 저주와 세대간의 속박이다.[4]

1) 저주

다시 말하지만, 이것은 중세 시대의 케케묵은 이야기로 들릴지도 모른다. 하지만 우리는 이따금, 그것을 인식하지도 못하는 선한 사람들까지도 포함해서, 사람들이 마법사나 부두교 주술사들에게 저주를 받았음을 알게 되었다.[5]

이것이 아주 두드러지게 나타난 경우는, 우리 팀이 영국에서 양쪽 귀가 울리고(이명증) 오른쪽 귀가 아픈 한 목회자를 위해서 기도하고 있을 때였다. 그 때 분별의 은사를 지닌 우리 팀원 가운데 한 명이 나에게 그가 허약의 영에 사로잡혀 있다고 귀뜸해 주었다. 우리가 그를 자유롭게 하기 위하여 기도할 때 즉각 반동이 있었다. 그와 그의 가족이 2-3년 전에 아프리카에서 의학적으로 설명할 수 없는 질병에 걸려 돌아왔음이 밝혀졌다. 분명하게 일어난 것은, 그 지역 마법사가 그들을 저주했다는 사실이다. 그 목사와 그의 온 가족을 위하여 몇 시간의 치유예식을 베풀자, 여러 영이 떠나고, 양쪽 귀의 울림과 오른쪽 귀의 통증이 그쳤다.

최근 두세 명의 의학박사들이 이런 류의 현상들을 연구하기 시작하였다. 예컨대, 래리 도세이 박사는 이른바 '악한 눈'에 대하여, 그리고 하와이 마법사 '카후나'와 그들이 죽어 마땅하다고 결정한 사람들에게 퍼붓는 저주 곧 죽음의 기도에 대하여 썼다. 카후나가 멀리서 저주를 보내면 종종 희생자들은 자신이 무엇을 하고 있는지조차도 모르는 걸 보니, 암시의 능력보다 훨씬 더한 무언가가 작동하는 것 같다.[6] 하와이 사람들은 이런 식으로 저주를 받은 사람들이 다리까지 마비되면서 기어다니기 시작하다가 죽는다는 것을 잘 알고 있다.

대부분의 전통적인 문화들은 저주의 능력을 잘 알고 있다. 그리고 그들은 그리스도인들이 질병과 죽음까지도 자아내는 이런 능력을 깨뜨림으로써 치유를 가져올 수 있기를 기대한다.

2) 세대간의 속박

어떤 질병과 관련해서는 세대간에 전해내려 오는 것 같은 이유들도 있다. 어떤 것은 순전히 유전적이어서, DNA의 형태로 수반된다. 적혈구성 빈혈 같은 그런 질병을 놓고 볼 때, 우리는 질병 그 자체를 위해서도 기도해야겠지만, 아픈 사람이나 또는 자녀들이나 후손들에게 되물림될 수 있는 그 질병의 유전적 소인을 깨뜨리기 위해서도 기도해야 한다. 또 알코올 중독처럼 몇몇 중독에서는, 우리가 치유기도를 드려주어야 할 정도로 유전적으로 취약한 어떤 인종이나 가족이 있는 것 같다. (나의 아일랜드 조상들이 여기에 딱 해당되는 것 같아서, 나는 우리 가족 안에 그것이 되물림되지 않도록 기도해 오고 있다.)

이렇게 세대간에 치유가 필요하다는 일반적인 사례는 가계도 안에 있는 누군가가 마녀나 마술사 같은 점성술에 깊이 관련되어 있을 때이다. 속박은 깨어지거나 현 세대의 건강에 영향을 미칠 때까지 계속되는 것 같다. 언젠가 내 경험으로는 자기 가족의 오래된 조상 가운데 고대 켈트족 드루이드 성직자가 있던 한 여성이 우리가 그 영향력으로부터 풀려나게 해달라고 기도했을 때 심각한 정서적 문제들로부터 놓임을 받은 적도 있다. 또다른 여성은 왜 문제가 치유되지 않는지를 따져보았더니 17세기 영국에 살던 한 조상이 드린 악마의 미사까지 드러나기도 하였다.

12. 사회 환경이 치유가 일어나는 것을 가로막는다.

우리는 사랑의 공동체 속에서 살아가도록 되어 있기에, 우리가 필요로 하는 어떤 치유는 우리가 맺고 있는 인간관계와 사회가 치유되어야만 일어날 수 있다. 이 책에서, 플로르 부인의 딸 마리아가, 여러 번 기도를 받았음에도 불구하고, 왜 치유되지 않다가 플로르 부인 자신이 내면세계의 치유를 경험하고 나서야 비로소 치유되었는가를 간증한 내용을 읽어 보았을 것이다. 증오와 나쁜 인간관계도 모든 종류의 질병을 발생시키며 그 질병의 근본원인이 해결되기 전에는 치유를 위해서 기도해도 사람들이 치유되지 못한다. 우울증과 근심으로 고통을 겪는 기혼자가 치유를 호소해 왔는데, 그 증세가 가정 안에 상존하는 긴장된 관계에서 생겨난 문제의 일부분임이 분명할 때에는, 기도를 해도 문제의 일부분만 치유할 수 있을 뿐이다. 정서적으로 불안한 증세를 내보이는 아이를 고쳐 달라고 어머니가 데리고 왔을 때, 그 가족 구성원 전체가 이전보다 화목한 관계를 맺기 전까지는 문제 전부를 다루지 못한다는 사실을 인식해야 한다. 우리 사회에 만연된 많은 질병이 상처입은 인간관계 때문에 생겨난 것이기도 하다. 이러한 문제는 더 큰 차원의 관계가 치유되고 사람들이 서로 온전한 사랑을 주고받는 그리스도교 공동체가 될 때만 치유될 수 있다.

이 모든 것 너머에, 우리 세상에는 일반적으로 악과 병이라는 거대한 짐이 있다. 그것이 바로 마침내 죽음 안에서 느슨해지는 삶으로 끝나는 엔트로피 법칙이다. 나사로마저도, 예수님께서 죽음으로부터 다시 살리셨지만, 결국 죽었다. 평화가 그리스도교의 목표라는 것을 알고 있기에, 전쟁 동안에도 우리는 평화를 위하여 기도드린다. 하지만 우리는 우리의 외로운 기도에는 평화가 현실로 다가오기 전에 그것에 추가되어야 할 다른 기도가 엄청 많이 필요할 거라는 사실을 알고 있다.

이 엔트로피와 관련하여, 우리는 우리 몸에 끼치는 세대와 시간의 영향력을 진저리나게 경험한다. 이생에서 우리는 영원히 살지 못할 것이다. 그렇지만, 나는 여기서도 (그리고 내가 그것을 체험했듯이) 기도는 우리가 달리 기대했던 것보다 더 좋은 건강을 가져다주리라고 생각한다.

또 어떤 질병이나 결함은 더 심각해서 더 많은 기도와 더 창조적인 기적을 요구하기도 한다. 예컨대, 만일 여러분의 등뼈가 오토바이 사고로 심각한 부상을 입었을 경우, 또는 다운증후군에 걸린 자녀가 있을 경우, 그런 류의 치유는 더 드물게 일어나고 시간도 오래 걸린다. (나는 개인적으로 치유된 두 명의 다운증후군 자녀들을 알고 있다.)

나는 대부분의 독자들이 사람들이 치유받지 못하는 여러 이유들을 일일이 기억하기를 기대하지는 않는다. 사람들이 기도해도 치유받지 못하는 이유가 *한두 가지 때문이 아니라*는 사실을 깊이 아는 것이 중요하다. 믿음의 부족만이 질병이 치유되지 않는 유일한 이유는 아니다. 치유되지 않는 질병이 있다는 사실을 인정하는 치유목회자 가운데는 치유되지 않는 질병은 하나님의 축복이라며 치유기도를 하는 것에 대해 죄책감을 느끼게 만드는 이들이 있는데, 이것은 지나치게 단순화된 사고에서 나온 잘못된 견해다. 이런 생각을 갖고 있는 이들은 또 다른 문제를 일으키고야 만다. 기도에 대하여 극단적인 신뢰를 갖고 있는 듯한 사람들뿐만 아니라 지적이며 솔직한 사람들까지도 기도해도 치유되지 않는 이들이 많음을 보고 치유의 전체적인 개념마저 의심하도록 만들어 버린다.

치유목회는 아마도 가장 드라마틱하며 우리에게 향하신 하나님의 사랑을 가장 아름답게 보여주시는 일일 것이다. 우리는 사실을 과장할 필요가 없다. 그렇다고 의학계로부터 치유 사실을 무시당할 필요도 없다. 만일 우리가 치유에 관한 모든 해답을 다 갖고 있다고 생각한다면, 그것은 하나님이 비추시는 치유의 빛을 막아 버리는 것과 다름없다. 치유는 하나님의 사랑에서 비롯된 하나의 신비라고 말할 수 있다.

여러분이 치유교역에 쓰임받고자 한다면 늘 열린 마음이어야 한다. 그렇지 않으면, 쓰임받을 수 없다. 여러분은 하나님의 신비하신 현존 속에 깃들어 있다. 어린아이처럼, 전적으로 천진난만하게, 하나님의 지혜를 기다려라.

8
의학과 치유

　　　　　　　　　　　내가 이 책을 처음 쓴 지 벌써
25년이 지났다. 그 사이에 영성과 치유에 대한 의학계의 태도에 예사롭지 않은 긍정적인 변화가 있었다. 당시 초창기에는 의사들이나 (그리고 성직자들에게도) 나를 소개할 때 치유기도를 해주는 사람이라고 하면 다들 별별 의심섞인 추측을 해대는 통에 일하기가 참 녹록찮았다. 많은 의사들은 환자들이 처방을 미루고 죽기까지 하는 것을 보며 화를 냈다. 성령운동을 하던 열성파 부흥사들이 당신들은 기도를 통하여 고침받았으므로 '누워 있는 증상'을 부인해야 한다고 부추겼기 때문이다. 나는 그 의사들을 비난할 생각이 없다. 정신의학자들은 종교를 '목발' 정도로 보고 자신들의 상담실에서는 하나님에 관하여 언급하고 싶지 않아했다.

　과학과 종교 사이에 이런 대립은 늘 그러지만은 않았다. 예를 들면, 기도와 의학이 어떻게 힘을 모을 수 있는지에 대한 놀라운 사례는 기원전 2세기까지 거슬러 올라간다. 그 때까지만 해도 의학은 초보단계였고 한의사 정도의 기술밖에 없었다. 집회서는 가톨릭 성경에는 있지만, 개혁전통의 성경에는 뒷부분에 외경으로 들어 있다. 여러분이 그것을 성령의 영감으로 씌어진 책이라고 믿든지 안 믿든지 간에, 저자 시락은 유대교 사람들이 예수님 탄생 직전에 무엇을 믿었는지를 다음과 같이 보여준다:

의사를 존경하여라. 너를 돌봐 주는 사람이요, 또한 주님께서 내신 사람이기 때문이다. 병을 고치는 힘은 지극히 높으신 분으로부터 오며, 의사는 왕으로부터 예물을 받는다. 의사는 그의 의술로 높은 지위를 얻으며, 고관들로부터 존경을 받는다. 주님께서 약초를 땅에 나게 하셨으니 지혜로운 사람은 그러한 것을 가벼이 여기지 않는다. 주님께서도 옛적에 자신의 힘을 사람들에게 보여주시려고 나무를 던져 물을 맑게 하시지 않았느냐? 주님께서는 또 사람들에게 지식을 주시어 하나님의 위대한 업적을 찬양하게 하셨다. 의사는 약을 써 사람들의 병을 고쳐 고통을 덜어주고 약제사는 약초를 섞어 약을 조제한다. 주님께서는 자신의 사업을 그치지 않을 것이며, 그분의 평화는 온 세상에 내릴 것이다.

들어라, 너는 병 중에서 주님을 떠나지 말아라. 항상 기도하면 주님께서 고쳐주실 것이다. 나쁜 짓을 피하고 네 손을 깨끗이 하여라. 네 마음에서 모든 죄를 씻어버려라. 향과 고운 밀가루 제물을 드리고 풍성한 제물을 아낌없이 바쳐라.

그리고 의사를 찾아가거라. 그는 주님께서 내신 사람이다.

너에게 필요한 사람이니, 그를 멀리하지 말아라. 대개 건강은 의사들의 손에 좌우된다. 그들은 그들대로 주님께 기도를 올려 환자의 고통을 덜고 병을 고치는 은총을 빈다. 그렇게 하여 환자의 생명을 건지는 것이다. 사람이 죄를 지으면 창조주의 눈에 거슬리게 되니 의사의 신세를 지게 마련이다(집회서 38:1-15).

우리는 그 모든 것을 갖고 있다. 곧 하나님께서는 의사의 기술을 통해서 그리고 약을 통해서도 고치신다는 인식뿐만 아니라 치유기도에 대한 믿음도 갖고 있다. 의학과 기도는 대립되는 것이 아니다. 의사, 간호사, 약사, 그리고 치유의 은사를 받은 사람 모두가 하나님의 치유 팀을 형성하고 있다.

의학과 유대-그리스도교 사이의 이런 긍정적 관계는 중세기 초엽까지만 해도 지속되었다. 그 당시 그리스도교 저자들은 하나님께서 성경에 영감을 불어넣으셨을 뿐만 아니라 '자연의 책'까지 쓰셔서 우리가 그 자연 속에서 하나님의 위엄과 아름다우심과 창조적인 지혜를 엿볼 수 있게 하셨다고 믿었다. 과학과 성경, 자연적인 것과 초자연적인 것, 그 둘 다 하나님의 창조물 가운데 일부라고 여겼다. 성경의 진리가 과학의 진리와 반대일 것이라고는 상상도 할 수 없었다.

그러다가, 우리가 알고 있듯이, 종교와 학문 사이의 불화가 르네상스 때부터 시작되었다. 당시 갈릴레오는 태양이 지구를 중심으로 돈다는, 다시 말해서 지구가 우주의 중심이라는 전통적인 믿음을 반박했다. 불행하게도 그 당시 성서 전문가들은 (여호수아가 태양을 명하여 서라고 했던 때를 상기하며) 성경도 태양이 지구를 중심으로 돈다고 가르친다고 선언하였다. 그 때부터 죽, 최근 벌어지고 있는 진화론과 창조론 논쟁에 이르기까지, 그 분열의 골은 더 넓어져 왔다.

그러나 최근 이삼 년 동안, 우리는 영성과 과학이 놀라운 동반자 관계로 돌아가는 과정이 급속도로 빨라지고 있음을 보고 있다. 예를 들면, 지금 의대에서는 영성에 대하여 배우는 과정이 있다.[1] 최근 이삼 년 전만 하더라도, 이런 것은 생각도 할 수 없었을 것이다. 영성은 지금 텔레비전 프로그램이나 서점에서 중요한 주제이다. (명실공히, '영성'은 모든 것을 포함한 용어이다. 영성은 선험적인 삶의 이해를 다 품어 버린다.)

1. 영성과 건강

최근에 나는 감사하게도 수많은 두뇌 집단들의 모임에 참석할 기회가 있었다. 그 모임들에서는 과학자들이 서로 만나 영성과 건강의 관계에 대하여 대화를 나누고 있었다. 그 모임들에서 과학자들은 영성에 대하여 놀라울 정도로 긍정적인 태도를 취하고 있었다. 이제 거기서 드러난 내용들을 여러분과 몇 가지 나누고 싶다:

1) 종교는 우리 건강에 좋다.

수백 가지 연구를 통하여 이제 완벽하게 밝혀진 사실은, 교회에 다니거나 다른 종교활동을 하는 사람들이 더 오래 살거나 일반적으로 평균 이상으로 더 좋은 건강을 지니고 있다는 것이다.

2) 묵상과 기도는 스트레스를 누그러뜨린다.

스트레스 감소를 통한 건강 증진에 묵상과 기도가 엄청난 가치가 있다는 연구는 이제 널리 받아들여지고 있다. 특히 하버드대학교의 허버트 벤슨은 우리가 "하나님께 전보를 받는다"는 말로 유명해졌다.² 질병의 80% 가량이 스트레스로 유발되기에, 묵상과 기도는 고혈압이나, 심장병이나, 기타 스트레스 관련 질환을 감소시킬 수 있다.

3) 사랑과 공동체

수년 전, 존스홉킨스대학교의 제임스 린치 박사는 〈상한 마음〉이라는 책을 썼다. 그 책에서 그는 정서적으로 '상한 마음'이, '잔혹한 바바라 앨런'에 대한 고대 민요에서처럼, 때이른 죽음으로 몰고 갈 수도 있다는 민속적 지혜를 과학적으로 뒷받침해 주었다. 우리 문화 속에 깃들어 있는 외로움도 우리 건강을 해칠 수 있기에, 요즘 연구자들은 개인적으로나 지지적 공동체 안에서나, 사랑받는 것의 가치를 연구하고 있다. 의사인 레오나드 래스코우 박사는 사랑이 치유를 도울 수 있다는 사실을 발견하고서는 너무 흥분한 나머지, 사랑의 가치에 대한 연구에 전적으로 시간을 바치기 위하여 의사직을 그만 두기까지 하였다!

요즘 위에서 말한 접근들은 의학적으로 확인해 본 결과, 모두 조사해 볼 만한 가치가 있는 것으로, 그리고 우리가 알고 있듯이, 그것은 그리스도교 입장에서도 다 적용이 가능한 것으로 보인다. 확실히, 예수님의 가장 큰 계명은 하나님과 우리

동료 인간들을 사랑하라는 것이었다. 의심이 많은 여러분도 이 모든 결과물을 받아들이는 데 어려움이 없을 수 있다. 여러분은 세례받은 사람이 담배 때문에 유발된 폐암으로 죽을 가능성이 덜하며, 그리고 하루 30분씩 기도를 통하여 고요함을 맛보면 덜 스트레스를 받을 것으로 기대할 수 있다. 영성은 여러분의 건강에 참 좋다.

그럼에도 불구하고, 과학적인 연구를 위해서 '초보적인' 주제라고 여겨지는 '치유기도'와 관련된 태도에서는 아직도 여전히 중요한 변화가 없다. 아마도 그 이유는 만일 여러분이 기도가 사람들을 치유한다는 사실을 발견하면, 여러분은 "참으로 어떤 하나님이 그 밖에 계시는가?"라는 문제에 봉착되기 때문일 것이다. 회의주의자로서 여러분은 어떤 사람들이 기도로 치유받은 이유는 암시의 힘, 곧 '플라시보 효과' 때문이라고 인정할 수도 있다. 그러기는 쉽다. 그러나 그 이상의 것이 있을 수도 있다고 생각하는 것은 도전이다. 우리 삶 속에 존재하시는 어떤 하나님이 진짜 계시는가?

4) 기도는 치유한다.

래리 도세이 박사는 꼭 그리스도교 기도뿐만 아니라 일반적인 기도의 유익에 대해서까지도 폭넓게 글을 썼다. 그는 의사들에게 치유기도의 가치를 위하여 과학적 증거를 조사하라고 도전한다. 그는 "우리 이러다가 기도를 무시하는 의사가 의료과실로 유죄판결을 받는 지경까지 이르게 할 것인가?"라고 급진적인 질문을 내던지기도 하였다.[3] 도세이 박사는 먼 거리에서 드리는 기도의 효과에 대하여 조사연구했던 것처럼, 매혹적인 화제에 관하여 글을 쓴다. 그의 책은 널리 읽혀졌지만, 아직도 내 생각에는 의학계가 그의 견해를 찬성할 준비가 안 되어 있는 것 같다.

하지만 이 책에서 나누고 있는 우리의 화제, 곧 그리스도교의 치유기도는 어떤가? 이것은 '대체의학'이나 (아니면 더 좋은 말로, '보약')이라고 알려지게 된 진짜 새로운 미개척 영역이다. 몇 가지 이유 때문에 그리스도교 치유기도의 가치에 관하여 실시한 연구는 초월명상의 유익에 관해 실시한 연구들 숫자에 비하면, 정말이지, 거의 없다. 아마도 그리스도인들은 "하나님을 시험하는" 것에 관하여 천성적으로 주저하는 것같다. 나는 이것을 절대 하나님을 시험하는 것이라고는 보지 않는다.

이것을 치료하기 위하여 우리 그리스도교 치유목회연구원은 연구의사 데일 매튜스 의학박사와, (플로리다의 클리어워터에 있는 관절염 통증처방센터를 이끌고 있는) 샐리 말로우 수습간호사와 함께 일하면서 과학적인 연구를 수행해 왔다. 우리는 일부러 우리의 기도 분야로 (적어도, 현재는) 의학적으로 불치병이라고 하는 류마티스 관절염을 선택하였다. 우리 치유 팀들은 40명의 환자들을 위해 기도했고, 저마다 3일 간격으로 1년 동안 진행하였다. 제한을 두기 위하여, 환자마다 아홉 개의 관절에서 통증을 느껴야 했고, 그 가운데 여섯 개는 측정할 수 없을 정도로 부어올라야 했다. 결과는 예사롭지 않았다. 대부분의 환자는 고통이 줄어드는 것을 경험하였고, 구부리거나 부어오르는 문제에서도 대다수에게 큰 변화가 있었다. 여러 명이 완치되거나 거의 완치에 가까울 정도로 치료되었다. 주목할 만한 사실은 기도가 끝난 뒤에도 계속 더 호전되어 갔다는 점이다! (약은 약을 멈출 때 호전도 멈추는 법인데.) 샐리 말로우는 관찰해 보고 "기도가 프레드니손보다 낫다!"고 말했다. (프레드니손은 부신피질 호르몬제로서 관점염으로 고통당하는 사람들이 복용하는 중요한 통증약 가운데 하나이다.) 매튜스 박사는 〈신앙의 신비〉[4]라는 책에서 "기도는 의사와 약만으로는 할 수 없는 것도 치유할 수 있다."고 분명히 내보이기도 하였다.

우리의 관절염 연구에서 현저한 치유를 보인 사람 가운데 한 명은 매튜스 박사가 마이크라고 부르는 사람이다:

> 65세 남성인 마이크는 20대였을 때 류마티스 관절염으로 진단을 받았습니다. 그 사이 수십 년이 흐르면서, 아픔과 고난과 의학적 처방이 줄곧 되풀이되었지요. 많은 류마티스 관절염 환자들처럼, 마이크도 프레드니손부터 시톡산에 이르기까지 별별 약을 다 써보았습니다. 외과수술이나 육체적 치료과정도 되풀이되었습니다. 그러면 한순간은 잠시 누그러졌다가 다시 나빠졌습니다.
>
> 마이크는 치유모임이 처음 시작될 때만 해도 지팡이를 짚고 뻣뻣하게 걸었습니다. 그는 손에 심각한 통증을 느끼고 있었고, 수도 없이 수술을 받아 왔지요. 치유를 위하여 많은 시간 기도와 안수를 받은 뒤, 마이크는 극적인 결과를 보고했습니다. "보세요, 오늘은 지팡이가 없잖아요!"라고 말했지요. "엊그제까지만 해도 지팡이 없이는 걸을 수 없었어요. 근데 오늘 내 상태가 너무 좋아요. 한두 밤 자기 전까지만 해도 이렇게 할 수가 없었거든요!"
>
> 연구에 참여한 많은 환자들처럼, 마이크도 구부리기가 한결 좋아졌고 손의 통증도 줄었다는 것을 알아챘습니다: "내 손에 통증이 굉장했어요. (치유기도 팀의 한 구성원인) 린이 나와 함

께 기도를 드린 뒤 내 손을 잡아주었지요. 따뜻한 느낌을 감지할 수 있었어요. 마치 에너지가 전율을 일으키며 손 아래로 내려가는 것 같았어요. 그러더니 그렇게 심하게 아프던 손의 통증이 사라졌어요. 오늘 저녁식사를 먹으면서 컵과 잔을 맘대로 들 수 있었어요. 까다로운 손잡이가 있는 그런 컵들을 들라치면, 금방 엎지르곤 했는데."

마이크가 자신을 영적인 사람이나 종종 교회에 나가는 사람으로 묘사할지라도, 그는 어떤 기대도 하지 않고 연구에 동참해 왔습니다. 씩 웃으면서, 그가 하는 말, "여기 뭔가 불가사의한 게 진행되고 있어요. 전 그게 너무 좋아요!"

그에게 류마티스 관절염을 야기시켰던 고통과 장애가 제거된 뒤, 마이크는 요즘 신나서 펄쩍펄쩍 뛰어다니고 있습니다.

첫번째 치유기도 기간이 끝난 뒤 열 달이 지났건만, 마이크는 두드러질 정도로 계속 좋아지고 있다고 보고합니다. 사실, 그는 고통을 전혀 못 느낀 채, 관절염 약 하나도 없이 지낼 수 있습니다. 그는 요즘이 과거 그 어느 때보다 더 좋다고 말합니다.[5]

비록 과거에도 (폴 투르니에 박사나 윌리엄 스탠디쉬 리드 박사처럼) 기도의 가치에 대하여 말하거나 글을 쓴 의사가 두세 명 있긴 있었지만, 나는 요즘이야말로 바야흐로 과학과 그리스도교 사이의 거짓된 대립이 마침내 무너질 새 시대가 진짜 도래한 것 아니냐는 느낌을 지울 수 없습니다. 이미 대화는 시작되었습니다.

나는 수술 전, 수술 중, 수술 뒤에 환자를 위하여 기도하는 의사들을 몇 명 알고 있다. 나에게는 특권이라 할 수 있다. 아름다운 일은, 그들도 의학기술로는 어찌할 수 없는 한계에 도달했을 때 기도를 통하여 치유가 일어나는 것을 보았다는 것이다.

때로는 의사들, 친척들 또는 친구들이 우리에게 병원을 방문하여 환자를 위해 기도해 달라는 요청을 해오기도 한다. 그러면 어떤 때는 수술이 성공적으로 끝나기도 하고, 어떤 때는 종양이 없어지거나 병이 다 나아서 수술할 필요가 없어지기도 했다. 쎄인트루이스 기도그룹에서 기도해 주었던 첫번째 환자는 성대에 작은 혹이 생겨 수술을 기다리고 있던 젊은 여자였다. 의사들이 수술에 앞서 그녀의 후두를 진찰했을 때, 그 혹들은 사라지고 없었다.

다음 이야기는 우리가 일상적으로 보아온 하나님의 섭리 가운데 의학과 기도가 함께 사역하는 전형적인 내용이다:

나는 1972년 3월 13일에 외과수술을 받았습니다. 1주일 뒤, 3월 20일에 나는 엑스레이 판독결과 지난번 수술 때 꿰맨 결장의 연결부위에서 황산바륨이 새고 있다는 소식을 들었습니다. 만일 2, 3일 안에 저절로 낫지 않으면 임시조치로 결장절개 수술을 해야 하고, 그 뒤에도 두 번의 추가수술을 받아야만 하는 상황이었습니다. 다음날 밤, 프랜시스 맥너트 박사님이 병원으로 심방을 오셨습니다. 약 20분간 조용하게 말씀을 전하신 뒤, 우리는 10분 정도 함께 기도하였습니다. 나중에 새벽 1시가 막 지났을 때, 나는 프랜시스 맥너트 박사님이 "대장 내의 모든 통로가 열리게 해달라"고 간청하는 기도를 들었습니다. 나는 내가 곧 완쾌되리라는 확신을 갖게 되었습니다. 아침 7시경, 수술을 담당했던 의사는 내 상태가 굉장히 좋아졌고 식사도 미음에서 정상적인 식사로 바꾸겠다고 말했습니다(몇 가지 중간식사 단계를 건너뛰게 된 것이지요). 그 뒤에 수술 이야기는 더 이상 거론되지 않았습니다. 퇴원하기 전에 나는 한 외과수련의에게 내가 완쾌된 것을 어떻게 알 수 있느냐고 물어보았습니다. 그는 다음과 같이 말했습니다: "당신의 체온은 갑자기 정상으로 떨어졌고 백혈구 숫자도 갑자기 정상이 되었어요. 당신도 기억하다시피 우리가 다시 엑스레이를 찍었을 때 바륨이 당신의 장기에서 깨끗하게 제거되어 있었어요." 어떻게 먼저번 엑스레이에서 보였던 바륨이 다시 결장으로 들어갔으며 내 장기로부터 **빠져** 나왔을까? 내게는 아직도 그것이 신비할 따름입니다. 주님, 이렇게 치유해 주시니 찬양과 감사를 드립니다(예수회 사제, 래리 왈쉬로부터).

치유기도와 의학을 대립시키는 것은 상식적으로도 맞지 않다. 하나님께서는 기도를 통하여 직접 치유를 행하실 때도 있지만, 때로는 육체를 괴롭히는 질병을 치료하는 방법을 아는 의사의 도움을 받아 자연적으로 치유되도록 이끄시기도 한다. 폴 투르니에는 다음과 같이 말하고 있다:

> 때때로 환자의 친척들이, 종교적인 이유 때문에, 환자에게 전문적인 의학치료를 받지 못하도록 합니다. 이들은 그가 회개하기만 하면 의학적 치료를 받지 않아도 치유된다고 주장하지요. 그리하여 환자는 적절한 치료를 받지 못하게 됩니다. 또한 환자의 고통은 누군가가 그에게 부과하고자 하는 교리를 환자로 하여금 강제적으로 받아들이게 하는 한 가지 수단으로 이용되고 있음을 깨닫게 만드는 해악을 가져다 줄 뿐입니다. 결국,

그 환자는 믿음으로부터 돌아서 버리지 않을 수 없을 것입니다. 우리에게는 무언가 종교적인 당파와 과학적인 당파 사이의 논쟁 속으로 휘말려 들어가는 것보다 더한 일도 있습니다. 그렇게 하는 것은 믿음을 과학기술에 반대되는 것으로 생각하는 무서운 습관을 영속시키는 것입니다.[6]

어떤 독자들에게는 이러한 사실이 그다지 문제가 되지 않을 것처럼 보일 것이다. 그러나 몇몇 그리스도인들은 환자를 위하여 기도해 주고 나서, 대개는 약 복용을 중단하고 증상을 무시해 버리라고 말하기 때문에 이것을 분명하게 밝힐 필요가 있다. 만일 어떤 개인이 하나님으로부터 약물 복용을 중단하라는 참된 계시를 받았다면, 그것은 좋다. 그러나 일상적인 치유 수단을 거부하는 태도를 일반적인 신앙 원칙으로 정해 놓으면, 치유되지 않는 환자에게는 혼돈과 자책감만 불러일으키고, 그런 것이 의사 편에서는 치유기도를 반대하는 입장만 강화시켜 나갈 것이다.

그러나, 때때로, 정말 일어나는 일이 있다. 곧 치유기도를 부탁해 오는 사람들이 영감을 받아 먹던 약을 끊거나, 증상이나 고통은 그대로 남아 있는데도 마치 자기 병이 다 치유된 것처럼 행동하는 것이다. 앞에서 말한 여성의 경우가 그랬다. 그녀는 유일한 의학적 치료라고는 수술뿐인 자궁내막증을 치료해 달라고 우리에게 기도 부탁을 해온 사람이었다. 먹던 약을 끊어야겠다는 그녀의 영감은 진짜인 것으로 판명되었다.

일반적인 의학적 처방을 뛰어넘는 그러한 신앙 체험들은 지금도 매우 빈번하게 나타나고 있다. 몇몇 사람들이 하나님으로부터 약 복용을 중단하고 질병의 증상을 무시해 버리라는 영감을 진짜로 받았다고 해서, 하나님께서 사사건건 그런 식으로 역사하신다고 일반화시켜 버리는 것은 그렇게 옳은 게 못 된다. 하나님께서는 기도를 통하여 직접적으로, 기적적으로 역사하시지만, (무의식 중에라도) 자신에게 순종하는 모든 자연과 모든 인간의 지성 속에서도 역사하시는 분이다. 나의 오랜 치유목회 경험에 비추어 보더라도, 하나님께서 어떤 사람에게 약 복용을 중단하고 그 증상을 무시해 버리라고까지 영감을 주신다고 말하는 것은 진실이다. 그러나 하나님께서 항상 이렇게만 역사하신다고 말하는 것은, 어떤 사람들에게 심각한 신앙의 문제를 일으키게 된다. 그들은 자기 의사를 믿어야 할지, 아니면 하나님의 마음을 대변한다고 주장하는 누군가의 말을 믿어야 할지 몰라서 갈팡질팡하게 된다. 그들은 (약을 복용하지 말고 질병의 증상들을 인정하지 않는) 믿음과 (의사가 자기 앞에서 자기가 보는 대로 판단하는) 과학 사이에서 그릇된 선택을 하도록 강요받고 있다.

이러한 치유이론들에서는 치유기도회에 참석한 환자들에게 의사들의 말을 무시해 버리라고 말하기도 한다. 그런데 이들의 말만 듣고 있다가 병이 악화되는 수가 있다. 그리하여 환자들을 치료하던 의사나 정신과 의사들은 치유목회 전체를 불신하게 된다. 그 결과, 믿음과 의학은 서로 적대적인 것이 되어 버린다. 만일 의사들이 자신들의 말을 받아들이지 않는 이와 같은 환자들을 통하여 치유기도를 처음으로 접하게 되면, 의사들은 모든 치유기도는 엉터리 치료요, 위험천만한 것이라고 매도해 버릴 게 뻔하다.

그 결과, 우리는 그리스도인들 사이에서 상반된 태도를 찾아보게 된다. 어떤 이들은 치유기도를 거의 믿지 않고 전문적인 의료만 건전한 것으로 중시한다. 또 어떤 그리스도인들은 하나님의 치유능력에 대한 믿음을 새롭게 발견하고 의사들을 깔보기도 한다.

하나님의 치유계획 속에서 전문의들을 제외시켜 버리면, 결과적으로는 평생을 치료에 몸바쳐 온 바로 그런 사람들을 몰아내 버리는 꼴이 되고 말 것이다. 의사나 간호사가 병자들을 위한 기도의 능력을 발견한다면 엄청 이로울 텐데도 말이다.

주님은 종종 경험을 통해서도 우리를 가르치신다. 특히 기도와 의학적 돌봄 사이의 상호관계에 대하여 나를 가르쳐 준 한 사건이 기억에 남는다. 내가 절친한 친구인 해리와 루스의 집이 있는 휴스턴을 방문했을 때 일이다. 저녁식사 시간에 나는 그 가족과 함께 내가 치유목회에 대하여 배운 것을 이야기 나누었다. 저녁 늦게, 내가 막 떠나려고 할 때 그들은 나에게 심한 천식으로 고통당하고 있던 아들 랜디를 위하여 기도해 줄 수 있느냐고 물었다. 그래서 나는 랜디 주위에 가족 전체를 둥그렇게 모여 앉게 한 다음, 합심해서 기도했다. "주님, 랜디의 천식을 고쳐 주옵소서."

다음날 아침이 밝아 오자, 나는 휴스턴을 떠났다. 그 뒤 꼬박 1년이 지나, 나는 다시 휴스턴에 일이 있어서 갔다가 우연히 해리와 루스의 집을 방문하게 되었다. 그때 나는 랜디에 대한 것을 모두 잊고 있었는데, 저녁식사를 하던 중 해리는 나한테 그 뒤에 일어났던 일을 편지로 보낸 것을 아느냐고 물어 보았다. 나는 무슨 말인지 몰랐지만―랜디의 가족은 모두 다 막 웃어대기 시작했다. 그들은 그간에 일어났던 일을 설명해 주었다. 내가 기도를 마치고 떠난 뒤, 랜디는 그때까지 볼 수 없었던 최악의 천식 발작을 일으켰다는 것이다. 사실, 그 발작은 너무나 심해서 그들은 아랫마을에 살고 있는 의사에게 응급 전화요청을 해야 했다. 그 의사는 랜디를 치료하던 의사는 아니었으나, 곧장 달려와서 아침까지 천식을 가라앉힐 수 있는 약을 조금 주고 갔다. 그 다음날 아침, 그들은 랜디를 이웃 병원의 진찰실로 데리고 가서, 몇 가지 검사를 실시했다. 지금과는 다른 처방이 내려졌고, 그제서야 랜디의 천식은 효과적으로 치유될 수 있었다.

그 때 나의 기도는 나를 겸손하게 만드는 방식으로 응답되었다. 랜디의 천식이 악화되었기 때문이다. 그럼에도 불구하고, 기도는 응답되었다. 천식이 심해졌기 때문에, 랜디의 부모는 다른 의사를 찾게 되었고, 마침내 그가 랜디의 질병을 고칠 수 있는 정확한 진단을 내린 것이다. 만일 천식이 이전보다 더 심해지지 않았더라면, 다른 의사를 찾지 않았을 것이다. 우리가 드렸던 기도의 효과는 적절한 의사를 찾는 것이었다. 하나님께서는 그 의사를 통하여 랜디의 질병을 고치셨던 것이다.

2. 기도와 정신의학

내면세계의 치유기도와 상담, 심리학, 정신의학 사이에는 유사한 관계가 있다. 나는 정신의학은 문제의 치료보다는 문제의 분석에 더 효과적이지 않나 생각한다. 그러나 심리학 연구를 통하여 우리가 알고 있는 사실은 우리가 '무엇을 위하여 기도할 것인지'에 대한 해답을 얻어 내는 데 커다란 도움을 줄 수 있다.

물론 하나님은 인간의 지식을 초월하시며, 치유목회자들이 분별의 은사를 통하여 무엇을 위하여 기도하여야 할지를 알도록 도와주실 수 있다. 그렇지만, 내가 일상적으로 발견한 사실은 연구와 경험으로 얻게 된 지식도—말하자면 무엇이 위험한 증세인지 아는 것—기도하는 데 큰 도움을 준다는 것이다. 만일 우리가 인간의 정신활동에 대해 연구하여 우리가 할 수 있는 한까지 협조하지 않는다면, 우리는 내면세계의 치유목회자로 쓰임받으려는 기대를 할 수 없을 것이다.

그러나 치유기도를 하는 사람들 가운데는 심리학에 대하여 불안해하는 사람도 있는 것으로 알고 있다. 이들은 심리학을 실제로 위험한 것은 아니라 하더라도, 필요없는 것으로 취급한다. 아마도 이따금씩 전통적인 그리스도교 도덕성을 공박했던 프로이드와 다른 혁신적인 심리학자들을 경계하다 보니, 그리스도인들은 이들 학자들이 이룩해 놓은 진짜 업적들까지도 꺼림칙하게 여기게 되었을 것이다. 여하튼, 나는 치유목회와 귀신축출예식을 베풀고 있는 그리스도인들 가운데 심리학에 대하여 반감을 갖고 있는 이들이 있음을 종종 보아 왔다.

심리학을 해롭지는 않으나 쓸데없다고 하는 태도는 다음과 같은 주장에 잘 나타나 있다:

> 그 논쟁을 간단히 말하면 이런 것이다: 성경은 근본적인 문제들뿐 아니라 죄악된 태도와 행동 때문에 생겨난 문제들에 대해서도 명백히 말하고 있다. 그러나 하나님의 말씀 가운데 그 어디에서 "정신질환"의 현대적 개념에 가장 가까운 문제에 대한 제3의 원인의 흔적을 찾을 수 있겠는가? 정신질환이나 질병의 존재에 대하여 큰소리치지만 성서적으로 그것의 존재를 증명해 보이지 못하는 사람들은 그것을 증명해 보여야 하는 중

압감을 느끼고 있다……그러므로 칼 로저스의 상담이론은 '완전히' 거부되어야 한다……이와 같이 인간을 자율적인 존재로 고양시키는 온갖 인본주의적인 방법론의 잔재는 근절되어야 한다. 그 증상이 어떤 생화학적인 원인 때문에 생긴 것으로 볼 수 없는 우울증의 경우, 의사는 그들이 죄의식 때문에 침울해진다는 가정 아래 상담을 해야 한다.[7]

심리학이 발견한 지식을 그토록 철저하게 비난하는 태도 때문에 내가 알고 있는 몇몇 의사들은 그리스도인이라고 하는 사람들이 너무너무 정죄적이어서 싫다고 피해 왔다. 내 생각에, 여전히 대답은 똑같다. 우리는 진정으로 심리학이 발견한 것들과 그리스도교에 모순되는 것들을 구분하는 법을 배워야 한다. 우리는 심리학이 기본적으로 발견한 것들을 통하여 우리의 인간적이고 정서적인 문제들을 이해할 수 있다. 어떻게 그 문제에 대처해 나가야 하는지 암시해 주는 때도 종종 있다. 복음은 하나님의 치유하시는 능력이 이런 문제들에 어떤 영향을 줄 수 있는지를 가리킨다. 심리학은 문제들이 지금 왜 이렇게 꼬여 있는지를 밝혀내는 데 도움을 준다. 일단 문제가 밝혀지면, 우리는 그것을 치료하는 데 하나님의 치유하시는 능력을 사용할 수 있다.

내면세계의 치유를 위하여 기도하는 우리들 대부분은 인간의 마음이 그리 단순하지 않다는 점을 어느 정도 알아야 한다. 그래야 우리가 기도해 주는 사람들을 진짜로 잘 도와줄 수 있다. 예를 들어, 만일 우리가 한 사람의 어린 시절이 얼마나 중요한 시기인지를—특히 생후 8개월부터 18개월 사이의 유아기—모른다면, 그가 겪고 있는 몇 가지 만성적인 정서문제 때문에 기도받고자 하는 사람과 상담할 때, 그가 어린 시절에 받았던 마음의 상처를 심각하게 고려하지 못할지도 모른다. 우리는, 오늘 많은 심리학자들도 발견하듯이, 출생 이전이 결정적이라는 것을 발견하기도 하였다.[8] 상담이 인간 문제의 깊은 뿌리를 발견하도록 도와줄 수 있다면, 의사의 처방전이 필요한 프로작 같은 약은 몸 속의 화학적 불균형과 연관된 우울증을 치료하는 데 매우 도움을 줄 수 있다. 진실로, 집회서에서 단언하는 대로, 의사의 처방을 받고 치료되는 때가 있다(38장 15절).

폴 투르니에는 은혜와 기도의 중요성을 믿고 실제 상담에 적용시킨 정신의학자로서 훌륭한 선례를 남겼다. 심리학과 치유 사이의 관계를 연구하는 일에 관심이 있는 사람들은 투르니에 박사의 저서 〈거듭난 사람〉을 꼭 읽어보기 바란다. 이 책에서 그는 과학과 신앙이 함께 노력해야 할 필요를 몇 가지 예를 들어 내보이고 있다:

> 사람들은 자신의 문제를 '해결하는 데' 도움을 얻고자 나를 찾아옵니다. 인간의 모든 노력은 어떤 문제도 해결할 수 없을 만큼 무력하다는 것을 저보다 더 잘 아는 이는 없을 것입니다. 사실, 내가 그런 어려움을 이해하려고 할 때, 나는 단지 해결할 수 없는 악순환만 발견할 뿐입니다. 하나님의 은혜를 체험하기 위해서는 신앙이 필요하며, 신앙을 갖기 위해서는 하나님의 은혜가 필요합니다. 우리가 만나는 환자들은 종종 우리에게 자신들이 끊임없는 권고와 충고에 시달리면서 매우 부당하고 불쾌한 느낌을 자주 받았다고 이야기하곤 합니다. "믿기만 하세요. 당신에게는 무엇보다도 의지가 필요해요. 다른 사람들을 사랑하고 당신 자신에 대해서는 잊어 버리세요. 그것은 단지

확신의 문제일 뿐이예요." 심리학은 이처럼 개인적인 문제를 지나치게 단순화시켜 버리는 우리의 생각을 고쳐 줍니다. 또한 심리학은 우리에게 그 문제들은 집요하며 매우 복잡하다는 것을 보여 줍니다. "당신에게 필요한 모든 것은……"(이것은 "당신에게 필요한 모든 것은 내가 한 것처럼 하는 것이다"라는 말을 뜻합니다)이라는 말을 하며 자신들의 신앙과 건강을 걱정할 필요가 없는 이들과 같은 사람들은, 만일 그들 스스로가 의심과 우울증에 휩싸인다면, 상황이 그렇게 단순하지만은 않다는 것을 곧 알게 될 것입니다……나는 인간의 여러 문제들은 하나님의 은혜에 따라 해결될 수 있다고 믿습니다. 마치 아침안개가 햇빛에 따라 사라지듯이……신앙의 관점에서 보면, 얽히고 설킨 문제투성이 인생이 매우 다르게 보입니다. 실제로는 누군가가 나서서 문제를 해결하지 않았는데도 문제들은 술술 풀려 갑니다. 만일 사람들이 해결책을 찾지 않고, 하나님의 은혜만 믿고 의지한다면 문제해결 과정은 더욱 더 분명해질 것입니다. 내 경험에 따르면, 이런 것이 전문적인 상담기법과 신앙의 공동사역 방식입니다. 정신분석은 문제를 밝은 곳으로 이끌어 내기 위하여 문제를 탐구합니다. 그러나 하나님의 은혜는 우리가 미처 문제해결 방법을 알 수도 없는 사이에 문제를 해결합니다.[9]

앞에서 다루었듯이, 내면세계의 치유를 위한 기도에 대하여 우리가 발견한 것들 속에는, 정신의학과 심리학과 상담 분야를 위한 혁신적인 암시들이 깃들어 있다고 나는 믿는다. 그것은 다름이 아니다. 우리가 과학과 종교 사이의 상호 존중으로 돌아갈 필요가 있다는 것, 또 고통당하는 사람들을 치유하기 위해서는 둘 다—기도와 의학적 처방—가 필요하다는 것이다!

내 아내 주디스는 심리치료 전문가다. 아내는 보스턴 지역에서 심리치료를 탁월하게 실천하고 있었는데, 그 때 치유기도의 필요성을 발견하였다. 여기 아내가 자기 상황을 어떻게 묘사하고 있는지 살펴보자:

> 심리치료는 자기가 진실하다는 가정 아래, 사람이 변화를 선택할 것이라는 관념적 가설에 토대를 두고 있습니다. 그러나 보통 그런 일은 일어나지 않지요. 연구들에 따르면, 정신의학적 돌봄을 받고 있는 사람들 가운데 3분의 1이 호전을 보이는 반면에, 다른 3분의 2는 삶의 대한 태도를 바꾸려 하지 않거나 꼭 변화하지 않으면 안 될 일이건만 자신들은 그저 할 수 없음을 발견할 뿐이라고 합니다. 우리 모두는 우리 자신의 삶을 변화시킨다는 게 진짜 얼마나 어려운지 체험해 왔습니다. 만일 여러분이 우울증, 정신병, 깨어진 결혼, 사랑하는 사람의 상실, 또는 극도의 공포나 불안과 싸우고 있다면, 여러분은 변화해야 한다는 과제에 압도당해 마비되고 말 것입니다. 상담가가 저 밑바닥에서 억누르거나 저지하고 있는 문제의 원인을 벗겨냈다 할지라도, 환자는 응답할 힘이 부족합니다. 종종 억눌린 정보를 의식의 빛 속으로 풀어 놓는다고 하는 것이 심한 외상을 입혀 환자를 다시 나쁜 쪽으로 몰고 가기도 합니다. 자기-가치, 분산된 의지, 손상된 자아상 같은 쟁점은 대부분의 역기능 한복판에 있습니다. 저는 내담자들이 자신의 참자기를 끊임없이 정죄하고 비판하는 왜곡된 상을 발견하였습니다. 이 거친 내면세계의 재판관이 해를 거듭할수록 점점 더 강해져서 침묵하기가 어려울 정도입니다. 그것이 우리의 느낌, 우리의

생각까지 비틀어곱새김으로써, 우리가 불안과 공포에 좌우되게 만듭니다. 우리는 상처 때문에 정서적으로 정직해질 수 없습니다. 우리의 이해나 우리의 정서적인 표현을 왜곡시킬 뿐입니다. 우리는 우리 가정과 주변 환경 속에서 역기능에 병든 방법으로 반응하는 법을 배웁니다. 우리의 고통이 너무 깊은지라 매사 부인하는 것이 삶의 양식이 됩니다. 수치심이 우리의 내적 자기의 바로 그 핵심에 거주합니다. 그 수치심이 우리더러 우리는 별볼 일 없는 놈이라고, 그래서 잘못 태어난 것이라고 수군댑니다. 결국 우리는 우리의 참 필요와 느낌에는 접촉하지 못한 채 허공만 치며 자라납니다. 우리 존재의 목적은 혼동되고, 주변은 온통 불가사의한 일이고 고통뿐입니다. 대처 기제는 실패하고, 내 삶은 제어가 안 되며, 내 자신의 운명을 통제하는 데도 무력하기 짜기 없습니다.[10]

아내는 자신이 환자들 대부분을 도울 수 없다는 고통스러운 진실을 깨달은 뒤, 영성 면에서 극적으로 큰 발전을 체험하였다.

제 상담실에서는 새로 예약한 환자 엘리자베스가 깊은 한숨을 내쉬기만 하면 침묵이 깨어져 버렸습니다. 그녀는 심각한 자살시도 끝에 응급실에 급히 실려와서 정신병동에 수용되었습니다. 그녀는 수면제를 빼돌린 채 몇 달을 보낸 뒤, 분명하고 계산된 방법으로, (필요한 사랑을 한번도 보여주신 적이 없는) 자기 어머니에게 유서를 쓴 다음, 다량의 알약과 술을 마친 채, 차를 몰고 호수로 돌진했습니다. 그리곤 그렇게 기다렸습니다. 몇 시간 뒤 발견된 그녀는 치료를 위해 우리 병원으로 급히 실려왔습니다. 27살밖에 안 먹은 그녀는 훨씬 더 늙어보였고, 삶은 산산이 깨어져 있었습니다. 나는 그녀를 그 지옥의 구렁텅이에서 빼내려고 격려도 해보고 인간적인 돌봄도 베풀어 보았지만 다 허사였습니다. "희망이 없어요!" 그녀의 절망이 온 방을 가득 채우더니 서서히 내 영마저 갉아먹기 시작했습니다. 내가 그녀를 상담했을 때, 그녀는 자신의 부서진 과거 속에서 자기를 병들게 했던 수많은 사건들을 드러냈습니다. 그녀는 아버지로부터 성폭행을 당했고, 어머니는 그녀를 보호해 주지 못했습니다. 부서지고 남용된 무수한 관계를 통하여 그녀는 고통을 겪었습니다. 그리고 마지막 비극은 갓난 아들이 죽은 일이었습니다. 나는 그녀에게 깊은 관심을 갖게 되었고, 다음 날 아침이 되면 자문위원회에 그녀의 사례를 제시하려고 마음을 먹었습니다.

그날 밤, 편안하고 안전한 나의 집에서, 정신병동의 잠긴 문들은 다 잊어버린 채, 나는 내가 사랑하지만 잘 알지는 못했던 하나님께 기도를 드렸습니다. 나는 나의 영성생활을 나의 임상 전문직과는 별개로 생각하며 늘 떳떳하게 살아왔습니다. 그러나 요즘, 몇 년간 소비적인 나의 삶을 관찰하고 난 뒤, 내 삶에 어떤 기적이라는 게 필요하다는 것을 깨달았습니다. 엘리자베스에게, 그리고 삶의 절망 때문에 응급실에 실려와 저렇게 삶의 모퉁이에 가까스로 매달려 있는 무수히 많은 다른 사람들에게도 무언가를 해주어야만 했지요. "주님, 제가 할 수 있는 일이 무엇입니까?" 나는 거듭거듭 기도를 되풀이하였습니다. 그 때 나의 희망은 언젠가 응답을 받게 되겠지 하는 그런 희망과는 다른 희망이었습니다. 몇 시간 정도 기다렸나 싶었는데, 따뜻하고 사랑스런 존재가 내 방에 들어왔습니다. 나는 내가 기도하고 있었던 엘리자베스와 다른 이들을 하나님께서 사랑하시고 깊이 관심을 갖고 계신다는 것을 감지했습니다. 그 때 하나님의 강하고, 확고하고, 사랑스런 응답이 들려왔습니다. "그들을 나한테 데려와라……그들의 치유를 위하여 기도하여라……내가 그들을 회복시킬 것이다." 그러고 나서 주님께서는 이사야 61장 1절을 읽어보라고 지시하셨습니다:

주 여호와의 영이 내게 내리셨으니
이는 여화와께서 내게 기름을 부으사
가난한 자에게 아름다운 소식을
전하게 하려 하심이라.
나를 보내사
마음이 상한 자를 고치며
포로된 자에게 자유를,
갇힌 자에게 놓임을 선포하며…….

갑자기 모든 것이 매우 분명해졌습니다. 베일이 내 마음에서 벗겨져 올라갔습니다. 그것은 내가 해야 할 것이 아니었습니다. 그것은 하나님이 하시고자 하시는 것이었습니다. 그날 밤, 나는 신실한 그리스도교 친구 여러 명에게 연락을 해서 내가 왜 흥분하게 되었는지를 나누었습니다. 하나씩 하나씩, 그들도 엘리자베스를 위하여 중보기도를 드려주었습니다.

다음날 아침 병원으로 돌아와서, 나는 자문위원 모임 전에 엘리자베스를 보고싶다고 말했습니다. 그녀는 몰라볼 정도로 달라져 있었습니다! 그녀의 우울증은 상당히 떨어져 있었고 그녀는 말을 하고싶어 했습니다. 그녀의 말은 느리고 중간에 뚝 뚝 끊어졌지만, 자신의 내면 가장 깊은 곳에 자리한 두려움을 드러내기 시작하였습니다. 전에 말했던 상처받은 사실들보다 훨씬 더 깊은 이야기를 털어놓았습니다. 그녀는 지금 전혀 다른 느낌이라고 말하면서, 전날밤 무엇을 체험했는지를 전해 주었습니다. 그녀는 밤 11시 경, 어떻게 잠에서 깨게 되었는지를 설명해 주었습니다. 근데, 그 시간은 정확히 우리가 기도하고 있었던 시간이었지요. 그녀는 모든 불이 꺼져 있는 상태에서, 방 안에 한 줄기 불빛이 빛나고 있음을 알게 되었습니다. (그녀가 예수님에게서 왔다고 인정하는) 그 빛이 그녀를 감싸더니, 그녀의 몸과 영을 구석구석까지 따뜻함과 치유적인 사랑으로 휘감았습니다. 난생 처음으로, 그녀는 자신이 보호받고 있으며 사랑받고 있다고 느꼈습니다. 이 존재가 밤새도록 그녀에게 남아서, 그녀에게 힘을 주고 섬겼습니다. 비록 그녀의 외적인 상황은 여전히 변하지 않은 채였으나, 그녀의 가슴과 마음은 깊이 치유되고 있었습니다. 날마다 치료가 더해 갈수록, 고통과 고립의 벽도 서서히 무너져 내렸습니다. 때맞추어 주님께서 치유하시는 능력으로 그녀를 변화시키고 해방시키자 저마다의 기억도 치유되었습니다. 주님께서 나에게 약속하셨던 모든 것이 현실이 되어갔습니다. 엘리자베스는 곧 나아져서 자신이 새롭게 발견한 자유를 만끽하며 계속 외래치료를 받았습니다. 첫주 동안에 내가 기도를 해주었던 다른 많은 환자들도 하나님의 능력이라고밖에는 달리 설명할 길이 없을 정도로 현격한 차도를 보였습니다. 내가 치료사로서 발견한 이 사실이 얼마나 흥분되고 얼마나 삶을 변화시키는 사건이었는지! 함축하는 바는 가위 혁명적이었습니다! 치료만으로는 홀로 충분치 않았습니다. 치유기도가 포함되어야만 했습니다.[11]

의학, 상담, 그리고 정신의학은 하나님께서 우리를 치유하시기 위하여 역사하시는 통상적이고 자연적인 방법들이다. 그러나 우리는 지금 바야흐로 새로운 시대를 맞이하고 있다. 하나님께서 얼마나 간절히 우리 상처를 치유하시고자 하는가를 오늘 우리는 새삼 발견하고 있다—우리가 그분께 기회를 드릴 수만 있다면.

진정—여러분도 알고 나도 알다시피—그것은 아주 혁신적이라고 믿는다. 마치 복음처럼!

9
성례전과 치유

유감스럽게도, 그리스도교 교회들에는 성례전에 관한 이론들이 너무나 다양하다. 따라서 나는 우리가 모두 공감할 수 있는 부분들부터 시작하여, 점점 내가 다양한 전통들에서 배웠던 것들까지 나누고 싶다.

내 경험으로 볼 때, 나는 가톨릭 교회에서 인정한 일곱 가지 성례전 가운데 여섯 개에서 치유가 일어나는 것을 개인적으로 보아 왔다. 이런 성례전적인 찬미는 치유가 일어나는 데 매우 특별하고 특권적인 시간인 것 같다.

가장 기본적인 정의로 볼 때, 성례전이란 보이지 않는 방법으로 일어나고 있는 초자연적인 어떤 것의 '눈에 보이는' 표징이다.[1] 나는 모든 그리스도인들이 그 정의에 동의할 것이라고 생각한다. 물론 동의하지 않거나 더 나은 설명도 있을 수 있겠지만. 예컨대, 우리는 세례 안에서 우리가 죄로부터 씻김받았다는 표시로 물 속에 잠기고 있다. 우리가 물 속에 내려갈 때 우리는 옛삶에 대해서는 죽는다. 반대로, 그와 동시에 우리는 하나님의 새삶 속에 잠긴다. 물이 상징하는 것이 그것이다. 그러고 나서 우리는 물에서 나온다. 새사람으로 깨끗이 씻긴 채, 새삶으로 부활된다. 우리는 모두 그것에는 동의할 수 있다. 하지만 더 나은 이해에 관해서는 동의하지 못한다. 곧 세례받은 사람이 잠겨야 할지 아니면 충분히 흩뿌려야 할지, 그리고 아기도 세례를 받을 수 있는지 아니면 충분히 믿을 수 있는 어른만 세례를 받아야 할지 같은 것 말이다.

A. 치유의 성례전적인 차원들

성례전의 수에 관하여 말할 때, 거의 모든 교회는 세례와 주님의 만찬(성만찬)을 믿는다. 이 성례전은 둘 다 강력한 치유의 차원들을 지니고 있다. 이제 그 치유가 어떻게 일어날 수 있을지를 알아보자.

1. 세례

세례는 우리에게 새로운 삶 곧 예수 그리스도의 삶을 불어넣는 것을 의미했기 때문에, 그분의 현존과 그런 삶의 능력은 질병과 죽음의 온갖 세력을 몰아낼 수도 있어야 한다. 세례는 죄를 근절하는 쪽으로 인도된다. 거기에는 질병과 죽음에까지도 영향을 끼치는 원죄도 포함된다. 그 때 세례는 바로 그 본질면에서, 우리에게 치유와 생명을 가져다주고 질병과 죽음을 몰아낸다.

여기 가톨릭 세례예식서에 들어 있는 고대의 소금축복 부분을 읽어보라. 이것은 최근까지도 읽혀졌다(이탤릭체는 덧붙인 것임):

나는 살아계신 하나님, 참되신 하나님, 거룩하신 하나님, 네가 인류를 보호하는 존재가 되도록 부르시고, 너를 명하사 믿음으로 다가오는 이들을 위해 종들더러 봉헌하게 하시는 하나님을 의지하여 너를 정화하노라. 이로써 너는 *건강을 가져다주는 성례전이 되어 적이 달아나게 할지어다.*

그러므로, 저희가 우리 주 하나님께 비오니, 하나님께서 창조하신 이 소금을 하나님의 능력으로 거룩하게 하시고 하나님의 축복으로 복을 내리시어, 이것을 받는 이들 모두에게 온전한 약이 되게 하시고 그들의 온몸 곳곳에 늘 남아 있게 하옵소서.

소금을 위한 이 기도는 명백히 치유를 세례의 능력과 관련시킨다. (고대 전통에서 축복을 받은 소금은 세례용 물과 함께 섞여진다.) 그런 의미에서 성공회 성직자 남편을 둔 아그네스 샌포드가 다음과 같이 쓴 것은 전혀 놀랄 일이 아니다:

내 남편은 종종 '죽어가는' 아기에게 세례를 주기 위해 불려갔습니다. 그들 가운데 죽은 사람은 한 명도 없었습니다. 그래서 그는 하나님과 아기 사이에 세례의 성례전을 개인 자격으로 삽입하는 것은 어떤 아기라도 다시 생명을 살려내는 데 충분하다고 확신합니다.

만일 우리가 이 성례전의 생명을 가져다주는 능력을 더 믿는다면, 아그네스 샌포드가 다음과 같이 기술하는 방식으로 생명을 살려내는 것을 볼 수 있을 것이다:

언젠가 여섯 달밖에 안 된 아기가 죽어간다고 세례를 베풀어 달라는 부탁을 받고 달려간 목사가 또 한 명 있었습니다. 자신의 고물차를 타고 바람부는 산길을 달려 그 집에 도착해 보니, 그 아기는 30분 전에 이미 죽은 상태였습니다. 아기는 거실 탁자 위에 눕혀져 있었고 옆에서는 여인들이 울고 있었습니다. 그 젊은 목사는 아기와 울고 있는 여인들을 바라보고서, 측은한 마음이 들었습니다. 마음속 깊은 곳에서 하나님의 사랑이 느껴지더니 그 아기가 살았던지 죽었던지 세례를 주라고 시키는 것 같았습니다.
그가 세례예식을 시작하자, 아기가 다시 살아날 것이라는 느낌이 들었습니다. 그래서 그는 여인들을 그 방 구석쪽으로 가게 하고 그들과 아기 사이에 섰습니다. 이렇게 그들의 감시를 벗어나자, 그는 아기에게 자기 손을 얹고 물을 몇 방울 그 입에 떨어뜨린 다음, 그 작은 목구멍을 적시게 했습니다. 아기의 살갗이 점점 따뜻해지기 시작했습니다. 그러더니 세례예식이 끝날 때쯤, 아기가 눈을 떴습니다.
목사는, 엘리사가 수남 여인에게 외아들을 되살려 주었듯이, 그 아기를 그 엄마에게 되살려 주었습니다. 왜 자기가 그렇게 했는지도 알지 못한 채, 그는 아기에게 하나님의 생명을 불어 넣어주기 위하여 세례의 성례전뿐만 아니라 자신의 몸까지도 사용했던 것입니다.[2]

나는 그 동안 수십 명의 사람들에게 세례를 주어왔는데, 유독 한 가정에서 어떤 아기에게 세례를 주었던 일을 지금도 생생히 기억하고 있다. 그 엄마는 아기가 기저귀로 인한 피부염에 걸려서 심각한 상태였기 때문에 진짜 고민에 빠져 있었다. 그녀는 (우리가 그 아기를 물에 잠기게 하는 세례를 베풀려고 했기에) 세례받는 동안 기저귀를 벗겨야 하는지 물었다. 나는 그녀에게 맡기겠다고 말했다. 그러자 시간이 되었을 때, 그녀는 아기를 아래로 내렸다. 기저귀 없이. 결과는 놀라웠다. 세례를 받은 뒤 아기는 치유되었다. 피부염 때문에 잠을 설치고 수주 동안 별별 약을 써도 효험이 없었는데. (엄마들은 나에게 이것은 기적이라고 말한다.)

물론, 기저귀로 인한 피부염은 인간의 질병 목록에서 작은 것이다. 그러나 아그네스 샌포드는, 그녀는 좀처럼 과장할 줄 모르는 사람인데, 중국에서 장로교 선교사이셨던 자기 아버지가 죽은 아기들에게 세례를 베풀어 살리시는 것을 여러 번 보았다고 말했다.

2. 성만찬

다시 말하거니와, 비록 다양한 교회들이 그리스도께서 어떻게 임재하시는지 다양한 이해들을 갖고 있지만, 거의 모든 교회들이 몇 가지 방법으로 주님의 만찬(성만찬)을 베풀고 있다.

전통적으로, 성만찬('감사'를 의미)은 늘 치유를 가져오는 성례전으로 이해되었다. 로마 가톨릭 예식서에 있는 고대 기도문들은 이런 깊은 신앙을 반영한다(이탤릭은 첨부):

주 예수 그리스도여,
주님의 사랑과 자비를 믿는 믿음으로,
제가 주님의 몸을 먹고 주님의 피를 마십니다.
이것을 통하여 저의 죄를 씻으시고,
몸과 마음을 건강하게 해주옵소서.
주님, 저는 주님을 받을 자격이 없으나,
말씀만 하옵소서, 제가 낫겠나이다.

나는 개인적으로 어떤 부가적인 기도를 드리지 않았는데도 예배드리는 동안에 일어난 치유를 적어도 여섯 가지 정도 알고 있다. 내가 특별히 기억하는 한 사람이 있다. 그는 성만찬 빵을 받으려고 다가왔다가, 하나님의 능력이 압도해 오는 것을 느끼고, 잠시 동안 자리에 앉아야 했다. 그러고 나서 그는 일어나 잔을 받았다. 그는 자기가 앉아 있는 시간 동안에 육체적으로 치유를 받았다고 보고하였다.

더우기, 우리가 아픈 사람들을 위하여 기도해 주고 한 사람 한 사람 성만찬을 베풀어 주었을 때, 내 생각에는 수백 명의 사람들이 치유받는 것을 보았다고 말할 수 있다. 치유기도를 해줄 수 있는 시간으로 나는 성만찬 후보다 더 좋은 기회는 알지 못한다. 그 때는 모두가 하나님을 찬양하고 있고 예수님이 거의 손으로 만질 수 있을 정도로 현존해 계시는 때이기 때문이다.

가톨릭 전통 안에는 세례와 성만찬 외에도 다섯 가지 성례전이 더 있다. 다른 전통들에서는 그것들을 성례전이라고 기술적으로 정의내릴 수 없다고 할지라도, 그럼에도 불구하고 대부분의 교회들에서는 이런저런 방법으로 그같은 예식을 마찬가지로 베풀고 있다. 그리고 그 예식들은 모두가 다 매우 강력한 치유의 통로이다.

3. 견신례

견신례의 목적에 대해서는 지금도 상당히 논의되고 있다. 조지 몬테이그와 킬리언 맥도넬은 학문적인 관점에서 〈그리스도교 입교와 성령의 세례〉라는 탁월한 책을 썼다. 그들은 그 책에서 세례와 견신례가 이방종교에서 개종한 어른들이 물에 잠기는 세례를 받았던 초대교회에서 어떻게 실제로 하나의 성례전이 되었는지를 보여준다.[3] 그 초창기에 그리스도인들은 새로 세례를 받고 물에서 나오는 사람들은 매우 잘 예언을 하거나 기타 다른 카리스마적 은사를 드러낼 것이라고 기대하였다.

나는 개인적으로 견신례가 우리들 대부분이 '성령세례'로 체험했던 것을 병합해야 한다고 믿는다. 나는 내 자신의 삶이 1967년에 변화되었다고 알고 있다. 그 때 친구들은 내가 성령 안에서 세례를 받게 해달라고 기도하였다. 그것은 내가 세례와, 견신례와, 안수 때 이미 받았던 '성령 안에 있는 그 모든 은사들을 풀어놓는 것'으로 이해되었다. 치유는 성령의 은사 가운데 하나이기에(고린도전서 12장), 내 생각에 우리의 치유기도는, 제자들이 오순절에 성령의 폭발적인 권능을 받았던 것과 매한가지로, 더 많은 사람들이 성령의 권능을 위하여 기도를 받을 경우 훨씬 더 효과적일 것이다. 개인적으로, 나는 '성령세례'를 받고자 기도했을 때 삶이 변화된 사람들을 수없이 알고 있다. 그들은 자신들의 치유목회 시작일을 바로 그 때부터라고 잡고 있다. 성령세례는 이 책의 주된 주제가 아니기에 여기서 더 다루지는 않겠지만, 그것은 치유와 가장 밀접한 관련이 있어 보인다. 나는 여러분이 거기에 대해서 더 많은 것을 발견했으면 한다. 아직도 그것을 체험해 보지 않았다면, 그 주제에 관한 좋은 책 한두 권을 읽어 보아라. 그러고 나서 여러분 스스로 그것을 받기 위하여 기도해 보아라.[4] 나도 직접 한 어른 개종자가 세례를 받고 물에서 나온 뒤, 거기에 대해 들은 적이 전혀 없었는데도, 성령의 능력 안에서 전율을 하더니 방언으로 기도하기 시작하는 것을 목격한 바 있다.

아그네스 샌포드는 자신의 자서전에서 자기 아버지가 정서적으로 그리고 육체적으로 굉장히 쇠약하셨음을 기술한다. "여러 해 동안 누려 왔던 우월한 위치를 벗어나 지금 뒤돌아보니, 나는 그들이 결코 알지 못했던 이유를 한 가지 알 수 있었다: 그는 성령의 충만한 능력 없이 성령에 관한 일을 하고 있었던 것이다.[5] 확실히, 치유는 성령의 은사 가운데 하나다. 아그네스는 자기의 사랑하는 아버지가, 그것도 세례도 받고 안수도 받으신 분이, 정작 당신 사역에 가장 중요한 요소를 놓치고 계셨다고 말하는데, 그것은 정말 정직한 말이다. 견신례는 성령세례가 오순절 은사부흥운동을 일으킨 수많은 사람들에게 권능을 부여해 주었던 식으로 우리에게 목회를 위하여 권능을 부여해 주는 것이라고 보면 된다.

4. 아픈 이에게 기름을 바름

모든 성례전 가운데서, 치유와 가장 직접적으로 관계된 것은 아픈 이에게 기름을 바르는 것이다. 비성례전적인 오순절 교회들에서도 기름을 바르는 것이 얼마나 가치있는 일인가를 생생하게 믿고 있음을 볼 수 있다. 나는 작은 기름병을 가지고 다니는 트럭 운전사들을 본 적이 있다. 그 기름은 오럴 로버츠 목사가 축복해 준 것이었다. 그들은 방방곡곡 돌아다니면서 아픈 이들에게 기름을 발라주고 그들과 함께 기도를 하였다. 예수님의 처음 제자들이 보여준 대로 그 모본을 충실히 따르고 있었다:

> 그들은 나가서, 회개하라고 선포하였다. 그들은 많은 귀신을 쫓아내며, 수많은 병자에게 기름을 발라서 병을 고쳐 주었다 (마가복음 6장 12-13절).

그것은 그 유명한 야고보서 5장 14-15절을 떠올리게 만들었다:

> 여러분 가운데 병든 사람이 있습니까? 그런 사람은 교회의 장로들을 부르십시오. 그리고 그 장로들은 주님의 이름으로 그에게 기름을 바르고, 그를 위하여 기도하여 주십시오. 믿음으로 간절히 드리는 기도는 병든 사람을 구원할 것이니, 주님께서 그를 일으켜 주실 것입니다. 또 그가 죄를 지은 것이 있으면, 용서를 받을 것입니다.

"구원할 것이다,""그를 일으켜 주실 것이다,""용서를 받을 것이다"는 여기서 기름바름의 효과를 가리키는 세 개의 중요한 어구이다. 첫째로, 그리스 원어성경에서, "구원할 것이다"는

(우리가 "구원하다"라는 말을 쓰듯이) 영적인 치유를 뜻하거나 아니면 육체적이고 신체적인 회복이라는 점에서 치유를 뜻할 수 있다. 그러나 질병이나 죽음이나 그런 위험이라는 맥락에서, 그것은 늘, 신약성서의 용례에서, (여기서 그러듯이) 육체적인 치유를 말한다.

두 번째 동사, "일으켜 주실 것이다"는 분명히 치유를 말한다. 그것은 종종 마가복음에서 예수님이 베푸신 신체적인 치유를 말할 때 사용되는 동사이다.

"용서를 받을 것이다"는 세번째 효과로서, 물론 영적인 치유를 말한다. 여기서 죄를 위하여 사용된 그리스어는 '심각한' 죄를 암시한다.

그리고 나서 야고보서에서는, 기름바름이 의도하는 효과는 신체적이든지 영적이든지 간에, 필요하다면 죄까지도 포함해서, 질병의 치유이다. 필요하다면 더 발전된 효과로서 죄의 용서도 포함되지만, 직접적인 의도는 질병의 치유이다.

불행하게도, 기름바름을 육체적인 치유를 의도하는 것으로 보았던 이 단순한 이해가 초기 몇 세기를 거치면서 모호해져 버렸다. 콘스탄틴 시대(주후 약 325년경)까지는 육체적인 치유에 대한 생생한 믿음이 있었다. 그러나 점점 이것은 순전히 영적인 것 곧 '영혼'만을 강조하는 쪽으로 표류되어 갔다.

첫번째 단계는 치유가 3, 4세기에 들어서면서 교회의 보통 체험으로부터 사라지기 시작할 때 일어났다. 이것은 교회의 공식적인 라틴어 번역성경, 불가타역이 야고보서의 의미를 모호하게 만들어 버렸을 때 강조되었다. 제롬은 자신의 유명한 번역에서(주후 400년경 씌어짐) 라틴어 *salvo*("구원하다")를 야고보서 5장 14절에 있는 "일으켜 주실 것이다"와 "치유하다"

를 번역하는 데 사용하였다. 그리하여 "믿음으로 간절히 드리는 기도는 병든 사람을 '낫게' 할 것이니, 주님께서 그를 일으켜 주실 것입니다." 대신에 "믿음으로 간절히 드리는 기도는 병든 사람을 '구원할' 것이니, 주님께서 그를 일으켜 주실 것입니다."라는 식으로 번역이 되어 버렸다. 이런 식으로, 교회의 의도는 육체적인 치유에서 일명 영적인 치유로 방향이 선회되고 말았다. 약 1,500년 동안 불가타역만이 공인된 번역본이었기 때문에, 아픈 이에게 기름을 바르는 행위에 대한 그 번역본의 이해 효과는 상당하였다.

초기 그리스도교 교회에는, 기름을 발랐다는 분명한 참고문헌이 많지 않다. 그러나 우리가 진짜 갖고 있는 참고문헌은 기름이 아주 중요한 것으로 여겨졌음을 가리킨다. 예를 들면, 이노슨트 1세의 편지에 따르면, 5세기에 주교가 축복한 기름을 집으로 가져가서 집안에 있는 누가 아프기만 하면 꺼내어 사용하였다. 기름바름은 성직자들이 해야 하는 게 아니었다. 아픈 사람이나 친구들이 베풀 수 있었다. 기름을 축복하기 위하여 사용된 기도에서는 하나님께서 그 기름에 치유적인 능력을 부어 주시어 그것이 모든 질병과 질환을 제거하여 육과 혼과 영이 건강해지고 온전한 행복을 누릴 수 있게 해달라고 하나님께 간구하였다〔세라피온의 〈성례전 예식서〉(*The Euchologion*), 주후 362년 사망〕. 그 당시에 기름을 바르는 것은 치유를 의미하는 것이었으며, 평신도들이 베푼 것이 분명하다. 기름은 영구적인 성례전으로 여겨진 것처럼 보인다. 오늘 성만찬이 그렇듯이. 따라서 (주교가 축복하는) 준비는 (평신도들이) 베푸는 것과는 별개일 수 있었다.

그러나 그러고 나서, 기름바름의 본디 실천적 모습은 변하기 시작하였다. 프랑크 왕국 시기에 카롤링거 사람들이 예전개혁을 단행하였는데(주후 815년경), 그 때 평신도가 기름을 바르는 행위는 목회자가 직접 해야 한다는 취지에서 (남용을 박멸할 갸륵한 목적으로) 금지되었다. 그것은 기도순서에서 임종참회예식 직후에 기름을 바르는 것으로 더 많이 변해 갔다. 이것은 기름바름을 죽음을 준비하는 것과, 곧 마지막 예식과 연관짓는 것으로 귀착되었다.[6] 피터 롬바드가 12세가 중반에 이 용어를 처음 사용할 때까지는 아무도 기름바름예식 곧 종부성사에 대해서 말하지 않았다!

그리고 나서 아픈 이들에게 기름을 바르는 것에 대하여 진정으로 강조점 변화가 생긴 것은 12세기였다. 스콜라 학자들은 성례전을 정의내리고 그것이 몇 개나 있는지 결정하는 일에 큰 관심을 가졌다. 그들은 성례전은 일곱 개가 있으며, 그것들에는 '늘 발생되는'(*ex operato*) '영적인' 효과가 있다고 결론지었다.

이러한 이론은 육체적인 치유기도를 드렸던 고대의 실천에 관하여 문제를 불러일으켰다. 육체적이고 신체적인 치유는 주로 '영적이지' 않았고, 육체적인 치유는 아픈 사람에게 기름을 발랐다고 해서 늘 발생하는 것은 아니었기 때문이다. 그러므로, 이론적으로 '성례전의 정의'를 내리다 보면, 신체적인 치유는 기름바름의 가장 중요한 효과가 아닐 수도 있었다.

결과적으로, 기름바름의 실천을 자신들이 성례전을 베풀어야 한다고 정의내려 놓은 것에만 고정시킨 채, (토마스 아퀴나스를 포함하여) 가장 영향력이 큰 신학자들조차도 아픈 이의 죽음이 임박하고 회복할 가능성이 없을 때에만 기름을 발라줄 수 있다고 주장하기에 이르렀다. 그 영적인 목적이 죄를 제거하고 죽어가는 사람에게 하나님과 연합하도록 준비시키는 것이었다. 확실히 이것은 놀라운 목적이었다. 그러나 그것이 실생활에서 의미하는 것은 날마다 심각한 질환으로 아파하는 대부분의 사람들이 기름을 받지 못했다는 것, 그래서 불치병을 앓는 사람들이 "회복될 것이라는 기대를 안고" 기름을 받지 못했다는 것을 뜻했다. 게다가, 죄의 고백과 관련성 때문에, 평신도들은 더 이상 치유를 위하여 기름을 바를 수 없었고, 성직자들만 아픈 이들에게 기름을 발라 줄 수 있는 것으로 상정되었다. 그럼에도 불구하고, 육체적인 치유는 여전히 기름바름의 부차적인 효과로 나타날 수 있는 것으로 이해되었다. 그리고 나는 많은 성직자들에게 말한 바 있다. 그들이 죽어간다고 추정하는 사람들에게 기름을 바를 때 현격한 변화가 일어난다고.

치유기도를 영적인 질서(죄의 용서)로 한정해 버리는 이런 염세적인 관점은, 대부분의 개혁교회 지도자들에게서도 (예컨대, 칼빈이나 루터에게서까지도) 마찬가지로 존속되었다. 따라서 우리가 초기 그리스도인들이 그리스도교 초창기 300년 동안 그렇게 집중적으로 실천했던 치유목회를 강력하게 회복하는 모습을 보게 되지는 겨우 몇십 년밖에 안 된다.

지금 우리는 치유목회의 놀라운 부흥을 맛보고 있다. 오순절 교회들이 그것을 지난 수백 년 동안 되돌려 놓았다. 성 누가 수도회 같은 오순절 교회들과 그룹들이 교회 그룹을 치유기도를 위한 그룹으로 형성해 가고 있다. 로마 가톨릭 교회도 기름바름의 성례전이 지니고 있는 고대적인 목적을 재발견하고 있다.

제2차바티칸공의회 이후, 사실상, 성례전의 그 이름 자체를 다시 '병자기름바름예식'으로 부르는 방향으로 변화되었다. 놀라운 변화 속에서, 성례전의 목적이 이제 다시 한번 더 치유라고 선언되고 있다.[7] 로마가톨릭교회의 가르침은 이제 이 책에서 제안하는 기본 개념과 밀접하게 연관되고 있다. 이제 새로운 기름바름예식은 죄의 용서를 강조한다기보다는 전인치유를 강조한다. 그 예는 다음과 같다:

> 주님께서 이 거룩한 기름바름을 통하여
> 그리고 그대를 향한
> 그분의 위대하신 사랑을 통하여
> 그대를 성령의 능력으로 도와주시기를 빕니다.
> —아멘.

> 그대를 죄에게 자유케 하신 주님께서
> 그대를 치유하시고
> 그분의 구원하시는 은혜를
> 그대에게 펼쳐 주시기를 빕니다.
> —아멘.[8]

사용될 기름을 축복하는 새로운 기도는 한층 더 명확하다:

> 주 하나님,
> 성자 예수 그리스도를 통하여
> 아픈 이들에게 치유를 베푸시는
> 온갖 위로의 아버지시여,
> 저희가 믿음으로 드리는 기도를 들으시어,
> 자연이 사람들의 필요를 섬기라고 제공해 준

이 기름 위에 하늘로부터
위로자 성령을 보내 주옵소서.

하나님의 축복이
이 기름을 바르는 이들 모두 위에 임하여,
그들이 고통과 질환과
질병으로부터 자유케 되어
몸도 마음도 영혼도
다시 건강해지게 하옵소서.
성부이시여,
우리가 사용할 수 있도록 축복하신 이 기름이
그 치유적인 효과를 발할 수 있게 하옵소서.
우리 주 예수 그리스도의 이름으로 기도드립니다.[9]

'완전히 무시된 성례전'[10]으로 불렸던 것이 회복되었다는 것은, 최근 몇 세기 동안, 성례전이 주로는 어떤 사람이 죽음을 준비하는 데 사용되고 부차적으로만 그리고 조건적으로만 치유로 이끌기 위하여 사용되었는데, 그것의 주된 목적은 이제 질병의 특별한 시련으로 고난을 겪고 있는 사람을 치유하는 것으로 변화되었음을 의미한다. 교황 바로오 6세가 쓰고 있듯이, "우리는 성례전적인 신앙형식을, 예수 그리스도께서 말씀하신 관점에서, 성례전의 효과가 충분히 나타날 수 있는 방식으로 수정해야 한다고 생각하였다."[11]

게다가, 성례전은 '심각하게 아픈' 이들에게 베푸는 것이지, '죽음의 위험'에 빠진 이들에게만 베푸는 것은 아니다. 기름바름을 받을 수 있는 조건으로 더 이상 죽음에 대한 언급은 없다. 희망적이게도, 이 경향은 계속될 것이다. 그리고 궁극적으로, 로마가톨릭교회는 심각하게 아픈 사람뿐만 아니라, 아픈 사람이라면 누구에게든지 기름을 발라줄 수 있도록 격려하게 될 것이다.

많은 종교개혁교회 지도자들도 치유기도를 드릴 때 기름을 함께 바르는 것이 아픈 이들을 어느 정도 치유할 수 있는지 새롭게 다시 이해를 해가고 있다. 우리가 하나님께 기름을 치유 능력의 통로로 그리고 악을 내쫓는 힘으로 사용할 수 있게 해달라고 기도하면서 우리가 축복한 기름을 사용할 때 치유의 부가적인 능력이 있는 것 같다.

나는 내가 귀신의 세력에 사로잡힌 사람들 이마에 기름을 발랐을 때 축복을 빈 기름에서 능력이 나타나는 아주 놀라운 증거를 여러 번 목격한 바 있다. 귀신들린 사람은 올리브 기름이 실내온도 정도였는데도, 작열하는 부지깽이를 만진 것마냥 팔딱팔딱 뛰었다.

성만찬의 효과가 충분히 일어나려면 무슨 일이 일어날 것이라는, 이 경우에는 치유가 일어날 것이라는, 믿음을 가질 필요가 있다. 주님께서 성만찬 안에서 특별한 방법으로 임재하시게 될 거라고 믿는 것과 똑같이, 아픈 사람이 어떤 방법으로든지, 곧 일종의 영적인 치유든지, 내면세계의 치유든지, 아니면 이것이 아픈 사람을 위한 하나님의 온전하신 계획이라면 육체적인 치료를 통해서든지, 치유될 것이라는 믿음도 필요하다. (이 책의 자매편으로 〈치유의 영성〉이라는 책이 있는데, 그 중에서 '치유받아야 할 믿음'이라는 장을 보면 이와 관련된 적절한 사례들이 들어 있다.) 〈기름바름예식과 아픈 이에 대한 목회적 돌봄〉이라는 책에서는 기름바름예식이 "교회의 장로들에 따른 안

수, 믿음의 기도, 그리고 하나님의 축복에 따라 성화된 기름을 바르는 것"으로 구성됨으로써, 야고보서에 대하여 분명한 암시를 하고 있다고 말한다:

……믿음의 기도는 목사나 성례전을 받는 이뿐만 아니라, 예배하는 공동체에게도 중요한 요소라고 어렴풋이 보인다.[12]

아픈 이들에게 기름을 바르는 것은, 아마도 교회가 베푸는 모든 성례전 가운데서 가장 예전적으로 손실이 많았던 것이라고 볼 수 있는데, 준마술적이고 기계적인 방법으로 베풀어져서는 결코 안 되며, 반드시 신앙 공동체의 성례전으로 베풀어져야 한다.[13]

다음과 같은 말은 확실히 사실이다: 곧 '믿음'이 진짜로 이 성례전의 효율성 속으로 들어간다. 만일 목사가, 만일 아픈 사람이, 만일 모인 친척이나 친구 그룹이 치유가 일어날 것이라고 믿는 믿음을 갖고 있다면, 치유의 기적은 갱신된 기름바름의 성례전을 통하여 정규적으로 일어나야 한다.

내 자신의 삶 속에서 가장 감동적이었던 순간은 팔순이 넘으신 아버지가 나에게 기름을 발라달라고 하셨을 때였다. 아버지는 육체적으로 허약해서서 정오 때까지 주무셨다. 그래서 우리 치유 팀에게 기도를 받으시려고 (당시 내가 살고 있던 미주리주 세인트루이스의) 머튼 하우스에 들르셨다. 아버지는 우리 치유 팀이 그 허약한 몸에 모두 함께 안수를 할 수 있도록 긴 의자에 누우셨다. 내가 아버지에게 기름을 바르자, 아버지는 일어나서 이렇게 선언하셨다: "내 이 사실을 기억하기 위해서라도 110살까지 살 거다!"

아무튼, 아버지는 110세까지는 못 사셨지만, 89세까지는 정말 사셨다. 그 기억에 남을 기름바름예식 이후, 아버지는 아침에 다시 일어나시기 시작했고, 자신의 성질과 인내심도 현저하게 변했음을 느끼셨다.

5. 우리 죄를 고백하기: 회개하고 용서받고

로마 가톨릭 교회에서 이 성례전은, 예전에는 참회나 고백으로 불렸는데, 요즘은 화해라고 불린다. 그것은 우리 죄가 사적인 관심만이 아님을 강조하기 위해서다. 또 우리가 다른 사람들에게 상처를 주었기 때문에, 하나님과만이 아니라 우리가 상처를 준 사람들과도 화해와 용서를 구할 필요가 있음을 강조하기 위해서다.

많은 개혁교회 목회자들은 우리가 우리 죄를 다른 인간에게 고백할 필요가 없다고 말하곤 한다. 우리에게 가장 필요한 것은 우리가 잘못했음을 하나님께 아뢰는 것이라고 말한다. 물론, 그것은 가장 필수적인 것이다. 그러나 야고보서는 우리가, 신학적인 논쟁을 일삼으려 하지 말고, 우리 죄를 서로 고백하라고 격려한다. 나는 우리가 신뢰할 수 있는 다른 그리스도인에게 우리 죄를 고백하는 데 진짜 실제로 치유적인 유익이 있음을 발견해 왔다.

첫번째로, 우리 죄를 회개하는 첫번째 단계는 그것들에 대해서 정직해지고 그것들을 빛 속으로 가지고 오는 것이다.

나는 내가 누군가에게 나의 죄를 고백할 때 실제로 그것에 대하여 좀 더 정직해지는 것을 발견한다. 누군가에게 소리를 내어 내 죄를 말해야 한다는 것은 매우 어렵고 수치스러운 일이다. 우리는 하나같이 자신이 했던 일을 인정하고 싶어하지 않기 때문에, 누군가에게 죄를 털어놓는다는 것은 매우 정결하게 하는 일이다. 그것을 입밖으로 말해 버리고 그것을 빛 속으로 가져오는 것은 그 자체로 치유하는 과정의 일부이다. 거기에 대해서는 심리학자들이나 상담가들도 인정하고 있다. 예컨대, 수년 전, 심리학자 시드니 주얼드는 이렇게 쓴 바 있다: "그 누구도 자신을 *다른 사람들에게* 노출한 결과 말고는 자신을 알 수 없다는 것이 또다른 경험적 사실인 것 같다."[14] 같은 무렵(1960년대)에 호바트 모우러 박사는 가족이나 친구들과 마음을 활짝 열고 나누는 사적인 고백은 우리 사회에서 일어나고 있는 신경증의 치유를 위하여 재발견되어야 한다.[15]

불행하게도, 로마 가톨릭 교회에서, '고백하러 가는' 일은 내가 개인적으로 그것이 이전보다 훨씬 더 도움이 될 수 있다고 믿은 때 소원해졌다. 나는 고백이 왜 사라졌는지 확실히 이해할 수 있다. 너무 정형화되어 식상해지는 경향 때문이다: "저는 새벽기도를 세 번씩이나 놓쳤어요."

내 아내 주디스가 예수님을 영접하고 그야말로 최초의 고백을 하게 되었을 때, 그녀는 칸막이 뒤에 있는 성직자에게 자기가 사랑하지 않은 죄를 지었다고 말했다. 그는 한참이나 말이 없었다. 그래서 아내가 무슨 일이 있느냐고 물었다. 그는 다음과 같이 인정했다: "그런 말을 전에는 진짜 들어 본 적이 없어요." 하지만 아직도 서로 사랑하라는 것은 위대한 명령이다. 우리 사회 상황을 보면, 여러분은 상상할 수 있을 것이다. '사랑하지 않는 것'이 우리가 고백할 필요가 있는 온갖 죄들 가운데 가장 일반적이라는 것을.

더 깊이 들어가서, 내 생각에는 우리에게는 우리가 죄를 지었을 때 신뢰할 수 있는 누군가와 죄를 고백하고 비밀을 나누고 싶은 강력한 내적 욕구가 있다고 본다. 또다른 인간에게 우리의 가장 깊은 비밀을 드러내는 것에 대한 맞균형적인 두려움에도 불구하고 말이다. *그러나 우리 죄를 빛 속으로 가져오는 것이 바로 치유다.*

어쨌거나 하나님의 권위를 대표하는 누군가에게 고백을 하는 것의 다른 커다란 유익은 여러분과 나누는 그 사람이 여러분이 여러분의 죄를 어떻게 바라보아야 하는지 도와줄 수 있다는 점이다. 그리고 장차 여러분이 그 실패를 극복할 수 있는 방법에 대해서도 암시를 줄 수 있을 것이다.

그러고 나서, 무엇보다도 중요한 것은, 그 신뢰할 만한 사람이 우리의 치유를 위하여 기도할 수 있다는 사실이다! 그것이 세상에서 온갖 차이를 만든다. 나는 자기 가족들을 증오하는 사람들을 위하여 기도해 왔다. 하나님께서 자신의 사랑을 그들의 가슴속에 부어주시라고 간구했다. 그리고 그들은 변화되었다.

가톨릭 전통 안에 있는 몇 가지 요소가 우리 모두에게 도움이 될 수 있을 것이다:

    1) 성직자는 고백예식 안에서 들었던 것을 나누어야 할 의무가 있는 것은 결코 아니다. 이런 '비밀유지'는 비밀을 유지해 줄 필요가 있는 상담 전문직 안에서 훨씬 더 엄격하다. 어떤 사람들은 자신들이 사람들의 사생활에 대해 발견한 것을 놓고 수군거리는 경향이 있다. 인간적인 호기심에 대한 이런 매

력 때문에 수많은 기도 그룹과 목회자들의 삶이 파괴되었다. 한 사람의 죄에 대하여 우리가 알고 있는 것이 진짜일 때라도, 그것을 딴 사람에게 말할 권리가 우리에게는 없다. 우리가 누군가와 정말로 우리 죄에 대하여 고백을 나눌 때는, 우리가 말하는 내용이 딴 사람에게 퍼지지 않을 것이라고 기대할 권리가 우리에게는 있다.

    2) 참회자는 성직자에게 다가올 때 동료 인간으로서뿐만 아니라 하나님의 대변인으로서도 다가오는 것으로 보인다. 성직자는 참회자가 하나님께 고백하는 내용을 어쩌다 들을 뿐이다. 우리는 주로 또다른 사람에게 털어놓거나 나누지 않는다. 비록 상담 기간에는 이것 자체가 치유일 수 있을지라도 말이다. 오히려 주로 우리는 하나님께 나아가서, 그분의 용서와 치유를 구하려고 한다.

그리고 가장 중요한 건 치유다. 우리가 범하는 거의 모든 죄 안에는 진짜-원치-않는 요소도 있기 때문이다. 다시 말해서, 바울이 로마서 7장에 묘사하듯이, 우리 안에는 진짜 원하는 일은 하지 않으면서 되려 미워하는 바로 그것만 해대는, 이상하고 신비한 악의 요소도 들어 있기 때문이다.

그러나 그것은 결국, '성례전이든지 아니든지' 잘 풀릴 수 있다. 내 생각에는 만일 사람들이 야고보서에서 암시하듯 털어놓고 "서로 자기 죄를 고백"함으로써, 하나님의 용서를 받아들이고, 몇 가지 좋은 충고도 받아들이고, 그리고 무엇보다도 먼저, 예수님을 통하여 자신들이 자유롭게 되고 자신들의 연약함을 극복할 수 있는 능력을 제공받을 수 있는 기도를 어느 정도 받을 수 있는 길만 있다면 그 어디서나 그리스도인들을 도울 수 있다고 본다. 확신컨대, 상처입은 많은 사람들이 이같은 일이 일어나기를 무척 기다리고 있다. 하지만 고백은 공허한 형식주의 그 이상이 되어야 하고, 우리는 우리가 신뢰할 수 있는 누군가를 찾아가는 데 자유로움을 누릴 필요가 있다. 크리스천 상담가 숫자가 이렇게 엄청나게 불어난 것은 이러한 굶주림의 표징이다. 우리 문화에서 정신의학자나 상담가는, T. S. 엘리옷이 자신의 연극 〈칵테일 파티〉에서 암시하듯이, 오늘 이 시대의 성직자가 되어가고 있다.

내가 이런 굶주림을 입증할 만한 경험을 가장 두드러지게 한 것은 1971년 페루의 리마에서 있었던 한 대회에서 일어났다. 그 대회에는 250명의 선교사들이 참석했는데, 대부분 남녀 성직자들이었다. 우리는 큰 팀을 형성했는데, 나와 바바라 쉴레몬은 그 팀을 통하여 하루동안 협력해서 영성적인 치유나 내면 세계의 치유를 원하는 이면 누구나 붙잡고 기도해 줄 수 있었다. 나는 그들이 남녀 성직자이기에, 몇몇은 고백하는 것을 더 선호할 것이고 관습적인 것보다 두 사람에게 털어놓는 게 당혹스러움을 가져다 줄 것이라고 생각하였다. 그래서 나는 전체 그룹에게 말했다: "여러분이 고백을 하러 가고 싶으면, 진짜 우리에게 말하세요. 그러면 바바라가 자리를 피해 줄 겁니다. 다른 한편으로, 여러분이 바바라한테만 말하고 기도받고 싶다면, 그것도 좋습니다. 우리한테 말하시면 제가 자리를 비켜 드리겠습니다." 엄청난 수가 왔다. 아침부터 저녁까지, 아마 30명은 족히 됐을 것이다. 놀랍게도 고백하러 가고싶어 하는 사람은 한 명밖에 없었다. 바바라만 만나고 싶어하는 사람도 한 명뿐이었다.

여전히 그들 대부분은 자신들의 죄를 고백하였다. 단지 말하고 싶고 정직해지고 싶고, 조언을 받고 싶고, 하지만 무엇보다도 먼저 자신들이 경험했던 정서적이고 영성적이고 공동체적인 상처를 치유하기 위하여 기도를 받고싶은 색다른 굶주림만이 있었을 뿐이다.

아무래도 우리는 이 모든 인간적 아픔과 필요들을 처리할 필요가 있다. 상담도 좋지만, 그 이상이 필요하다. 회개도 꼭 필요하지만, 그 이상이 필요하다. 필요한 '그 이상'이란 내면세계의 치유를 위한 기도다. 그런 치유기도를 통해서만 우리는 그런 연약함 곧 우리를 죄 속으로 끌어당기는 "영혼 속에 뻥뚫린 구멍"을 메울 수 있다.

A. 참회와 관련된 치유

치유가 몹시 필요한 기본적인 이유는 "우리를 도덕적으로나 영성적으로 억누르는 악을 뿌리째 뽑는 데 회개만으로는 보통 충분하지 않기" 때문이다. 나이가 들면 들수록 더 보이는 게 있다. 사람들이 투쟁하는 가장 도덕적인 문제는 본의아닌 요소들이 수없이 많다는 것이다. 알코올중독자는 좀처럼 의지의 문제만 갖고 있는 게 아니다; 내면세계의 치유, 그리고 가능하다면, 귀신축출까지도 깊이 필요로 하고 있을 수 있다. 한 사람이 고백을 하러 올 때, 우리는 용서만이 문제를 풀 것이라고 늘 기대할 수는 없다. 일단 우리가 사람들에게 참된 치유의 가능성을 제공하기만 하면, 그들은 이런 성례전으로 또는 이와 비슷한 것으로 다시 떼지어 돌아올 것이다. 우리가 그것을 무엇이라고 정의내리든 상관없이. 다른 한편으로, 가톨릭 교회 안에서 고백을 하러 가려고 일렬로 늘어선 사람들의 숫자가 감소하고 있다는 것은 사람들 스스로가 회개만으로는 자신들의 삶을 충분히 변화시킬 수 없음을 깨닫고 있다는 표시다. 나는 믿음이 부족해서 참회(나 화해)의 성례전 사용이 줄어들고 있다고 생각하지는 않는다. 오히려 그것은 많은 성직자들이 스스로 토로하듯이 이런 느낌이 아닐까? "저는 매주 똑같은 것을 고백하고 있는데, 뭔가 잘못됐어요. 저는 진짜 변할 생각이 없거나 제 잘못이라고 말하면서도 확신이 안 들어요. 그것도 아니면 변하고는 싶지만 할 수가 없다고나 할까요. 그런 경우에 제 죄는 전적으로 제 잘못이 아니지요. 딱 까놓고 얘기해서 저는 그것을 다시는 안할 거라고 말할 자신이 없어요." 이것이 바울이 로마서와 갈라디아서에서 말하고 있는 내용이다: 율법은 우리를 변화시키기에 충분치가 않다. 계명을 아는 것, 옳고 그름을 아는 것은 우리를 더 죄책감에 빠지게 할뿐이다. 우리는 그렇게 이상적으로 살 수도 없고 그렇게 살아가지도 않기 때문이다.

여기서 대답은 우리에게 치유를 위한 기도가 필요하다는 것이다. 그것은 마치 하나님께서 우리 의지를 강하게 하셔서 (소모적일 수밖에 없는) 유혹과 장기적인 전쟁을 치루기를 바라실 뿐만 아니라 실제로는 '내면세계로부터' 유혹도 다루시어, 그것이 우리 관심의 중심부를 차지하지 못하게 함으로써 우리가 더 중요한 삶의 쟁점들에 집중할 수 있도록 하시는 것과 같다.

내면세계의 치유와 귀신축출에 관한 장들에서는 화해의 성례전 속으로 지혜롭게 통합시켜서 참회자가 모든 인간에게 배어 있는 죄들로부터 자유함을 누릴 수 있는 그런 종류의 기도를 내보인다. 내 경험으로 볼 때, 우리에게는 진짜 죄로부터 참

자유를 가져다 줄 수 있는 치유기도가 필요하다

B. 전통적인 참회의 맥락에서

우리가 지금도 직면하고 있듯이, 참회자가 고백을 하러 오는 상황에서, 성직자는 쉽게 그 참회자가 문제를 지니고 있는 삶의 영역과 직결된 치유기도를 간단히 덧붙일 수 있다. 이러한 기도는 용서를 베풀기 전이나 후에 덧붙일 수 있다. 나는 사람들이 덧붙여진 기도를 변함없이 고맙게 여기고 있음을 발견한다. 참회의 맥락에서 치유를 위하여 적합한 기도를 드리려고 할 때 전통적으로 다음과 같은 아주 분명한 문제들이 있다:

1) 뿌리로 내려가서, 무엇을 위해 기도해야 할 것인지를 알아낸 다음, 조급하지 않은 방법으로 기도할 '시간'이 필요하다. 만일 참회자가 고백을 하고 있고 다른 사람들이 줄을 서서 기다리고 있다면, 성직자가 각 사람에게 많은 시간을 할애할 수 없음이 분명하다. 우리는 성직자나 목회자가 참회자를 돕기 위하여 한 시간 정도 할애할 수 있는 환경이 필요하다.

2) 참회자는 자기 문제를 가지고 뿌리로 내려가기보다는 수많은 죄를 열거하려는 경향이 종종 있다. 우리는 죄를 열거하는 시간을 줄이고 그 죄들의 뿌리와 우리의 죄많은 태도들에 대하여 이야기를 나누는 데 더 많은 시간을 할애할 필요가 있다.

C. 상담의 맥락에서

나는 상담이 특히 영성수련에서 유용하다는 것을 발견했다. 상담은 고백을 듣는 것보다는 치유를 위하여 대화하고 싶어하거나 기도하고 싶어하는 사람들에게 더 쓸모가 있었다.

이런 식으로 사람들은 와서, 다양한 방법으로 자신들의 삶의 이야기를 털어놓는다: 그들은 자신들이 하나님과 그리고 가족이나 친구들과 어떤 관계에 있는지, 또는 어떤 관계 결핍을 경험하고 있는지 이야기하고 싶어한다. 그들이 이런 식으로 그것에 대하여 신선하게 다가오는 것이, 열거된 죄들 속에서 그것을 솎아내는 것보다 훨씬 더 쉽다. 하지만 그들이 자신들의 삶에 대하여 이야기할 때 죄의 문제가 종종 떠오르는데, 그러한 경우에는 회개의 기도를 이끌어 낸 다음에 성직자가 용서의 선언을 할 수 있다. 그러나 '거의 늘' 느끼는 것이지만, 내면세계의 치유기도나 관계의 치유기도를 드릴 필요가 있다.

우리 모두는 치유를 필요로 한다. 한 성직자나 목회자가 자신들의 필요를 위하여 기도하는 데 쓸모 있을 때, 사람들은 열심히 와서 도움을 구한다. 치유의 그런 유형들 가운데 하나가, 그것이 유일한 것이긴 한데, 죄의 용서다. 그러므로 내가 요즘 발견하고 있는 사실은 나 스스로를 가능한 한 가장 폭넓은 방법으로 그리스도의 치유하시는 사랑를 지닌 목사로 만드는 것이 가장 도움이 되는 것 같다는 점이다. 그리고 나면 나는 내가 예수님께 어떻게 도와달라고 구하는 것이 가장 최선인지 사람들이 필요에 따라 결정하게 할 수 있다. 곧 빛과 지혜를 줌으로써, 죄를 용서해 줌으로써, 내면세계의 치유를 위하여 기도해 줌으로써, 육체적인 치유를 위하여 기도해 줌으로써, 귀신축출을 위하여 기도해 줌으로써, 또는 단순히 그리스도의 사랑만을 사람들에게 베풂으로써.

이것이 가장 가능한 상황에서 죄와 악을 뿌리째 뽑기 위해 그리스도의 능력을 베푸는 것이다. 나는 성직자들이 사람들을 짓누름으로써 해방을 못 받게 하고 하나님의 자녀도 못 되게 하는 죄의 그 모든 뿌리에 대하여 화해의 성례전을 베푸는 법을 배우는 그런 때가 오기를 학수고대한다.

6. 결혼

수차례에 걸쳐, 나는 육체적인 치유가 아니라 그 부부의 사랑이 더 깊어지도록 해달라고 기도해 왔건만, 그 부부 가운데 한 명이 육체적인 질병을 치유받는 것을 보아 왔다. 그러나, 가장 중요한 사실은, 지난 2-3년 동안 우리는 '관계의 치유'를 위하여 기도드리는 법에 대하여 무언가를 배웠다는 것이다. 이것이 일어나는 가장 이상적인 상황은 결혼한 두 배우자가 함께 와서, 자신들의 결혼생활을 강화하고 치유해 달라고 구할 때이다. 이러한 기도는 시간이 많이 걸리고 느긋해야 한다. 이상적으로는, 여러 회기가 필요하고, 다음과 같이 4단계로 흐르는 것 같다:

   1) 그것은 그 부부가 자신들에 대하여 그리고 자신들의 관계에 대하여 어떻게 느끼는지 알아내기 위하여 일상 '상담' 회기와 함께 시작된다.
   2) 만일 '용서'가 필요하다면, 저마다 다른 사람들의 용서

를 구하면서, 다른 배우자가 관계 속으로 가지고 온 아름다움과 선함을 확인할 수 있다.

3) 이것은 배우자가 저마다 따로따로 드리는 '내면세계의 치유' 기도 다음에 이어진다. 종종 배우자가 결혼 속으로 가지고 온 슬픔과 상처를 발견하고 이것이 관계에 대하여 끼친 영향을 실감하는 것은 그 자체로 하나의 계시이며 치유의 시작이다. 예컨대, 어린 딸이 긴 병을 앓다가 죽은 이후 소원해진 한 남편과 아내를 떠올려 보라. 그런 비극을 함께 참아냄으로써 자신들 사이에 사랑을 강화할 수도 있었을 텐데, 오히려 그들은 그것 때문에 더 멀어져 버렸다. 어떻게 이런 일이 생겼을까? 아마도 남편은 자랄 때 수많은 비극을 견뎌낸 대가족 출신일 것이다. 그런 환경에서 그들이 고난을 참아내는 방법으로 유일하게 알고 있는 길은 그것에 대하여 침묵을 유지하거나 농담을 던지는 것이었으리라. 마치 전쟁 속에서 병사들이 자기 동료 전우들의 죽음에 대하여 무뎌지는 법을 배우듯 말이다. 살아남는 유일한 길은 무뎌지는 것이다. 대화는 고난을 더 악화시키는 것처럼 보일 뿐이다. 그래서 남편은 자기 딸이 병들었을 때 그것에 대하여 말하고 싶어하지 않았다. 실은, 그것에 대하여 가벼운 농담을 던지기까지 하였다.

아내는 사랑도 슬픔도 터놓고 내색하는 소가족 출신일 것이다. 그래서 자기들 아이가 병들고 엄마마저 하염없이 울 때, 아빠는 아내의 눈물에 당혹감을 느끼고 침묵 속으로 물러서 버렸다. 그녀는 이런 남편의 모습이 냉정하다고 해석하고 어떻게 이렇게 무정할 수 있는지 따졌던 것이다. 농담을 던지려 하는 그의 모습을 보고 그녀는 질려 버렸다. 그는 안 그래도 나빠지고 있는 관계를 더 파괴하지 않으려고, 자신의 분노를 억누른 채 자기만의 껍데기 속으로 더 후퇴해 버렸다. 그녀와 아기가 그의 지지를 가장 필요로 할 때 그는 사라져 버렸고 주변에 있어 주지 못했다.

이런 식으로, 그리고 다른 수많은 경우에서도, 사람들의 배경은 자신들의 현재 관계에 영향을 끼친다. 한 부부가 치유를 필요로 하는 과거의 상처들을 이해하기 시작할 때, 그런 식의 이해를 통하여 화해에 이르게 된다. 예컨대, 이 아내에게는, 자기 남편이 느끼지 못하는 것은 아니지만 자기가 알고 있는 대로만 자신의 느낌을 조절하고 있다는 것을 알게 되었을 때, 그 자체가 치유의 시작이었다.

다음으로 우리는 각 배우자를 위하여 기도드린다. 다시 말해서, 아내에게는 남편을 위해 우리와 함께 기도하자고 하고, 남편에게는 아내를 위해 우리와 함께 기도하자고 권면한다. 그리고 내면세계의 치유를 위하여 기도드린다. 그러면 저마다 현재 안에서 자유롭게 관계를 맺기 위하여 과거의 상처로부터 자유로워질 수 있다. 이것이 아름다운 종류의 기도다.

그런데, 이런 종류의 기도에서는, 남녀가 팀을 이루어 남편과 아내를 위하여 함께 기도해 주는 것이 종종 도움이 된다.

4) 그리고 나서 기도는 결혼한 부부와 함께 '결혼 관계의 치유' 그 자체를 위하여 기도해 주는 것으로 마무리할 수 있다.

상상이 되겠지만, 이런 종류의 기도는 엄청난 정직을 필요로 한다. 그것을 절대 강요할 수 없다. 배우자들이 그것을 갈망해야만 한다. 그 기도에 참여하는 사람들은 모두 예민해질 필요가 있다. 그러나 나는 정직한 논의를 통하여 표면화될 상처들을 모두 치유할 수 있는 기도 속에서 결혼상담이 최고조에 달

할 날을 학수고대하곤 하였다. 이런 식으로 우리는 부부가 예수님의 사랑으로 서로 사랑할 수 있도록 권능을 부여하는 성례전의 은혜를 불러일으킬 것이다.

7. 직제의 성례전

치유는 목사안수와 관계가 있는 것같다. 목사나 사제가 예수 그리스도처럼 공동체를 섬기는 삶을 살기 위하여 안수받는다는 것은 결코 놀랄 일이 아니다. 목사는 설교하는 일과, 치유하는 일과, 귀신을 내쫓는 일에 헌신하는 삶 속에서 그리스도 자신의 일을 수행한다. 그것은 예수님처럼 되는 것을 의미한다.

> 하나님께서 나사렛 예수께 성령과 능력으로 기름을 부어 주셨습니다. 이 예수께서는 두루 다니시면서 선한 일을 행하시고, 악마에게 억눌린 사람들을 모두 고쳐 주셨습니다. 그것은 하나님께서 그와 함께 하셨기 때문입니다(사도행전 10장 38절).

초대교회 시대에 치유하라는 명령은 특별한 권능으로 여겨진 것같다. 결과적으로, 그 권능을 받은 사람은 안수를 받을 필요가 없었다. (주후 215년 경에 씌어진) 〈히폴리투스의 사도전승〉에서는 이렇게 말한다:

> 누구든지 "내가 치유의 은사를 받았다"고 말하면, 그에게 안수를 해서는 안 된다. 그의 말이 진실인지 아닌지는 행위 자체

로 입증될 것이다.[16]

이와 비슷하게, 귀신축출은 특별히 성직자만 할 수 있는 기능은 아니었다. 3세기에는, 평신도들이 이러한 일을 위하여 훈련받았다. 귀신축출자의 수가 너무 많아서 로마의 한 감독은 그 수가 사제보다 많다고 불평하였다.[17]

〈사도헌장〉에서는, 5세기까지, 교회가 치유자나 귀신축출자는 안수받아야 한다고 결정함으로써 치유목회를 축소시키고 제한시켰음을 보여준다. 게다가, 감독은 그렇게 안수받은 이들은 모두 치유할 수 있는 능력을 받을 것이라고 기도하였다:

> 오 주님,
> 그리고 이제 그에게
> 주님의 은혜의 영을 주시고
> 그 영을 영원토록 간직하게 하시어,
> 치유의 능력과 교훈의 말씀으로 충만한 채,
> 그가 온유한 가슴으로
> 주님의 백성을 가르치고
> 순전한 마음과 즐겨하는 영혼으로
> 그들을 신실하게 섬기며
> 주님의 백성을 위하여
> 자신의 거룩한 직무를
> 손끝하나 비난받지 않고
> 다 성취하게 하옵소서.[18]

〈히폴리투스의 규범〉에는 장로나 감독을 위한 특별한 기도가

깃들어 있다:

> 오 주님,
> 그에게 온화한 영과
> 죄를 용서할 수 있는 권능을 주옵소서.
> 그리고 그에게
> 사악한 마귀의 모든 끈을 풀어 버리고,
> 온갖 질병을 치유하며,
> 사탄을 재빨리 자신의 발 아래
> 때려눕힐 수 있는 능력도 주옵소서.[19]

나중에 이러한 능력은, 우리가 전에 말했듯이, 병자에게 기름을 바르는 성례전으로 방향을 돌림으로써 더 제한되었다. 여기서 중요한 것은 예수님의 치유하시는 능력이 치유를 위하여 안수받은 성직자의 생생한 도움 속에 구체화된 것으로 여겨졌다는 사실을 이해하는 것이다. (9세기에) 아말라리우스는 이렇게 기록하고 있다:

> 우리 감독들은 이런 관습을 유지하고 있다: 그들은 기름으로 성직자들의 손을 바른다. 그들이 이렇게 하는 이유는 분명하다. 곧 그들의 손을 하나님께 희생제물을 드리기 위하여 깨끗하게 하고 경건의 직무를 위하여 펴기 위해서다. 기름은 치유의 은혜, 그리고 자비나 사랑 둘 다를 나타낸다.[20]

물론, 이 모든 것을 종교개혁 교회들의 교역에 적용시킬 수도 있다. 특히 초기 그리스도교 전통에서 치유의 은사를 그리스도교 공동체의 일상 교역의 일부로서 평신도들에게 부여된 권능이라고 보았기 때문이다. 나중에 특별히 성례전을 통하여 추구되고 사용되는 것은 사제직의 일부가 되었다.[21]

내 생각에 대부분의 교회들은 성 어거스틴이 겪었던 그런 종류의 갱신과 태도 변화를 겪고 있다. 자신의 초기 작품에서, 그는 치유가 그리스도교 초기에는 의미가 있었지만 그리스도인들이 치유가 지속될 것이라고 기대하지는 말아야 한다는 입장을 견지하였다.[22] 그리고 나서 그의 태도가 변했는데, 그는 자신의 책 〈철회〉에서 자기가 틀렸다고 솔직히 인정하였다. 히포의 감독으로서(주후 약 420년 경) 체험했던 것을 통하여 그는 자신의 마음을 다음과 같이 바꾸었다:

……나는 얼마나 많은 기적들이 우리가 사는 이 시대에도 옛날의 기적과 똑같이 일어나고 있는지를 깨달았습니다. 이 놀라운 하나님의 능력에 대한 기억들이 우리 사람들 사이에서 사라져 가다니 이 얼마나 잘못된 일입니까? 여기 히포에서 기록을 유지하기 시작한 것은 딱 2년밖에 안 되었지만, 이미, 이 작품을 쓸 때, 우리는 거의 70차례의 입증된 기적을 보유하고 있습니다.[23]

우리가 성례전의 가능성을 더 믿는 법을 배울 때 놀라운 일이 그 성례전을 통하여 일어날 것이다. 개인적으로 내가 치유가 일어나는 것을 보지 못한 유일한 성례전은 견신례이다. 아마도 내가 그것을 베푸는 현장에는 한 번밖에 없었기 때문일 것이다. 나는 하나님의 사랑이 화해의 성례전과, 내면세계의 치유를 위한 기도와, 그리고 귀신축출과의 조합을 통하여 어떤 여성 영성지도자의 치유 속에서 다음과 같이 드러났던 것처럼 일반적으로 입증될 날이 오기를 학수고대하고 있다:

아마도 여러분은 내가 느끼는 게 얼마나 다른지를 알고 있을 것이다. 진짜 새롭다. 눈처럼 하얗고 순수하고 아름다워진 느낌이다. 공기처럼 가볍고 일평생 맛보았던 것보다 더 행복한 느낌이다. 다른 사람들의 말이나 행동이 내게 상처를 주지 못한다. 질투를 느끼기보다, 되려 행복하다. 옛 사고유형에 대하여 나 자신을 점검할 필요가 있으나, 지금은 그분께서 내가 그것을 행하도록 돕고 계신다. 나는 아그네스 샌포드의 〈치유의 빛〉이라는 책을 읽었지만, 내 모든 노력은 그 하잘 것 없는 생각들을 멈출 수가 없었다. 나는 어느 지점까지는 내 수고를 제어할 수 있다. 그러다 곧 그것들은 폭발하고 나는 비참함을 느끼곤 한다. 나는 할 수 없음을 알고, 나의 죄와 나의 무력함을 느끼곤 한다. 이제 그분께서 그것을 행하시나니, 그것은 쉽다. 나는 (내가 그들과 함께 있을 수 없다고 느끼기 전날 밤에) 나의 공동체 속으로 가장 아름답게 '재가입'하였다. 나의 영과 공동체의 영이 들어올려진다. 어쨌든, *나는 새롭다.* 하나님께서는 자신의 은혜 안에서 깊이 감동시키고 계실 뿐이기에, 나는 그분께 감사드리기를 결코 멈출 필요가 없다.

10
가장 자주 받는 질문들

치유워크숍을 열 때마다 사람들이 자주 하는 질문이 있다. 그 가운데는 지금까지 이 책에서 다루지 못한 주제도 많다. 그래서 이 장에서는 여기저기서 제기되었던 질문들을 실제적이며 중요한 순서대로 열거한 뒤, 최선을 다해 답해 보려고 한다.

1. 나에게 치유의 은사가 있는지 어떻게 알 수 있는가?

이것은 신중한 대답을 요하는 질문이다. 마치 누군가 나에게, "박사님, 저는 박사님이 치유목회자라는 말을 들었는데요"라고 말할 때 착잡한 생각이 드는 것처럼 쉽게 답변할 수 있는 문제가 아니다.

우선 무엇보다도, 그것은 지나칠 정도로 사람 중심의 질문이다. 마치 내가 '무엇이든' 내 마음대로 조종할 수 있고, 만사가 내 마음먹기에 달려 있는 것처럼 들린다.

내가 할 수 있는 일은 기도뿐이다—기도는 내가 스스로 결정할 수 있는 일이기 때문이다. 그러나 어떤 사람의 병이 낫고 안 낫고는 전적으로 하나님께 달려 있다. 내 힘으로 결정할 수 있는 것이 아니다. 이것은 마술도 아니고 미신도 아니다. 내가 기도함으로써 하나님의 생각을 바꾸는 것이 아니다. 다만 우리를 향하신 하나님의 계획에 협력하는 것뿐이다(나의 기도도 거기에 포함된다). 하나님의 계획은 기본적으로 언제나 생명지향적이고 건강지향적이다. 하지만 어떤 장애나 혹은 좀더 높은 차원의 긍정적인 목적으로 말미암아, 치유가 일어나지 않는 예외적인 경우가 생기기도 한다. 그러므로 치유의 은사는 내가 내 힘으로 조종할 수 있는 은사라기보다는, 하나님에 따라 쓰임을 받는 잠재력이 내 속에 있는 것과 같다. 치유의 은사는 치유목회자를 위한 것이 아니다. 실제로 건강을 선물로 받는 병든 이를 위한 것이다.

나는 그리스도인이라면 누구나 치유목회에 쓰임받을 수 있다고 믿는다. 치유를 베푸시는 분은 예수님이시다. 모든 그리스도인의 마음속에는 성부·성자·성령께서 내재하시기 때문에 필요에 따라서 삼위께서 우리 믿는 이들의 기도를 통하여 치유를 행하신다. 예수님께서는 "믿는 자에게는 능치 못할 일이 없느니라"(마가복음 9절 23절 하반절)고 하셨다. 우리 모두는 아픈 이의 치유를 위하여 기도하라는 권면을 받고 있다. 구체적으로 말해서, 우리에게 어쨌든 우리와 밀접한 관계에 있는 사람들을 위하여 기도해야 할 특별한 책임이 있다. 곧 하나님께서는 아이들을 위해서는 부모가, 남편과 아내를 위해서는 서로가 기도하도록 도구로 사용하신다. 친구들끼리 서로 기도할 때에도, 하나님께서는 특별한 사랑의 유대관계를 치유의 목적으로 사용하신다. 목회자들은 그리스도교 공동체의 지도자와 상담자라는 위치 때문에, 자신들의 업무와 관련된 특별한 치유의 은사들을 가지고 있어야 한다. 특히, 화해의 성례전과 아픈 이에게 기름을 바르는 성례전은 성례전적인 교회들의 예전생활에서 치유적인 부분을 구성하고 있다. 목사에게 치유는, 외판원들이 말하듯이, '내 구역'인 것이다.

그럼에도 불구하고, 치유의 영역에서 특별한 은사를 받은 것처럼 보이는 사람들이 있다. 이들은 교회 안 다른 사람들의 인정을 받으면서 치유 '목회'를 발전시켜 나가고 있다. 바울 사도는 '어떤' 사람에게는 병고치는 은사가 주어졌다고 말한다(고린도전서 12장 9절). 이로 미루어 볼 때, 그 밖의 다른 사람들에게는 치유의 은사가 주어지지 않았다는 것이 분명하다—적어도 그 은사가 주어진 사람만큼은 가지지 못한 것이다. 전후 문맥을 따라서 보건대, 바울은 고린도전서 12장에서 여러 가지 특별한 교역의 은사들이 교회 공동체의 유익을 위하여 주어졌음을 말하고 있다. 이런 놀라운 은사는 몇몇 사람들에게만 주어졌던 것이 확실하다. 그러나 모든 교회와 기도그룹 안에는 치유목회에서 하나님에 따라 더 많이 쓰임을 받는다고 주변 사람들로부터 인정받고 있는 사람들이 있기 마련이다.

나는 사람들이 자신에게 치유의 은사가 주어졌는지를 어떻게 알 수 있느냐고 물어올 때에, 이 특별한 치유의 은사를 알려면 그들이 치유를 위하여 기도를 실천하는 것밖에 없다고 말한다. 이 치유의 은사를 받았는지를 알아보는 단 한 가지 실제적인 방법은 기도하고 나서 '사람들이 치유를 받는지' 여부를 확인하는 것뿐이다. 기도를 받는 사람의 병이 치유되었는가를 처음으로 알 수 있는 사람은 공동체 안의 다른 사람일 것이다. 그러므로 이것은 사람들이 걱정할 필요가 없는 질문이다.

치유의 은사는—사랑처럼—다소 정도의 차이가 있다. 치유의 은사에 관하여 그 은사를 가지고 있느냐 없느냐의 문제도 말할 수 없다. 그렇게 단순한 문제가 아니다. 간단히 말해서, 치유의 은사에는 성장할 수 있는 여지가 있다. 모든 그리스도인은 자신들 안에 이미 어느 정도의 은사를 가지고 있다. 그러므로 치유의 은사를 받기 위하여 우리에게 기도를 부탁할 때, 그들은 자신들 안에 잠재해 있는 은사가 자랄 수 있기를 희망하는 것이다. 우리에게 이 은사가 있는지 없는지를 확인하기 위하여 서두를 필요는 조금도 없다. 내 경험으로 볼 때, 치유의 영역에 특별한 은사를 지니고 있는 사람은 다른 사람들을 통하여 금방 드러나게 되어 있다. 그 사람은 이내 자신이 그러한 은사를 받은 것일까 생각하기보다는—예수님께서 그러셨듯이—그러한 사실을 숨겨야만 할 것이다. 만일 여러분이 목회를 감당할 수 있는 진정한 치유의 은사를 받았다면, 아무런 의심도 생기지 않을 것이다. 치유의 은사를 가지고 있는지 없는지를 확인하지 못하는 사람들은 기다리면서 그 은사를 끊임없이 성장시켜 나가는 것이 가장 좋을 것이다.

어떤 이들은 자신에게 치유의 은사가 있는지를 알아내려고 지나치게 걱정하는 것 같다. 대체로 이런 사람들의 동기는 순수하지 않을 때가 많다. 남을 도와주려는 마음은 칭찬할 만하지만, 다른 한편으로 남들에게 자기와 같은 사람이 필요하다는 지나친 욕구를 갖고 있기가 쉽기 때문이다. 이런 사람들은 기도모임이 있는 곳마다 쫓아다니면서 어떻게든지 자신을 나타내 보이려고 한다. 그리고 자신에게 치유목회를 감당할 수 있는 능력이 있음을 어떻게든지 알리려 든다. 우리들이 개최하는 치유세미나에도 이런 사람들이 참여해서 어떻게든 자신의 존재를 확인하려 들곤 한다. 만일 치유기도회에서 아파 보이는 사람이라도 눈에 보일라치면, 이들은 기도회 전면에 나서서 모임을 떠맡아 인도하거나, 아니면 아픈 사람에게 일대일로 기도를 하기 위하여 그를 따로 불러 세우기도 한다. 이들은 치유목회를 자신들에게 맡겨진 일로 생각한다. 자신들이 기도해 줄 대상을 간절히 찾고 있는 것이다.

이런 상황에서는 누구도 편안한 마음을 가질 수 없다. 앞뒤가 뒤바뀐 것이다. 이런 사람의 도움을 받는 사람들은 그 사람을 실망시키려 들지 않을 것이다. 문제가 있는 사람은 자기가 누구에게 찾아가서 기도를 받아야 하는가를 직관적으로 알고 있다. 대개는 아픈 사람이 자유롭게 치유목회자를 찾아 나서기 마련이다. 환자들이 의사를 선택하여 찾아가는 것이 당연한 일이듯. 반대로, 의사가 환자들을 찾아 나선다는 것은 무엇인가 잘못되었다는 징표이다. 만일 의사가 병을 잘 고치는 사람이라면, 굳이 일거리를 찾아 돌아다닐 필요도 없지 않겠는가? 때로는 치유목회자가 극도의 중압감을 느끼기도 한다. 치유목회자는 기도를 받으러 오는 사람들이 어떤 경로를 통하여 자신에게 올 수 있도록 기도 공동체에서 특별한 치유목회를 감당해 주기를 바란다. 물론, 기도회에서 사역팀을 만들 필요도 있다. 곧 기도회에 참석한 환자들을 서투른 가르침으로부터 보호하고 좋은 영향보다는 악영향을 끼치는 자칭 치유목회자들로부터 보호하기 위해서다. 그러나 일반적으로 진정한 치유의 은사를 받은 사람들은 결국 기도모임이나 공동체 속에서 떠오르기 마련이다. 그렇게 되면 공동체에 속한 대부분의 사람들은 치유목회자들을 인정하게 될 것이다. 사역자들이 앞으로 나서지 않아도 될 것이다. 사람들에게 해가 되는 경우는 자신을 훌륭하다고 생각하면서 아픈 이를 위해서가 아니라 자기 자신을 위해서 목회를 하는 경우다. 이러한 이유들 때문에, 누가 나에게 치유의 은사가 있는 것을 어떻게 알 수 있느냐고 물어보면 다소 곤란할 때가 있는 것이다.

우리는 대부분 자연스럽게 기회가 제공될 때, 아픈 이를 위하여 기도할 수 있을 뿐이다. 이렇게 하여 모든 그리스도인이 지니고 있는 치유의 은사는 치유 능력의 밑바탕이 되는 우리의 믿음과 사랑과 지혜가 점점 자람에 따라 성장하고 증대될 기회를 갖게 될 것이다.

2. 치유의 은사에 수반되는 육체적 현상들이 있는가?

그렇다, 있다. 그리고 때때로 이런 것들이 도움이 될 수도 있다. 그러나 이런 것들은 징표요 표시일 뿐이다. 치유의 은사 그 자체는 아니다. 그 은사는 누군가가 실제로 치유되어야만 분명하게 입증된다.

아그네스 샌포드 여사는 치유기도를 하는 가운데 여러 가지 느낌을 체험하곤 했다. 반면에 그녀의 남편은 느끼질 못했다. 그러나 사람들은 그녀뿐만 아니라 이런 느낌이 없었던 남편의 목회를 통해서도 치유를 받았다.

이러한 현상들에는 다음과 같은 요소들이 포함된다:

(1) '열기'—몸이 뜨거워지는 느낌은 치유와 관련하여 가장

흔하게 나타나는 신체적인 현상이다. 흔히 기도받고 있는 사람의 아픈 부위만 아주 뜨거워지기도 하는데, 치유기도가 드려진 뒤 오랜 시간이 지나서도 육체가 치유되고 있음을 나타내는 징표이기도 한다.

(2) 치유의 능력 때문에 손이 가볍게 '떨림'—어떤 사람은 온 몸에 능력의 전기 같은 것이 흘러 나갈 때 양손이 떨리거나 흔들리는 느낌을 받기도 한다. 이러한 떨림은 대개 치유기도를 드리는 동안 계속된다.

(3) '전류' 같은 느낌 또는 능력이 부어지는 듯한 느낌, 그러나 진동은 없음.

(4) '성령 안에서 누리는 안식'(다른 말로, '성령 안에서 소멸됨' : 사람들이 우리가 기도드릴 때 넘어진다). 이것은 특히 내면세계의 치유를 위하여 도움이 될 수 있다. 그 사람이 상당한 시간 동안 (예컨대, 15분이나 그 이상) 쉴 경우에 말이다. 이렇게 논쟁의 여지가 있는 주제를 정리하고자 나는 〈성령으로 승리하라〉라는 책을 쓴 적이 있다.[1]

이 모든 육체적 느낌들이 치유목회에 도움이 될 수도 있다. 예를 들어, 진동을 느끼는 치유목회자 가운데는 치유의 능력이 임하는 것 같은 느낌이 드는 동안에는 기도하고, 그러한 느낌이 없어지면 기도를 멈추는 법을 터득한 사람들도 있기 때문이다. 이러한 느낌이 지속되는 시간은 일정하지 않다. 암 치료 때 코발트 방사선 치료법처럼 오랜 시간 계속되기도 하고, 짧은 경우도 있다.

다른 사람들은 양손에 전류 같은 것이 흐르는 느낌이 들거나 아주 뜨거운 느낌을 받는 일을 치유와 연관시켜 이해하기도 한다. 이러한 느낌이나 현상들을 기초로 치유기도를 드려야 할 때와 드리지 않아야 할 때를 알게 되기에 도움이 된다는 것이다. 예컨대, 치유기도회 도중에 이런 느낌이 들면 이들은 경험을 통하여 모인 사람들이 치유될 것이라는 확신을 갖게 된다.

나는 치유예식을 베푸는 동안에 몸의 어떤 부위에 갑자기 고통을 체험하는 치유전문 부흥사들도 여러 명 알고 있다. 그들에게 이것은 청중 가운데 누군가가 똑같은 영역에서 병이나 상해로 고통을 겪고 있다는 것을 의미한다. 그들이 이 사람을 강단에서 불러내서 기도하면, 그 사람은 치유되고 그 고통은 멈출 것이다.

치유목회에 종사하고 있는 사람은 이러한 현상을 간절히 찾을 필요가 없다. 그러나 추구하지 않더라도 여러 가지 다양한 느낌들을 흔히 경험하게 되는 것을 본다. 이러한 현상들을 보게 될 때 당황할 필요는 없지만 그렇다고 자랑할 필요도 없다. 그저 덤덤하게 사실 그대로를 받아들이는 자세를 견지해야 한다. 또한 그 현상들이 무슨 실제적인 의미를 지니고 있는가를 찾아야 할 것이다. 예컨대, 이러한 현상들은 언제 치유기도를 드릴 것인지를 아는 데 도움을 주는가? 이 느낌이 하나님께서 우리가 드리는 치유기도에 응답하여 치유를 일으키실 것이라는 확신을 강하게 해주는 데 도움이 되는가? 나타난 현상만을 강조해서는 안 된다. 현상들이 지니고 있는 의미를 힘주어 말해야 한다. 현상들을 무서워할 필요도 없다. 비웃을 필요도 없다. 과대평가해서도 안 된다. 단지 우리가 우리 자신의 치유목회를 좀더 잘 이해하는 데 도움을 주는 정도로만 생각하면 될 것이다. 한편, 치유기도를 드릴 때 느끼는 약간의 진동을 육신이 연약하여 아직까지 하나님의 치유능력에 익숙하지 못했기 때문이라고 생각하는 친구들도 있다. 하나님의 임재를 좀더 여러 번 목격한 사람들에게는 이런 육체적 현상이 거의 느껴지지 않는다는 생각에서이다.

3. 팀을 이루어 치유기도를 하는 것이 가장 좋다?

때로는, 모여서 합심기도를 드리는 것이 이로울 때가 있다. 그러나 개인적으로 기도하는 것이 좋을 때도 있다. 그러나 모든 개인이나 모든 사건에 딱 들어맞는 명확한 답이란 없다.

치유의 은사를 지닌 개인들 가운데는 어려운 사례들 속에서 도움을 줄 수 있는 특별한 분별의 은사를 지닌 이들이 몇몇 있다. 그러나 그룹기도 곧 "두세 사람이 함께 모인 곳"에는 능력이 있다. 일반적으로 우리는 다음과 같이 말할 수 있다고 생각한다:

1) 합심기도

'육체적인 치유'를 위하여 기도드릴 때는, 공동체로 모여서 합심기도를 드리는 것이 도움이 된다.

2) 개인기도

'내면세계의 치유'와 '귀신축출'을 위하여 기도드릴 때는, 보통 개인기도, 일대일 기도나 소규모 팀기도를 드리는 것이 가장 좋다. 종종 둘 사이에 나눈 비밀 이야기와 드러난 깊은

상처들은 사생활 보호가 가능한 한 가장 크게 존중될 필요가
있다. 소규모 '팀'을 이루어 기도하라는 이유는,

　　　　(1) 개개인에게 다양하게 주어진 분별 같은 특별한 은사들
을 살려쓰기 위해서,
　　　　(2) 남녀가 함께 과거의 상처를 치유해 달라고 기도하기 위
해서,
　　　　(3) 일대일 상황에서 발전될 수 있는 의심받을 만한 상황을
어떤 거라도 피하기 위해서다.

　육체적인 치유를 위하여 기도를 드릴 때는 합심기도와 개인
기도를 섞어서 해도 괜찮다. 이 경우에는 "치유의 은사를 가진
사람들이 아픈 이를 위한 기도그룹 전체를 이끌어 가도록" 해
야 한다.

4. 멀리서 기도하는 것은 어떤가?

　'육체적인' 질병을 위하여 기도를 드릴 때 거리는 문제가 되
지 않는 것 같다. 나는 어떤 그룹이 멀리 떨어져 있는 병원에
입원해 있는 누군가를 위해 기도드렸던 바로 그 시간에, 환자
가 그리스도의 임재를 체험하고 치유되었다는 경우에 대해서
많이 들었다.
　치유에서 그 사람 자신의 적극적인 참여가 중요한 갖가지 종
류의 '회심'과 '내면세계의 치유'(더욱 유력하기로는, 귀신축출
사역)을 위하여 기도드릴 때는, 보통 그 사람이 자리에 함께 있

는 것이 도움이 된다. 기도는 마술이 아니다. 내면세계의 치유처럼 그 사람의 참여를 필요로 하는 때에는 하나님께서도 어쩔 도리가 없다. 통상적으로, 나는 어떤 사람이 나한테 와서 기도를 요청하면(예컨대, 정서적인 문제로 고통을 당하고 있는 친척을 위하여 기도를 부탁하는 경우), 아픈 사람이 직접 와서 기도를 받는 것이 좋겠다는 제안을 한다. 그러나 꼭 그래야만 하는 것은 아니다.

나는 회심과 내면세계의 치유도 장거리 기도로 치유된 사례를 알고 있다(아팠던 사람의 내적 협조를 그 뒤에 얻었다). 우리는 복음서에서 어느 가나안 여인이 귀신들린 딸을 악령의 고통에서 벗어나게 해달라고 간청하는 모습을 보게 된다. 그 딸은 예수님께서 기도하시자 자유로워져서 병이 나았다(마태복음 15장 21-28절). 1972년 11월, 나는 콜롬비아의 보고타에서 치유세미나 기간에 호세 파자르도 목사 부부와 함께 그 때 깔리시의 집에 있던 그 아들의 회심을 위하여 기도한 적이 있다. 그 때가 새벽 1시였는데, 기도하던 그 시간에 그 아들은 잠에서 깨어나 놀라운 회심의 경험을 하였다. 그 뒤 그는 자신의 생애를 주님께 헌신하며 마약에서도 손을 뗄 수 있었다고 한다—겉으로 분명하게 드러나는 영향을 받지는 않았다(그러나 그 사람 자신의 의지와 맞아떨어진 결과였다.)

5. 치유와 관계된 다른 은사들이 있는가?

바울이 고린도전서 12장에서 언급한 은사들 가운데 치유와 관련된 것으로는 영 분별의 은사, 믿음의 은사, 지식의 말씀,

그리고 기적을 행하는 은사 등이 있다. 비록 각 은사들이 목적이 모두 분명하지는 않다 하더라도, 치유목회자들은 이 은사들에는 저마다 다른 쓰임새가 있다는 사실에 의견의 일치를 내보이고 있다.

(1) '영 분별'은 어떤 치유가 필요한지, 또는 어떠한 종류의 귀신축출예식을 베풀어야 하는지를 알아내는 능력이다.

(2) '믿음의 은사'는 지금 이 시간에 그 환자가 하나님의 치유역사를 경험하게 될 것인지를 알 수 있게 해준다. 믿음의 은사는 우리가 하나님께서 역사하시리라는 지식에 근거하여 행동하게 하며, 믿음의 기도를 드리는 데 필요한 확신감을 부여해 주기도 한다.

(3) '지식의 말씀'은 하나님께서 우리에게 질병의 뿌리, 곧 근본 원인을 분별할 수 있게 해준다. 심지어 환자 자신의 어디가 잘못되어 있는지를 완전히 이해하지 못할 때에도, 그 질병의 치유를 위하여 우리가 어떻게 기도해야 하는지를 알려 준다. 특히 이 은사는 내면세계의 치유나 육체적인 질병이 과거 깊은 내면의 상처와 관련되어 있을 경우에 매우 유용하다.

(4) '기적의 은사'는, 내가 믿기로는, '치유의 은사'와 다르다. 치유의 은사는 자연적으로 진행되는 치유과정을 예상보다 빨리 회복시키거나 병세를 바꾸기도 한다. 반면에, 기적의 은사는 실제로 놓치고 있는 무엇인가를 창조해 내는 능력을 포함한다. 예를 들면, 나는 한 쪽 작은 발이 다른 쪽 발 크기처럼 2인치나 자라는 것을 본 적이 있다. (성장을 저해한 요소는 소아마비 때문이었다.)

이 모든 은사들은 분명히 치유의 은사를 온전하게 하는 데 매우 큰 도움을 준다. 치유의 은사와 기적은 질병을 치유할 때 하나님의 '사랑'과 관련된다. 반면에 분별과 지식과 믿음의 은사는 우리가 하나님의 치유하시는 사랑을 언제 그리고 어떻게 베풀어야 할지를 '알' 수 있게 해준다.

6. 치유를 위해서는 한 번 이상 기도드려야 하는가?

여러 가지 이유로 치유의 능력을 믿고 있는 사람들 가운데는 치유기도는 한 번으로 충분하다고 말하는 이들이 있다. 곧 기도를 다시 하는 것은 첫번째 기도에서 믿음이 부족해서 그렇다는 것이다. (몇몇 부흥사들도 분명히 그런 식으로 조언한다.) 그러나 판단하건대, 이러한 종류의 절대론은 예수님께서 귀찮게 졸라대는 친구의 비유(누가복음 11장 5-8절)와 늘 와서 괴롭히는 과부의 비유(누가복음 18장 1-8절)에서 말씀하신 가르침과는 반대된다:

> 내가 너희에게 말한다. 그 사람의 친구라는 이유로는, 그가 일어나서 청을 들어주지 않을 지라도, 그가 졸라대는 것 때문에, 일어나서 필요한 만큼 줄 것이다. 내가 너희에게 말한다. 구하여라, 그리하면 너희에게 주실 것이다(누가복음 11장 8-9절 하반절).

그럼에도 불구하고, 딱 한 번의 기도로 치유되는 사람이 있기는 있다. 그러나 "한 번의 기도로 나았음을 전파하고 그 뒤

엔 병이 나았다고 주장만 하면 됩니다"라는 절대적인 신념을 내세우는 사람들은 일반적으로 치유기도를 황폐하게 만든다. 어떤 새로운 율법주의에 빠져 하나의 방법론만 우상숭배하는 이들이다. 우리는 저마다 기도해야 한다. 그 다음에는 하나님께서 바라시는 게 한 번만, 아니면 여러 번, 아니면 수없이 기도하는 것인지를 결정해야 한다.

예컨대, 만성적인 질병을 치료하기 위해서는 대개 오랜 기간 동안 여러 번 계속 기도해야 한다. 보통 (다시 말하지만, 늘 그런 것은 아니다) 관절염 같은 질병은 점점 치유된다. 정신지체아를 둔 부모들이 기도를 요청해 오면, 나는 온 가족이 그 아이를 위하여 날마다 어떻게 기도해야 하는지를 가르쳐 준다. 그러면 보통 그 아이는 의학적인 예후가 요구하는 것보다 훨씬 더 빠르게 상태가 좋아지는 것 같다. 오래된 만성 질환에는 일종의 '적시는 기도'를 종종 반복적으로 드리는 것이 가장 좋은 결과를 가져오는 것 같다.

7. 다리가 자라는 것은 어떻게 된 것인가?

이러한 종류의 기도를 본 적이 없는 사람들에게는—그리고 그런 광경을 본 적이 있는 사람들에게는— '다리가 자라난다'는 말이 다소 이상하게 들릴지도 모른다. 어릴 적에 척추 밑부분에 부상을 당하여 고통을 겪고 있는 환자가 의자에 앉아 두 다리를 앞으로 쭉 뻗은 뒤 두 다리의 발뒤꿈치를 비교해 보면 그 길이를 알 수 있다. 대부분의 다리는 양쪽의 길이가 똑같지가 않다. 어느 정도 차이가 있기 마련이다. 이런 경우 한두 사람이 다리를 붙잡고 나머지 사람들은 주위에 둘러서서 합심기도를 드리면, 짧았던 다리가 다른 쪽 다리만큼 자라게 되는 광경을 보게 된다.

많은 사람들은 이러한 치유의 전체과정을 마치 촌극을 벌이는 것처럼 어리석게 여기기도 한다. 내가 매우 존경하며 진정으로 치유목회를 감당하고 있는 내 친구들도 이러한 기도를 실천하려 들지 않는다. 이러한 기도를 드리면 기도회가 서커스처럼 우스꽝스러운 분위기가 된다고 느끼기 때문이다. 그들 이야기는 이렇게 하다 보면 사람들이 자신의 마음을 하나님께 집중시키기보다는, 구경거리를 놓치지 않기 위하여 거기에만 정신을 집중한다는 것이다.

나는 참된 것이라면 그것이 무엇이든지 간에 마음 문을 열고 받아들이려고 노력해 왔기 때문에, 이러한 기도가 처음에는 가망이 없어 보인다고 할지라도, 내 경험에 비추어 볼 때(그리고 데릭 프린스처럼 신중한 사람의 경험에서도 인정하듯이) 확실한 근거가 있는 기도방법임을 인정하지 않을 수 없다. 나는 특히 척추에 이상이 있는 사람들이 이런 방법으로 기도하여 특별한 치유가 일어나는 것을 여러 번 목격한 바 있다.

초점의 대상이 되어 있는 이 독특한 치유목회를 설명하기 위해서는 다음 몇 가지를 짚고 넘어가야 할 필요가 있다.

실제로, '다리가 자라는 현상'이란 말은 잘못된 개념이다. 만일 척추나 엉덩이의 고관절에 이상이 생기면, 두 다리에 영향을 주어 어느 한쪽이 짧아지거나 곧지 못하고 휘게 된다. 치유가 나타난 것은 사실 다리가 길어진 것이 아니라, 척추나 고관절에서 생겨난 변화 때문이다.

어느 의사라도 지적할 수 있듯이, 다리 길이를 정확하게 측정하는 것은 대강대강 할 수 없다. '다리를 자라게 하는' 기도는 어림짐작하여 판단한 것이었다. 실은 다리가 길어진 것이 아니었기 때문이다. 실재하지도 않는 정확성을 주장하는 것은 단지 이러한 종류의 기도를 의학적인 조롱거리로 만들뿐이다.

그럼에도 불구하고, 대강 짐작하여 붙인 이름이건 아니건 간에, 또한 잘못된 개념이건 아니건 간에, 우리가 척추나 엉덩이의 고관절에 문제가 있는 사람을 위하여 기도할 때면 거의 언제나 어떤 변화가 나타나는 것 같다. 이 특별한 기도방법은 다음과 같은 점에서도 도움을 준다. 곧 기도회에 함께 한 사람들이 그 자리에서 지금 베풀고 있는 치유기도의 영향력 때문에 어떠한 변화가 나타나는 모습을 실제로 목격할 수 있다는 점이다. 치유기도를 받는 사람들도 마치 무엇인가가 제자리로 움직여 들어가는 것처럼 척추에서 어떤 움직임과 치유가 실제로 일어나는 느낌을 받는다고 보고하고 있다. 이러한 종류의 기도를 통하여 내가 경험한 한 극적인 사례는 엉덩이 부위에 통증을 느끼고 있던 어떤 남자 경우였다. 그는 미국의 메이요병원에서 고관절 부위가 썩어 들어가니 조만간에 인공 관절강으로 교체하는 수술이 필요하다는 진단을 받았던 사람이었다. 우리가 그의 두 다리 길이를 재어보니까 한 쪽이―약 3인치나―굉장히 짧았다. 우리가 기도를 시작한 지 5분이 경과하자, 짧았던 다리가 점점 자라나더니 마침내 두 길이가 똑같아진 것 같았다. 그는 2년만에 처음으로 자신의 발뒤꿈치를 딛고 일어서서 다시 걸을 수 있었다. 다음날 아침, 그는 6년만에 처음으로 등을 반듯이 대고 누워 잘 수 있었으며, 이제는 절뚝거리지 않고도 걸을 수 있게 되었다고 알려왔다.

나는 이러한 종류의 기도가 그토록 치유효과가 뛰어난 이유를 정확하게는 알지 못한다. 내가 아는 사실은 다만 이 기도가 치유목회에 대해 회의적인 생각을 가지고 있는 사람들에게 강력한 시각적 효과를 주는 잇점이 있으며, 척추계통의 고질병을 앓고 있는 사람들에게 이러한 방식으로 기도했더니—내 추산으로는—거의 90%나 되는 많은 사람들이 치유되거나 그 증세가 눈에 띌 정도로 호전되었다는 것이다.

8. 단순한 암시가 아니라는 것을 어떻게 아는가?

몇몇 치유는 암시의 힘, 곧 플라시보 효과일 수도 있다. 하나님은 자신의 피조세계에 다양한 방법으로 역사하시는 분이다. 그러나 내가 알고 있는 한, 수많은 치유의 증거는 독립적인 인간의 능력보다 훨씬 더 강력한 능력 쪽을 가리키고 있다. 이것이 우리가 데일 매튜 박사와 함께, 류마티스 관절염 환자와 기도하면서 진행했던 연구 속에서 보여주려 했던 것이다.

9. 심령 치료사들을 어떻게 생각하는가?

나는 일반적인 치유를 일으키는 데에는 세 가지 힘이 작용한다고 믿는다.

1) 하나님의 능력

'치유하시는 하나님의 능력'이 있다. "너희가 무엇이든지 아버지께 내 이름으로 구하라 그리하면 받으리라."

2) 자연의 힘

그 다음에는 '치유하는 자연의 힘'도 있는 것 같다. 그것은 사랑에 바탕을 둔 것으로서, 인간적인 수준에서 작동된다.

사람들이 기도할 때 치유가 일어난다는 것을 보여주는 다양한 실험들이 행해지고 있다. 래리 도세이가 모으고 기술한 연구들이 그 예다.² 강한 생명 에너지를 소유한 사람들이 안수를 통하여 그 가운데 일부를 다른 사람에게 전해 줄 수 있다는 몇 가지 증거들이 특수 사진촬영을 통하여 나타나고 있다. 이것을 사실로 볼 수 있다면, 우리는 그것을 기타 다른 자연의 힘 이상으로 더 두려워할 이유가 없다고 본다. 궁극적으로는 그것도 그것을 창조하신 하나님의 영광을 반영하고 있기 때문이다.

3) 귀신의 세력

자기들이 스스로 가한 질병을 치유할 수 있는 '귀신의 세력'도 있다.

마술사들은 이런 종류의 치유세력을 거느리고 일한다. 과거에 귀신의 힘을 빌리는 일에 관련된 적이 있는 사람을 치유하기 위해서는, 비록 그 진짜 치유가 그 사람 인생의 부수적인 영역에서 일어나는 것이라고 할지라도, 그보다 훨씬 더 강한 악령을 불러와야 한다. 치유능력의 근원을 밝혀내기 위해서 때때로 영 분별의 은사를 사용할 필요가 있다. 만일 치유능력의 원천이, 직접적이든 간접적이든, 하나님께로부터 나오지 않은 경우에는, 치유자가 어떤 주장을 펴든지 간에, 치유의 필요성이 얼마나 크든지 작든지 간에, 우리는 그 능력을 가까이 하지 말아야 한다.

이 문제에 관하여, 아그네스 샌포드 여사는 강신술에 관련된 적이 있는 사람에게는 기도해 주지 않는 법을 배웠다. 한번은 그녀가 네 사람을 위하여 잠깐 동안 기도해 준 적이 있었는데, 이들 모두는 강신술에 관계한 적이 있었다. 이들은 치유되지도 않았을 뿐더러, 기도 직후에 각 가족들에게 죽음이 닥쳐왔다.

> 연달아 4번씩이나! 그것으로 저에게는 충분했습니다. 이 현상을 어떻게 설명하든지 간에, 저는 강신술에 관계한 적이 있는 사람을 위하여 기도해 줄 수 있을 만큼 착한 사람은 분명히 아니었지요. 이 일 때문에 저는 무척 괴로웠습니다. 아무리 단호한 결심을 해도 제 힘으로는 어찌할 수 없는 경우였기에 말입니다. 저는 제가 어떤 그룹을 위하여 기도해 준 적이 있었음을 생각해 내었고, 나중에 그 가운데 강신술사가 한 명 있었다는 사실도 알게 되었습니다. 이 일이 그룹과 우울해 있던 그룹 내의 사람들에게 그다지 격렬한 결과를 가져다 주지는 못했지만, 어느 정도까지는 그 기도에 참여한 이들을 보호해 주었던 것입니다. 그들은 이렇게 보호를 받았지만, 나는 달갑지 않은 기도의 후유증이 있음을 알게 되었습니다. 내가 알고 있는 한, 어떠한 치유건 그런 부작용을 남겨서는 안 된다는…….

독자들 가운데는 왜 이런 일이 있어서는 안 되는지에 관한 모든 종류의 이유를 내놓을 사람이 있을지도 모릅니다. 그러나, 참 고맙게도, 이 책은 강의록이 아니라 자서전에 불과한 것이어서 이런 이유들에 관한 논쟁을 벌일 필요가 없다는 것입니다! 저는 단지 사실들을 진술하고 있을 뿐입니다.

그러나, 저 스스로 제가 위해서 기도해 주었던 사람들에게 가해진 이런 방해적 제한 현상을 이해하려는 간절한 열망이 있었고, 가능하다면 여기에서 자유로워지기를 원했습니다. 그러므로 우연한 기회에 저는 신비종교에 관련된 모든 문제에 관해 최종적인 권위를 가진 어떤 여성을 만나 자문을 구하게 되었습니다. 그녀 안에 깃들어 있는 지혜와 습득된 지식은 놀라운 것이었습니다. 그리스도에 대한 그녀의 진실된 헌신 또한 위대하였습니다.

"이러한 일이 일어나지 않도록 하려면 제가 어떻게 하면 됩니까?" 그녀에게 물어보았지요.

그녀는 대답했습니다. "기도를 하지 않는 것 이외에 다른 방법이 없습니다. 강신술에 관심이 있는 사람들을 사교를 목적으로 만나는 것은 괜찮지만, 그들에게 기도를 해서는 안 됩니다. 이것은 그들 자신을 보호하기 위해서지요."

"왜요?"

"그들은 실제로 지옥의 밑바닥에서 나오는 초자연적인 능력의 흐름을 전달하고 있는 데 반하여, 여사님은 하나님께 속하는 진정한 초자연적인 능력의 흐름을 직접 전달하고 있기 때문입니다. 지금 이 두 능력이 대결을 벌이고 있습니다. 직류가 교류와 혼합될 수 없듯이, 이 두 세력은 섞일 수 없는 것입니다. 누구나 둘 가운데 어느 한 편만 택해야 합니다. 여사님이 이 두 가지 능력을 혼합시켜 놓는다면, 파괴적인 본성이 폭발되어 나타나게 되겠지요. 여사님은 보호받고 있으므로, 그 폭발 때문에 해를 입지는 않습니다. 그러나 그 파괴적인 폭발력의 여파가 다른 사람에게 나타나게 되어……."

"그러나 강신술에 정말 많은 선량한 사람들이 빠지고 있지 않습니까?"라고 여러분은 외칠 지도 모릅니다.

사실 그렇습니다. 강신술 때문에 저는 그리스도교 영성수련에 가기도 두렵습니다. 거기에 판매용으로 진열되어 있는 책들을 보면, 제가 쓴 책들과 함께 에드가 케이스에 관한 책들과 그 밖의 강신술에 관련된 서적들이 버젓이 나와 있기 때문입니다. 이 책들은 같은 부류가 아닙니다. 성령의 능력과 강신술의 위험을 구별하지 못하는 혼란 때문에, 오늘의 그리스도교는 커다란 위협에 직면해 있습니다. 어떻게든지 그것에 맞서싸우는 것이 우리의 임무지요.[3]

왜 문제가 존재하는지에 대하여 여러분이 아그네스 샌포드 여사 친구의 이론을 받아들이든지 않든지 간에, 여기에 심각한 문제가 있다. 곧 대부분의 그리스도인들이 그리스도교적인 치유와 사탄에 따른 강신술적인 치유를 구별하지 못한 채 혼동하고 있는데도 여기에 대하여 별다른 관심이 없다는 것이다. 다른 한편으로, 나는 그리스도교적인 것이라고 명백해 보이지 않는 치유는 죄다 마술로 치부해서 너무 성급하게 정죄해 버리는 그리스도인들도 몇 명 있음을 발견하게 된다. 내 생각에, 가장 슬기로운 과정은, 정죄만 할 것이 아니라, 그리스도교의 치유기도 형태가 아닌 것은 어떤 것이든지 '삼가면서,' 그리스도교 치유의 아름다움과 능력을 체험하는 법을 배우는 반면에, 강신술이나 마술에 관련된 치유는 어떤 것이든지 멀리 하라고 분명히 '경고하는' 것이라고 생각한다.

나가는 말
이 시대 목회자들에게 고함[1]

    치유목회는 우리가 성육신 사건을 정말 중요하게 여기고 있다는 것을 뜻한다. 성육신은 하나님께서 여기에 계시다는 의미다. 하나님께서 사람들과 함께 계실 뿐만 아니라 하나님이 사람이 되셨다. 말하자면, 예수님은 하나님이신데, 우리에게로 내려오신 것이다. 이것은 인본주의적인 접근방법이 아니다. 인본주의적인 인식은 여러분에게 치유에 대하여 심리학적인 접근방법만 가르쳐 줄 것이다. 그러면 여러분의 사역은 진단하는 접근방식이 될 것이며, 문제와 증상을 중심으로 다루게 될 것이다. 하지만 성육신은 인간성을 끌어올리는 것이 아니라, 하나님이 인간이 되셔서 그분 안에서 인간성에 관련된 것을 완전하게 만든다. 그것은 단순히 예수님께서 그 자신이 되시는 것이다.
    이것이야말로 내가 치유에 관하여 이해하는 것이다! 우리는 상처에 종노릇하는 노예가 아니다. 고통받는 이들에게 사랑을 베풀고 있는 것이다. "우리 안에 살아계신 예수 그리스도께서"

우리의 인간성을 완전하게 만드신다. 그분이 고통받고 있는 이들을 섬기신다. 그분은 단순히 영적인 존재만이 아니고 육체가 되신 분이다. 그분은 지금 영과 몸으로 계신다. 이것이 바로 성육신이다. 예수님은 조각조각 분리된 삶을 계시하시지 않았다. 오히려 그분은 반대되는 것들의 결합, 곧 영과 물질이 하나되는 것을 보여 주셨다. 하늘이 땅으로 내려와서 땅이 하늘로 들어올려진다. 이런 방법으로 우리는 초자연적인 것이 자연을 통하여 드러나게 한다. 그리고 자연적인 것이 초자연적인 수준으로 끌어올려지게 한다. 그것이 바로 우리가 치유에 관해 이야기할 때 언급하는 것이다.

이는 모든 방법이 우리 것이라는 뜻이다. 예를 들어, 우리는 자연적인 방법들을 사용한다. 우리는 병원들을 짓고 의사들과 간호사들을 훈련시킨다. 이 모든 것이 하나님의 뜻이다. 하지만 우리는 여전히 초자연적인 것을 믿는다. 우리는 기도드린다. 그래서 자연적인 것과 초자연적인 것이 동시에 일하게 된다. 그것은 이것 아니면 저것의 문제가 아니라 둘 다의 문제이다. 모든 사물은 우리 것이다. 하나님께서 이 모든 요소들을 예수님 안에서 결합시키셨기 때문이다. 초대교회 교부 가운데 한 사람은 그것을 "예수님은 우리가 그분처럼 되게 하시려고 우리처럼 되셨다"고 표현했다.

우리 성부 하나님께서는 자신이 예수 그리스도 안에서 성취하신 것을 지금 우리와 나누고 계신다. 이러한 성취 가운데는 인간성의 구속―곧 새로운 종류의 인간성―이 포함된다. 예수님은 우리 안으로 들어오셔서, 우리 마음을 대신하여 마음이 되셨다. 우리 영 대신 영이 되셨다. 우리 살과 뼈 대신 살과 뼈가 되셨다. 하나님의 목적은 우리가 예수 그리스도의 형상을 좋게 하는 데 있다. 그런데 이것은 추상적인 의미에서가 아니라 바로 지금 여기서 구체화되어야 한다. 하나님은 이것을 우리 안에 역사하시는 그분의 영을 통하여 성취하신다. 이것이 바로 우리가 치유에 관하여 이야기할 때 말하고자 하는 핵심이다. 우리는 예수님의 형상을 따라 창조되는 존재에 대하여 말하고 있는 것이다. 그것 놀랍지 않은가? 예수님은 부활의 영역으로부터 우리를 섬기신다. 그분 자신의 성취들을 우리와 나누고 계신다. 그분께서 이것을 이루시는 방법은 한이 없다.

그럼에도 불구하고, 생각해 보아야 할 특별한 쟁점이 몇 가지 있다. 예를 들어, 예수 그리스도는 우리를 이끄시려 자신을 나타내시고 우리의 인간성을 공유하시지만, 몇 가지 기본적인 방법 안에서 그렇게 하신다. 무엇보다도 가장 중요한 것은 예수님이 성부 하나님과 연합의 관점에서 자신을 받아들이고 계신다는 사실이다. 예수님은 결코 하나님께서 자신 안에서 일하시지 않는 것을 하려고 시도하지 않으셨다. 예수님은 자신이 그리스도임을 증명하시려 치유하신 것이 아니라, 자신이 "그리스도이기 때문에" 치유하신 것이다. 예수님의 치유능력은 바로 그분의 존재 자체에서 나오는 것이다. 그것은 통상적인 질서를 뒤바꿔 놓는 것이다. 자연적인 질서 안에서는 우리가 무엇을 하는가에 따라 우리가 누구인지 판단된다. "이 사람은 목사고, 이 사람은 변호사고, 이 사람은 은행가다"라는 식으로. 그러나 우리 성부 하나님의 나라에서는 우리의 존재로부터 우리의 행함이 나온다. 예수 그리스도께서는 안으로부터 자기 자신을 나타내셨다.

예를 들어, 여기 한 손마른 사람이 왔다. 예수 그리스도께서는 그 사람의 문제가 무엇인지 원인을 분석하는 것부터 시작하지 않으셨다. 자신 안에서 아버지께로 나아가셨다. 예수님께서는 아버지와 연합을 통하여 하나님의 창조적인 능력을 보셨다. 예수님은 이 사람을 하나님 앞에서 '전체적으로' 보신다. 그래서 아버지와 연합된 내면적 차원에서 다음과 같이 말씀하셨다: "네 손을 내밀어라!"

똑같은 일이 베드로에게도 일어났다. 본디 그의 이름은 시몬이다. 갈대라는 의미다. 갈대는 바람에도 흔들거리는 법. 가이사랴 빌립보에서 예수님은 제자들에게 물어보셨다: "사람들이 나를 누구라 하느냐?"

"어떤 이는 엘리야, 어떤 이는 세례 요한, 어떤 이는 예언자 가운데 한 명이라 합니다."라고 답변하자, 예수님은 제자들에게 물으셨다. "그러면 너희는 나를 누구라 하느냐?" 그 때 시몬이 대답하였다: "주님은 그리스도시오, 살아계신 하나님의 아들이십니다!"

그러자 예수님은 말씀하셨다(내가 이 부분을 의역한다면): "너는 이것을 자연적인 방법에 따라 발견한 것이 아니다. 네가 내 아버지 앞에 갔고, 내 아버지께서는 내가 누군지를 너에게 계시해 주신 것이다. 그런데 시몬 베드로야, 나는 너 때문에 아버지 앞에 갔었다. 둘러서 있는 사람들이 너를 갈대라고 부른 반면, 나는 아버지의 보좌 앞에서 너를 보았다. 거기서 나는 반석을 보았다. 너는 갈대가 아니라 반석이다."

누가 예수님께 그것을 말했을까? 어떻게 그 사실을 아셨을까? 그것은 예수님과 아버지와의 연합으로부터 나온 계시를 통해서였다. 그러한 연합 안에서 예수님은 베드로가 그 위에 교회를 세우게 될 반석임을 보셨던 것이다. 그것이 예수님께서 어제나 오늘이나 영원토록 일하시는 치유목회 방법이다. 예수님은 아버지 앞에서 사람들을 보신다. 그분은 성령에 따라 보게 되는 것을 밖으로 드러내신다. 이 얼마나 영광스러운 일인가! 여러분이 예수님의 마음을 보게 될 때 진정 하나님의 영광을 살짝이나마 보게 될 것이다. 예수님은 사람들을 보실 때 나무 염소로 보지 않고 목자 없는 양으로 보셨다. 아버지 앞에서 보았을 때 사람들은 양이었다. 이것 또한 얼마나 영광스러운 일인가? 이것이 바로 치유다.

여러분은 사람들을 어떻게 보는가? 여러분은 여러분의 마음속에서 사람들을 어떻게 보고 있는가? 이것이 여러분의 치유목회에 핵심적인 요소다. 여러분은 성부 하나님 앞에서 '여러분 자신을' 어떻게 보고 있는가? 여러분은 예수 그리스도께서 여러분 마음속에 여러분의 정체성을 사랑의 빛으로 조명해 주시도록 내어맡기고 있는가? 이것이 성령께서 행하고 계신 일이다. 성령께서는 하나님으로부터 분리되어 있는 어떤 존재를 보여주신다. 그러면 우리는 단순히 그러한 두 존재 사이에서 주고받게 된다. 그것이 바로 고백 자체다. (제발 그것을 멀리하지 말아라.) 우리의 고백은 죄를 깨닫는 데서 출발한다. 우리는 다음과 같이 말하게 된다: "이것이 하나님을 떠난 저의 모습입니다. 저는 남편에게 소홀했습니다. 아이들에게 화를 냈습니다. 저는 교회를 무시했습니다. 하나님을 떠나서 저는 이러한 일을 행하였습니다. 그보다 더한 일도 했습니다." 그러면 목사는 "집사님이 옳습니다. 집사님이 나쁘다는 것은 사실입니다. 그러나 죄가 넘치는 곳에 하나님의 은혜도 더욱 넘칩니다. 그리고 여기 하나님 앞에 선 당신이 있습니다. 그리고 어떻게 당신이 그 은혜를 누릴 수 있을지 그 방법이 있습니다."라고 말한다. 이러한 은혜를 누리는 방법들은 사람들이 예수님 안에서 있어야 할 자리로 이끄는 일종의 다리다. 이것이 바로 치유다. 치유는 사람들이 회개를 통하여 얻을 수 있을 것으로 기대된다. 치유는 사람들에게 그들이 지금 있는 자리에서부터 예수님 안에서 있어야 할 자리로 옮겨 주는 다리를 제공한다.

치유의 기본적인 요소 가운데 하나는 사람들이 여전히 질병 가운데 있다손치더라도 하나님과 관계 속에서 자신들을 받아들이도록 돕는 것이다. 이것이 기본이지만 우리는 아직도 너무나 자주 그렇게 하지 못한다. 우리는 사람들에게 그들이 아픈 것은 그들의 잘못 때문이라는 인상을 주고 있다. "만일 집사님이 똑바로 처신하지 않으면 더 아프게 될 거예요. 어쨌든 집사님에게 희망이 그리 많지 않은 것 같군요. 하나님이 집사님의 영혼을 축복하시려고 그렇게 병들게 하신 거예요." 그것이 우리가 주는 인상이다. 그러나 그것은 복음이 아니다. 그것은 우리의 사역도 아니다. 그런 식으로는 그 누구도 예수님과 연합하도록 이끌 수 없다. 복음은 하나님이 우리를 있는 모습 그대로 사랑하신다고, 우리가 아직 죄인이었을 때 그리스도께서 우리를 위하여 죽으셨다고 말한다. 그리스도께서 십자가에 못박히셨을 때 단 한 명의 그리스도인도 없었다. 세상에 단 한 명의 그리스도인도 없었다.

그런데 우리는 은혜로 예수님 안에서 하나님께 속해 있다. 그분의 치유하시는 능력으로 우리는 하나님께 속하게 되었다. 당신은 대부분의 질병이 하나님께 소속되지 않았다는 느낌에 그 뿌리를 두고 있다는 사실을 알고 있는가? 그들은 목자 없는 양이다. 그들은 목자를 모르고 있다. 그들은 자신들이 속한 곳을 모른다. 그래서 우리는 그 귀한 사람들에게 예수님 대신 찾아가서 말하려고 한다: "당신은 예수님께 속해 있습니다. 당신에게 이것을 말해 주려고 내가 왔습니다." 이것이야말로 우리 치유목회의 진정한 능력이다. 만일 우리가 사람들에 대하여 이러한 것을 많이 알지 못한다면, 우리의 치유목회는 크게 제한 받을 것이다. 우리의 치유목회는 사람들에 대한 하나님의 권리를 주장하기 위하여 하나님으로부터 보냄을 받았다는 확신에서 나와야 한다. 하나님께서는 아주 단호하게 말씀하신다: "너는 내 것이다!" 여러분은 그러한 종류의 헌신을 통하여, 그리고 그들이 예수님께 속하였다는 사실을 아는 사람들을 통하여 기적들이 일어나는 것을 보지 못하였는가?

여러분 목회자들은 이 사실을 알고 있다. 여러분은 굶주리고 허기진 사람들을 섬기고 있다. 여러분은 그것을, 지식으로만이 아니라, 체험적으로도 알고 있다. 그러나 그들은 여러분이 그들과 관계를 맺으며 나타내는 사랑을 통해서만 하나님의 사랑을 알게 될 것이다. 만일 여러분이 하나님께 속한 것을 믿고 있다면, 그들은 자신도 하나님께 속하였음을 알게 될 것이다. 여러분이 하나님의 치유목회 안에 있기 때문이다. 치유목회는 진정 여러분이 하나님의 긍휼하심을 통하여 사람들을 섬기도록 만들 것이다. 만일 여러분이 손을 더럽히기를 두려워한다면, 치유목회 밖에 그대로 머물러 있어라.

성전 미문에 있던 베드로와 요한 이야기에서, 베드로는 손을 내밀어 그 남자를 만졌다. 거의 40년 동안이나 거기 누워 있던 남자. 그 주변에는 수종드는 사람도 없었다. 눈에 붕대를 감거나 페니실린 같은 약을 바르지도 않았다. 아마 엄청 지저분했을 것이다. 그런데도 베드로는 손을 내밀어 그를 만졌다. 여러분은 사람들을 만지기 두려워하는가? 만일 여러분이 사람들의 더러움에 함께 동참하기에는 너무나도 깨끗하다고 생각한다면, 치유목회에서 멀리 떨어져 있어라. 치유목회란 하나님의 긍휼하심을 가지고 섬겨야 하기 때문이다. 여러분은 하나님께 속하여 사람들에게 다가가 이렇게 말해야 할 것이다: "내가 온 것은 그대를 사랑하기 위해서입니다! 내가 온 것은 내가 경험했던 하나님의 사랑을 그대에게 전달하기 위해서입니다."

따라서, 우리는 사람들이 질병 한복판에서도 하나님과 관계 속에 자신을 받아들이도록 만든다. '하지만' 우리는 거기서 멈추지 않는다. 나는 교회가 종종 거기서 멈춘다고 생각한다. 곧 우리는 사람들에게 그들이 아플지라도 하나님께 속하였음을 알게 하는 한편, 하나님께서는 그들이 그 질병을 견딜 수 있는 은혜를 주신다고 말한다. 그래서 종종 은혜란 참는 능력이며 고통을 견디는 것이라는 인상을 남기곤 한다. 그런데 실은 은혜는 견디는 능력 그 이상이다. 은혜는 극복하는 능력이다. 우리는 사람들이 하나님과 맺은 관계를 받아들이도록 돕는다. 또한 그들이 하나님 안에서 가지고 있는 것이 무엇인지 알도록 가르친다. 알고 있듯이, 하나님께서 치유 '하실 수 있다'고 믿는 데 어려워하는 사람은 거의 없다. 하지만 그분께서 자신들을 치유하기 '원하신다는' 것은 잘 알지 못한다는 것을 많이 보게 된다. 우리가 치유목회 안에서 해야 할 일이 여기에 있다. 곧 사람들이 자신의 건강과 치유를 누릴 수 있다는 사실을 알도록 도와주는 것이다. 예수님께서는 그것을 '자녀의 떡'(마태복음 15장 26절)이라고 부르셨다. 자녀의 떡이라는 것은 치유에 대한 놀라운 묘사다. 모든 자녀들은 자기 아버지에게 떡을 얻을 자격이 있다. 어떤 아버지도 자녀들에게 음식 먹을 돈을 내라고 하지는 않는다. "아빠, 감사합니다! 엄마, 잘 먹었어요!"라고 말하면, "얼마든지!"가 그분들의 대답이다.

이것은 사람들에 대한 우리의 목회에서도 사실이다. 우리는 사람들에게 그들이 자녀로서 누릴 수 있는 것을 이렇게 알려주는 일을 하고 있다: "하나님은 당신을 사랑하십니다—하나님은 당신이 치유되기를 원하십니다!" 이것은 육체의 치유에서만 그런 게 아니다. 마음과 영혼의 치유에서도 사실이다. 나는 사람들이 하나님의 치유하시는 은혜에 대하여 간증하는 것을 듣곤 한다. 그리고 나는 그것이 사실이라는 것을 알고 있다—나는 그것이 그들에게는 진짜지만, 내 경우에는 다르다고 느꼈다—나는 그럴 자격이 없다! 내게는 그것을 요청할 어떤 권리도 없기에, 내가 하나님께 말씀드릴 수 있는 것이란 이것뿐이다: "하나님, 불쌍히 여겨 주옵소서!" 내가 고통을 견딜 수 있도록 도와달라고 그분께 간청하는 것이다.

그러나, 반대로, 하나님께서는 다가와 이렇게 말씀하신다: "난 너를 사랑해! 내가 네 죄를 내 몸에 짊어졌단다. 내가 채찍에 맞음으로 네가 나음을 입었단다. 이것은 너의 떡이야! 당연히 누릴 너의 유산이야!" "아버지, 그렇다면 내가 하나님의 구원하시는 은혜, 곧 예수님의 치유하시는 사랑을 누릴 권리가 있다는 말씀인가요? 예수님께서 그런 방법으로 나를 사랑하신다는 말씀인가요?" 그렇다. 저마다 바로 이 사실을 알 필요가 있다. 예수님께서 그런 방법으로 사랑하신다는 것을, 그들에게 그들의 연약함을 친히 아시고 불쌍히 여기시는 대제사장이 계시다는 사실을……. 하나님은 우리가 사랑하는 사람들에게 다가가 고통을 덜어주는 교역을 베풀려고 할 때, 우는 이들과 함께 우신다. 고통당하는 이들과 함께 고통당하신다. 나는 하나님의 은혜가 나를 통하여 전달되도록 그 사이에 서 있는 것이다. 사람들이 자신의 유산이 무엇인지 알게 하는 것, 바로 이것이 우리의 목회다!

물론, 이것은 단계별 가르침을 의미한다. 그것은 잠재의식의 깊은 영역으로 들어가는 것을 의미한다. 그것은 확신감을 가지고 정신적인 장벽이 있는 곳으로 걸어가는 것을 의미한다. 이것은 우리가 한 성령으로 세례를 받고 한 몸이 되었음을 알아감으로써, 그리스도의 몸이라는 공동체 의식을 요구한다. 그런 동료의식으로부터 그 사람과 예수님의 사역은 명백해진다. 우리는 다른 이들에게 예수 그리스도를 전해 줄 때, 그분이 먼저 우리에게 자신을 전해 주셨음을 알린다.

이것은 우리 치유목회가 우리가 섬기는 이들에게 헌신되어 있음을 뜻한다. 그렇지 않고서는 그건 단지 학문적인 절차에 지나지 않을 것이다. 우리는 삶 속에 뛰어들기를 원한다. 그것은 우리 유산이 무엇인지를 알기 시작함에 따라 예수님의 사랑을 진정으로 알게 되거나, 하나님의 은혜를 누리는 법을 배우게 되었음을 뜻한다. 이런 점에서 교회는 여러분이 상상하는 것보다 더 위대하신 하나님 앞에서 져야 할 책임이라는 게 있다. 그것은, 성례전의 강조점을 약화시키는 대신에, 여러분이 성례전의 능력을 재발견해야 함을 뜻한다. 성만찬의 성례전뿐만 아니라, 교회의 성례전적인 교역을 총체적으로 다시 발견해야 한다. 예를 들어, 여러분은 거룩한 기름바름예식이 단순히 그 영혼이 천국 갈 수 있도록 준비시키는 데만 있지 않다는 것을, 그것이 성례전의 목적은 아니라는 것을 깨달을 필요가 있다. 거룩한 기름바름예식의 목적은 건강과 치유를 베푸는 데 있다. 하지만, 평신도는 성직자가 기름병을 들고 오는 것을 보고 장례예식과 연관짓는다. 우리는 성례전이 특별하다는 것을, 곧 교회가 말하고자 하는 게 여러분이 성례전을 통하여 하나님의 은혜를 전달하는 도구를 받았다는 것임을 재발견할 필요가 있다.

여러분은 거룩한 성만찬상 앞에 서서 그 거룩한 빵을 뗀다. 여러분은 "이것은 내 몸이다."라고 말한다. 그리고 "받아서 먹어라."라고 말한다. 여러분은 내가 건강에 대한 생각 없이 예수님의 몸을 먹을 수 있다고 여기는가? 성례전보다 더 위대한 치유목회가 무엇이라고 여기는가? "이것은 너희를 위하여 흘리는 내 피다." 그것이 정말 나의 소화관 속으로 들어가는가? 그게 끝인가? 일반 평신도가 자기의 온 몸과 마음과 영을 관통하는 그런 치유의 은혜를 살려쓸 수 있는 길은 없는가? 하나님께서는 여러분에게 예전만 주셨는가, 아니면 사람들의 생명을 살릴 수 있는 길도 주셨는가? 여러분은 성직자 옷을 입고 단순히 아름다운 예전을 집례하는 목회자인가, 아니면 하나님으로부터 안수받은 생명의 목회자인가?

우리는 생명을 살리는 목회자들이다! 마땅히 그래야 한다! 그래서 우리는 결혼과 거룩한 기름바름과 성만찬의 성례전뿐만 아니라, 우리 자신에게 부여된 성직의 성례전까지 모두 다 이야기한다. 그리고 우리는 확신한다. 이 모든 성례전이 하나님의 은혜가 사람들에게 전달되는 통로라고. 그렇다, 하나님의 은혜는 예수 그리스도 안에 있는 생명이어라!

주

들어가는 말: 플로르 이야기

1) 내가 기도를 드린 목적은 이것을 위해서가 아니었다. 나는 그녀가 부탁한 대로, 그녀의 아이들을 위하여, 하나님께서 신비롭고도 아름다운 방법으로 우리 기도에 응답해 주시라고 기도드렸을 뿐이다.

1. 치유의 네 가지 기본 유형

1) 귀신축출과 축사의 차이에 대해서는 이 책 제5장을 참고하라.

2. 죄의 치유

1) Howard R. and Martha E. Lewis, *Psychosomatics: How Your Emotions Can Damage Your Health* (New York: The Viking Press, 1972), 7쪽. 정서가 질병과, 특히 암과 어떤 관계가 있는지에 관한 탁월한 베스트셀러는 버니 씨겔(Bernie Siegel)의 〈사랑, 의학, 그리고 기적〉(*Love, Medicine and Miracles*)이다. 씨겔 박사는 "수용·믿음·용서·평화 그리고 사랑은 내가 영성을 정의하는 특성들이다. 이러한 특성들은 예기치 않게 중병에서 치유받은 사람들에게서 '늘' 보인다"(178쪽)고 쓰고 있다.

2) Vinson Synan, *The Holiness-Pentecostal Movement in the United States* (Grand Rapids, Mich.: Eerdmans, 1971), 195-96

쪽.

3) "The Gospel According to Matthew," *The Jerome Biblical Commentary* (Englewood Cliffs, N.J.: Prentice-Hall, 1968), 72-73쪽.

4) Jean Vinchon, "Diabolic Possession" in *Soundings in Satanism*, ed. Frank Sheed (New York: Sheed and Ward, 1972), 4쪽.

3. 내면세계, 상한 감정의 치유

1) 내면세계의 치유에 관한 좋은 책들이 많은데, 그 가운데 딱 몇 권만 고르라면 다음과 같다: Agnes Sanford, *The Healing Gifts of the Spirit* (San Francisco: Harper San Francisco, 1966); David Seamands, *Healing for Damaged Emotions* (Colorado Springs, CO: Chariot Victor Books, 1981); John and Paula Sandford, *Healing the Wounded Spirit* (Tulsa, Ok: Victory House, 1985); Rita Bennett, *Making Peace with Your Inner Child* (Grand Rapids, MI: Fleming H. Revell, 1987); Dennis and Matthew Linn, *Healing Life's Hurts* (New York: Paulist Press, 1978); 또 내면세계의 치유에 관한 여러 대회 자료들은 Christian Healing Ministry (P.O. Box 9520, Jacksonville, FL 32208)에서 펴낸 테이프나 비디오 카탈로그를 보면 이용할 수 있다.

2) 이러한 자료는 대부분 내가 아내 주디스와 함께 쓴 〈태어나지 않은 아이를 위한 기도〉 (*Praying for Your Unborn Child*, New York: Doubleday, 1988)라는 책에서 설명되어 있다.

3) Thomas Verny, M.D., *The Secret Life of the Unborn Child* (New York: Summitt Books, 1981).

4) Grand Rapids, MI: Chosen Books, 1990.

5) 사실, 몇몇 그리스도인들은 내면세계의 치유를 공격하고픈 충동을 느끼기도 하였다. 헌트(Dave Hunt)와 맥마흔(T.A. McMahon)이 쓴 〈그리스도교의 유혹〉(*The Seduction of Christianity*, Eugene, OR: Harvest House, 1985)이 그런 책이다. 관심이 있는 사람들을 반박하려고 씌어진 책들도 여러 권 있다: *The Church Divided* by Robert Wise (S. Plainfield, N.J.: Bridge Publications, 1986) and *Seduction: A Biblical Response* (Buffalo, N.Y.: Buffalo School of the Bible, 1986).

4. 육체의 치유

1) 이 편지들은 미시간 주, 뉴버팔로에 거주하는 소피 지엔타스키(Sophie Zientarski) 부인이 보낸 것이다.

2) 내가 병든 이들을 위하여 기도하는 방법에 대해 서술한 것으로 가장 유용하다고 발견한 초창기 책들 가운데 하나는 아그네스 샌포드의 〈치유의 빛〉(*The Healing Light*, Plainfield, N.J.: Logos 1972), 보급판이다. 지금은 Ballentine (Randome House)과 MacAlester-Park Publishing Co.에서 출판하고 있다.

3) Sanford, 86쪽.

4) 나의 책 〈치유의 능력〉(*The Power to Heal*, Notre Dame, IN: Ave Maria Press, 1977) 제9장 'No라고 말해야 할 것'에서, 나는 치유 목회의 이런 직업적인 문제를 아주 길게 다루고 있다.

5) 어떤 사람들에게는, 자신들이 치유목회에 부름받았음을 처음으로 느끼는 때가 (종종 기도회 동안) 이렇게 양손이 진동하며 에너지가 흐를 때이다. 몇몇 사람들에게는 이것이 자신들을 일깨워서 아픈 이를 위해 기도해 주도록 격려하시는 하나님의 방법인 것처럼 보인다.

6) 〈치유의 능력〉 제3장에서, 나는 '적시는 기도'(soaking prayer)의 가치를 한층 더 폭넓게 다룬다.

7) 하지만, 나는 진짜 한 부부를 알고 있는데, 그들은 치유기도를 드리고 단지 마음을 편안하게 하면서, 온갖 노력을 다하던 자신들의 마음을 비운다. 그리고 하나님의 사랑이 자신들을 통하여 흐르게 한다. 그러면 사람들은 치유된다. 그것은 우리가 어떤 방법이라도 절대화시켜서는 안 된다는 것을 또다른 차원에서 상기시켜 준다.

8) Agnes Sanford, *The Healing Light* (Plainfield, N.J.: Logos), 28-29쪽.

9) 이 책에 나오는 '기도해도 치유되지 않는 12가지 이유'라는 장을 참고하라.

5. 귀신들린 사람의 치유

1) 처음 〈치유〉(*Healing*)라는 책을 쓴 뒤, 나는 귀신축출예식을 되살려야 할 필요성을 계속해서 엄청 느끼다가, 〈귀신축출예식: 실제적인 지침서〉 (*Deliverance from Evil Spirits, A Practical Manual*, Grand Rapids, MI: Chosen Books, 1995)를 썼다. 만일 여러분이 이 주제에 관하여 더 알고 싶다면, 그 책을 한번 읽어보기를 권한다.

2) 돈 바샴(Don Basham)은 자신의 책 〈우리를 악으로부터 구하옵소서〉 (*Deliver Us From Evil*, Washington Depot, CT: Chosen Books, 1973)에서 귀신축출예식에 가담하기에는 나처럼 머뭇거려지는 측면이 있다고 서술한다(바샴의 책들은 상당히 실제적이기에, 나는 흔쾌히 그 책을 추천한다).

3) *The Devil* (Chicago: Thomas More Press, 1973), 14쪽.

4) 1972년 11월 15일에 행해진 교황 바오로 6세의 공식 성명 "Deliver Us From Evil." *L'Osservatore Romano* (November 23,

1972)에 보고됨.

5) *People of the Lie* (New York: Simon and Schuster, 1983).

6) Ibid., 196쪽.

7) 영 분별의 은사를 가지고 있는 사람들은 우리가 그 사람에게서 관찰할 수 있는 것보다 훨씬 더 많은 것을 볼 수 있으며, 실제로 악한 영들의 임재를 감지해 낼 수 있다. 내 동료들 가운데 몇몇은 그 영들을 '볼' 수 있을 뿐만 아니라 그들의 이름까지도 밝혀낼 수 있다.

6. 질병의 뿌리, 어떻게 분별할 것인가?

1) 토미는 1968년 토론토에서 열린 그리스도교설교대회에서 강연을 한 바 있는데, 그 때 이것에 대하여 말하였다. 이 내용은 그의 강연을 녹음해 놓은 테이프를 푼 것이다.

2) 내가 이 글을 쓰는 마당에 추천하고 싶은 책이 한 권 있는데, 거기에는 육체적 건강과 정서적 건강 사이의 이 모든 관계들이 요약되어 있다: Brent Hafen, Keith Kasren, Kathryn Frandsen, and N. Lee Smith, M.D., *Mind/Body Health: The Effects of Attitudes, Emotions and Relations*.

3) James Lynch, *The Broken Heart: The Medical Consequences of Loneliness* (New York: Basic Books, 1977).

4) *The Relaxation Response* (New York: Avon Books, 1976); *Beyond the Relaxation Response* (New York: Times Books, 1984); *Timeless Healing, The Power and Biology of Belief* (New York: Scribner, 1996).

5) *Mind/Body Health*의 제7장 "Anger and Health"을 보라. 또 제8장 "Hospitality and Health"도 보라.

6) *Mind/Body Health*의 제10장 "Depression, Despair and

Health"을 보라.

7) Bernie Siegel, *Love, Medicine, and Miracle*과 *Peace, Love and Healing* (New York: Harper and Row, 1989).

8) 이것은 Human Ethology Research Interchange (Suite 927, 2401 Calvert St. NW, Washington, DC 20008)에서 발행하는 계간지 1997년 봄호에 나온 것이다.

7. 사람들이 치유받지 못하는 12가지 이유

1) 제12장을 보라.

2) William Shakespeare, *Julius Caesar*, Act I, Scene 2: Cassius의 말.

3) Synan, 189, 192-93쪽.

4) 나의 책 〈귀신축출예식: 실제적인 지침서〉 (*Deliverance from Evil Spirits, A Practical Manual*)을 보라.

5) *Ibid.*, 제7장 "저주."

6) 〈그대가 드리고 있는 기도에 주의하라〉 (*Be Careful What You Pray For: You Just Might Get It*, San Francisco: Harper San Francisco, 1997)의 "죽음기도"에 관한 부분.

8. 의학과 치유

1) 템플턴 재단은 이 과정을 재정적으로 후원하는 데 큰 책임을 감당하고 있다. 이 책을 쓰고 있을 당시에도 그들 가운데 적어도 12명은 그 재단의 후원을 받고 있었다.

2) *Timeless Healing* (New York: Scribner, 1996), 제9장.

3) Dossey, *Prayer Is Good Medicine*, 66쪽.

4) Matthews, *The Faith Factor*.

5) *Ibid.*, 78-79쪽.

6) *The Person Reborn*, 10쪽.

7) Jay Adams, *Competent to Counsel* (Grand Rapids: Baker Book House, 1970), 29, 103, 126쪽.

8) *Praying for Your Unborn Child*을 보라.

9) *The Person Reborn*, 34-37쪽 도처에.

10) *Weavings: A Journal of the Christian Spiritual Life.* "How I Discovered Inner Healing" by Judith S. MacNutt, M.A., Vol. VI, No. 4, (July-August, 1991), 23쪽.

11) *Ibid.*, 21-22쪽.

9. 성례전과 치유

1) 이것은 어거스틴의 정의다.

2) Agnes Sanford, *The Healing Light* (Plainfield, N.J.: Logos), 73쪽.

3) George Montague and Kilian McDonnell, *Christian Initiation and Baptism in the Holy Spirit* (Collegeville, MN: The Liturgical Press, 1991).

4) 이 좋은 책들 가운데는 고 데니스 베넷(Dennis Bennett)이 쓴 것들도 있다: *Nine O'Clock in the Morning* (1970); *The Holy Spirit and You* (1971); 그리고 *How to Pray for the Release of the Holy Spirit* (1985). 이 책들은 모두 Bridge-Logos (New Brunswick, NJ)에서 출판되었다.

5) Sanford, *Sealed Orders*, 6쪽.

6) *Study Text II: Anointing and Pastoral Care of the Sick,*

20쪽.

7) 병자 기름바름에 관한 정보의 출처는 달리 언급되지 않는 한 J. P. McClain이 *New Catholic Encyclopedia*, Vol. I에 쓴 "Anointing of the Sick"이라는 논문이다.

8) *Study Text Ⅱ: Anointing and Pastoral Care of the Sick*, 9쪽.

9) *Ibid.*, 22쪽.

10) *Ibid.*, 7쪽.

11) *Ibid.*, 5쪽. Apostolic Constitution Sacram Unctionem을 인용함.

12) *Study Text Ⅱ: Anointing and Pastoral Care of the Sick*, 24-25쪽.

13) *Ibid.*, 12쪽.

14) *The Transparent Self: Self-Disclosure and Well-Being* (Princeton, NJ: Insight Books, 1964), 5쪽.

15) *The New Group Therapy* (Princeton, NJ: Insight Books, 1964).

16) *Apostolic Tradition of Hippolytus*, I. 15, ed. by Burton S. Eaton (Ann Arbor: Archon Books, 1962), 41쪽.

17) Kelsey, 153쪽.

18) *Apostolic Constitutions*, Ch. VIII, 17, ed. Funk, Vol. I (Paderborn, 1905).

19) *Canons*, 17. W. K. Clarke, *Liturgy and Worship* (London: S.P.C.K., 1954), 475쪽 이하에 포함되어 있음.

20) *Liber Officialis II*, 13, 1. J. Hanssens, S.J., editor of *Amalarii Ep., Opera Liturgica Omnia* (Vatican City, 1948-50),

II, 227쪽.

21) Kelsey, 180쪽.

22) *Ibid.*, 184쪽.

23) Augustine, *City of God,* XXII, 8. Tr. By G. Walsh and D. Honan (New York: Fathers of the Church, 1954).

10. 가장 자주 받는 질문들

1) Francis S. MacNutt, Ph.D., *Overcome by the Spirit* (Grand Rapids, MI: Chosen Books, 1990).

2) *Healing Words.*

3) Sanford, *Sealed Orders*, 153-54쪽.

나가는 말: 이 시대 목회자들에게 고함

1) 이 글은 1973년 2월, 멕시코 시에서 열렸던 치유세미나에서 토미 타이슨 목사가 한 연설을 간추린 것이다. 토미 타이슨은 노스캐롤라이나 주 출신의 감리교 성직자로서, 내 절친한 친구다. 그는 나와 함께 여러 지역을 광범위하게 여행하면서 에큐메니칼 대회를 이끌어 왔다. 그 때 당시, 그는 주로 성직자들을 상대로 강연하였다. 이 글은 그 때 녹음된 것을 다시 들으면서 내가 다듬어 본 것이다.

치유의 목회

지 은 이 프랜시스 맥너트
옮 긴 이 신현복
펴 낸 날 2010년 12월 20일(초판1쇄)
펴 낸 이 길청자
펴 낸 곳 아침영성지도연구원
등 록 일 1999년 1월 7일(제7호)
홈페이지 www.achimhope.or.kr
총   판   선교햇불(전화 02-2203-2739)
주   문   팩스 02-2203-2738

* 파본은 교환해 드립니다.
* 책값은 뒷표지에 표시되어 있습니다.